黑龙江经济普查年鉴 2018

Heilongjiang Economic Census Yearbook

第二产业卷

黑龙江省人民政府第四次全国经济普查领导小组办公室　编著

© 中国统计出版社 2021
版权所有。未经许可，本书的任何部分不得以任何方式在世界任何地区以任何文字翻印、拷贝、仿制或转载。

© 2021 China Statistics Press
All rights reserved. No part of the publication may be reproduced or transmitted in any form or by any means, electronic or mechanical, including photocopying, recording, or any information storage and retrieval system, without written permission from the publisher.

图书在版编目（CIP）数据

黑龙江经济普查年鉴. 2018. 第二产业卷 / 黑龙江省人民政府第四次全国经济普查领导小组办公室编著. -- 北京 : 中国统计出版社, 2021.3
ISBN 978-7-5037-9458-2

Ⅰ. ①黑… Ⅱ. ①黑… Ⅲ. ①经济－普查－黑龙江省－2018－年鉴②第二产业－经济－普查－黑龙江省－2018－年鉴 Ⅳ. ①F127.35-54②F427.35-54

中国版本图书馆 CIP 数据核字(2021)第 009148 号

黑龙江经济普查年鉴—2018/第二产业卷

作　　者/黑龙江省人民政府第四次全国经济普查领导小组办公室
责任编辑/许立舫
执行编辑/邢　玥
封面设计/黄俊杰　李雪燕
出版发行/中国统计出版社
通信地址/北京市丰台区西三环南路甲 6 号　邮政编码/100073
电　　话/邮购（010）63376909　书店（010）68783171
网　　址/http://www.zgtjcbs.com/
印　　刷/哈尔滨翰翔印务有限公司
经　　销/新华书店
开　　本/880mm×1230mm　1/16
字　　数/732 千字
印　　张/24
版　　别/2021 年 3 月第 1 版
版　　次/2021 年 3 月第 1 次印刷
定　　价/980.00 元（全三册附光盘）

本书附同版本 CD-ROM 一张，光盘内容以书面文字为准。
如有印装差错，由本社发行部调换。

《第二产业卷》编辑委员会

第一篇　工业企业生产经营及财务状况篇

第二篇　主要工业产品产量篇

主　　编：周彦斌

副 主 编：李忠魁

编辑人员：（以姓氏笔画为序）

刘　欣　杨　阳　燕慧军

数据处理：刘　欣　杨　阳

校　　对：刘　欣

第三篇　规模以上工业企业科技情况篇

主　　编：杜国喜

副 主 编：吕学山

编辑人员：（以姓氏笔画为序）

王琳琳　尹　波　汪　策

数据处理：尹　波

校　　对：尹　波

第四篇　建筑业企业生产经营及财务状况篇

主　　编：陈　君

副 主 编：高福东

编辑人员：（以姓氏笔画为序）

王璐璋　戚　萍

数据处理：王璐璋　戚　萍

校　　对：王璐璋　戚　萍

编者说明

为便于社会各界共同分享黑龙江省第四次全国经济普查成果，更方便地开发利用普查资料，现将经济普查资料编辑整理，汇编成《黑龙江经济普查年鉴—2018》一书。全书共三卷三册，即综合卷、第二产业卷和第三产业卷，并随书配送同版本光盘一张。《综合卷》分三篇：第一篇为“综合篇”，第二篇为“企业篇”，第三篇为“文化及相关产业篇”。《第二产业卷》分四篇：第一篇为“工业企业生产经营及财务状况篇”，第二篇为“主要工业产品产量篇”，第三篇为“规模以上工业企业科技情况篇”，第四篇为“建筑业企业生产经营及账务状况篇”。《第三产业卷》分六篇：第一篇为“批发和零售业企业基本情况及财务状况篇”，第二篇为“住宿和餐饮业企业基本情况及财务状况篇”，第三篇为“房地产开发经营业生产经营及财务状况篇”，第四篇为“服务业企业财务状况篇”，第五篇为“服务业行政事业及非企业法人单位篇”，第六篇为“企业信息化和电子商务交易情况篇”。为使读者能够更好地使用本资料，现对有关问题做如下说明：

一、第四次全国经济普查的标准时点为 2018 年 12 月 31 日，时期资料为 2018 年度；

二、综合卷中综合篇和企业篇汇总表，均不包含少量无分组标识的单位数据，其中单位数包含兼营二、三产业的农、林、牧、渔业法人单位，从业人员数不包含兼营二、三产业的农、林、牧、渔业法人单位，不包含人民银行、银保监会、证监会监管的金融业以及铁路运输部门单位数据；

三、本资料建筑业按法人单位注册地，其他行业按法人单位经营地进行汇总；

四、本资料对部分数据由于计量单位取舍不同或四舍五入而产生的误差数均未作机械调整；

五、表中空格表示该项统计指标数值为零、不足最小单位、数据不详或无该项数据，“#”表示其中的主要项；

六、为了更准确地使用本年鉴，每卷后附有该卷详细的指标解释。

希望此书的面世，能使社会各界对黑龙江省第四次经济普查有一个全面的了解，更愿本书的内容，能为社会经济研究工作者提供有价值的参考。

黑龙江第四次经济普查资料是全省普查工作者共同辛勤工作的成果，也是广大普查对象积极支持配合的结果。在此，我们向全省所有普查工作者、普查对象和所有参与和支持普查工作的人员致以崇高的敬意和衷心的感谢！

黑龙江省人民政府第四次全国经济普查领导小组办公室

2021 年 1 月

第二产业卷　目录

第一篇　工业企业生产经营及财务状况篇

A. 行业部分

B. 地区部分

第二篇　主要工业产品产量篇

第三篇　规模以上工业企业科技情况篇

A. 企业 R&D 及相关活动主要指标

B. 基本情况

第四篇 建筑业企业生产经营及财务状况篇

附 录

第1篇

工业企业生产经营及财务状况篇

A.行业部分

1-A-1　全部工业企业主要经济指标

行　　业	企业单位数（个）	资产总计（万元）	负债合计（万元）	营业收入（万元）	从业人员（人）
总　　计	**29990**	**189612434.0**	**111778592.7**	**104167019.5**	**1095707**
煤炭开采和洗选业	620	11424562.4	9540145.5	5285375.3	157572
石油和天然气开采业	13	29198890.0	7352190.7	12293374.0	107844
黑色金属矿采选业	59	467479.1	328936.1	144849.9	1631
有色金属矿采选业	66	1670140.8	945342.5	501760.1	3954
非金属矿采选业	759	676106.1	324009.3	412121.2	8580
开采专业及辅助性活动	138	4129816.2	3480720.2	3896045.2	27500
其他采矿业	7	13492.7	13080.6	39.6	8
农副食品加工业	4987	17216600.4	10570640.7	15472041.4	106795
食品制造业	1228	5865691.4	2981491.0	4990412.9	35637
酒、饮料和精制茶制造业	1153	3475233.8	1843097.6	1953280.3	24558
烟草制品业	11	1018537.5	191613.7	1016124.3	5203
纺织业	238	469261.0	284855.4	287820.4	9623
纺织服装、服饰业	298	138245.7	75540.2	102819.1	3776
皮革、毛皮、羽毛及其制品和制鞋业	209	295824.5	177493.0	498820.7	3214
木材加工和木、竹、藤、棕、草制品业	1849	1705610.4	958634.5	1000942.7	26302
家具制造业	459	709904.7	384054.2	374896.5	11115
造纸和纸制品业	324	847542.4	387792.7	425317.8	7396
印刷和记录媒介复制业	682	474476.9	260967.4	337160.9	7954
文教、工美、体育和娱乐用品制造业	348	172926.7	72909.3	103548.8	4462
石油、煤炭及其他燃料加工业	548	8573268.7	4991832.2	13183167.6	47734
化学原料和化学制品制造业	1541	8464177.6	6071901.8	3765095.0	37815
医药制造业	346	5888802.2	2534729.0	3363119.5	41970
化学纤维制造业	33	84750.5	13509.7	16043.5	893
橡胶和塑料制品业	935	2323043.1	1436383.9	1411762.8	14354
非金属矿物制品业	2520	6414092.7	4075383.0	2776433.9	42943
黑色金属冶炼和压延加工业	92	3635083.7	3029716.4	3016786.9	15979
有色金属冶炼和压延加工业	86	905838.4	595180.7	405966.7	5859
金属制品业	1571	1603164.2	878135.1	986820.2	18535
通用设备制造业	2306	7437134.0	5154291.1	2889148.0	42595
专用设备制造业	1855	7808255.7	4680552.3	2923507.3	38370
汽车制造业	276	3974337.7	4013543.7	3369447.3	16679
铁路、船舶、航空航天和其他运输设备制造业	127	2841289.6	1102720.6	1095227.6	16074
电气机械和器材制造业	727	6081707.6	3093218.2	1663770.0	25685
计算机、通信和其他电子设备制造业	212	1239236.1	676398.1	286302.9	4807
仪器仪表制造业	230	753658.1	371405.7	366680.7	6776
其他制造业	248	121172.0	42818.2	59478.8	1842
废弃资源综合利用业	158	248899.8	147324.2	349147.2	2119
金属制品、机械和设备修理业	470	194613.0	114662.4	99583.4	2903
电力、热力生产和供应业	1711	35815987.7	25055381.6	12022605.0	125475
燃气生产和供应业	197	1880753.8	1304192.5	662871.0	9194
水的生产和供应业	353	3352825.1	2221797.9	357303.5	23982

注：1.工业统计调查单位为工业企业单位数，包括机构类型为企业的法人单位，以及执行企业会计制度的事业法人单位、民办非企业法人单位和基金会，农民专业合作社，农村集体经济组织和除宗教活动场所以外的机构类型为其他组织机构的法人单位。

2.“全部工业企业”指规模以上工业企业和规模以下工业企业的总和。“规模以上工业企业”指年主营业务收入在2000万元及以上的工业企业。“规模以下工业企业”指年主营业务收入在2000万元以下的工业企业。

3.表中的合计数和部分计算数据因小数取舍而产生的误差，均未作机械调整。以下相关表均同。

1-A-2 分登记注册类型规模以上

分组	企业单位数(个)	资产总计	固定资产净额	固定资产原价	累计折旧	流动资产合计	应收账款
总计	**3251**	**149111088.2**	**41859896.7**	**130768066.7**	**72104178.9**	**66726409.5**	**13986417.6**
一、按登记注册类型分组:							
内资企业	3096	132004090.8	36792200.9	119889094.4	66496485.2	58014827.7	12069288.0
国有企业	109	6558043.0	2825957.4	6955905.9	3589285.6	2748258.6	808779.3
中央企业	25	3719156.2	1505256.2	4568282.4	2558366.2	1723762.2	655736.5
地方企业	84	2838886.8	1320701.2	2387623.5	1030919.4	1024496.4	153042.8
集体企业	34	819157.3	80589.9	307975.2	218053.7	688341.7	321912.0
股份合作企业	6	41463.6	5712.4	15783.4	10071.0	34841.9	19128.2
联营企业							
国有联营企业							
集体联营企业							
国有与集体联营企业							
其他联营企业							
有限责任公司	1283	93859051.2	25792480.6	94926561.6	54214106.7	39068687.6	7606690.5
国有独资公司	68	13910549.7	5636751.9	10624766.2	4804378.2	6157811.5	1647696.0
其他有限责任公司	1215	79948501.5	20155728.7	84301795.4	49409728.5	32910876.1	5958994.5
股份有限公司	169	13412857.2	3540376.3	9941489.1	5560718.0	6059443.5	1065525.0
私营企业	1488	17292660.3	4539675.9	7732838.3	2903117.8	9402072.7	2243463.8
私营独资企业	23	144721.2	37056.4	56020.5	16484.1	83482.2	11943.8
私营合伙企业	2	22741.0	2607.8	5580.0	2972.2	15437.4	7118.9
私营有限责任公司	1383	15730335.8	4185967.1	7094571.4	2657905.6	8573292.0	2058879.0
私营股份有限公司	80	1394862.3	314044.6	576666.4	225755.9	729861.1	165522.1
其他企业	7	20858.2	7408.4	8540.9	1132.4	13181.7	3789.2
港、澳、台商投资企业	49	5183787.1	1093081.8	2840756.2	1737651.9	2783866.0	416488.0
合资经营企业(港或澳、台资)	23	1188149.1	395593.0	705360.0	308631.4	571553.8	77305.6
合作经营企业(港或澳、台资)	2	955757.3	230425.0	1405234.9	1174809.9	141823.1	115833.6
港澳台商独资经营企业	22	2969018.7	441710.8	693989.1	243391.4	2029733.8	220004.3
港澳台商投资股份有限公司	1	59166.5	22321.0	30045.3	7724.3	32377.6	1739.7
其他港澳台商投资企业	1	11695.5	3032.0	6126.9	3094.9	8377.7	1604.8
外商投资企业	106	11923210.3	3974614.0	8038216.1	3870041.8	5927715.8	1500641.6
中外合资经营企业	48	8507524.8	2772810.9	5819479.1	2908103.5	4318317.2	1238908.3
中外合作经营企业	2	97905.1	30020.6	66105.2	36084.6	33292.8	2254.7
外资企业	51	2810825.3	1022302.8	1905775.8	829342.6	1365421.7	244297.8
外商投资股份有限公司	3	426448.5	88933.0	155285.8	65487.8	190763.2	7200.4
其他外商投资企业	2	80506.6	60546.7	91570.2	31023.3	19920.9	7980.4
二、在总计中:亏损企业	876	35382469.6	14444883.3	29771381.9	14324269.3	12509000.1	2801857.3
在总计中:国有控股企业	466	90014906.5	27475860.6	105697777.5	62241343.8	34642717.0	6532712.9
在总计中:大型企业	81	78508359.4	19033426.7	91077745.7	56380103.9	32876769.1	6043269.8
中型企业	339	30683386.2	9103460.4	18159848.9	8514073.2	14990957.3	3056776.4
小型企业	2831	39919342.6	13723009.6	21530472.1	7210001.8	18858683.1	4886371.4

注：本表统计范围为规模以上工业企业(以下各表均同)。

工业企业主要经济指标

单位：万元

存货		负债合计	流动负债合计		所有者权益合计	实收资本		
	产成品			应付账款			国家资本	集体资本
13392975.7	**4293975.3**	**87528740.4**	**65806861.2**	**18406620.7**	**61582326.8**	**29020754.3**	**8967182.5**	**838889.4**
11399234.0	3755764.1	77456878.3	57362265.9	15647956.8	54547193.4	25994886.1	8519347.7	812764.3
443446.1	199186.6	6720740.3	4519298.8	993720.9	-162698.0	419892.3	348146.7	260.3
277833.9	78909.2	3956945.5	3153836.2	600740.9	-237789.4	249761.3	185163.2	
165612.2	120277.4	2763794.8	1365462.6	392980.0	75091.4	170131.0	162983.5	260.3
71806.4	24713.8	529735.7	513131.1	282523.4	289421.3	49875.9	234.1	35592.0
5920.9	2150.2	10746.6	6746.6	3450.7	30717.0	2354.4		1000.0
6574498.2	2014683.3	53063288.6	37510017.6	10720695.0	40795756.5	18541799.1	7172759.5	677946.9
1008211.1	230273.8	10663900.4	7967631.6	1667198.0	3246649.0	2148219.1	1821567.5	14848.7
5566287.1	1784409.5	42399388.2	29542386.0	9053497.0	37549107.5	16393580.0	5351192.0	663098.2
1672715.7	602293.9	6333312.1	5397194.1	1111690.4	7079544.1	3139776.8	975757.4	47598.7
2628459.6	910823.3	10789154.9	9406011.8	2534444.2	6503494.5	3835187.6	22450.0	50366.4
14069.1	5924.8	107492.1	92821.9	25715.6	37229.3	20070.4		
4437.2	210.8	20539.7	20539.7	1854.8	2201.3	750.0		
2390488.2	818145.3	9925266.6	8671114.2	2335718.3	5805058.0	3487328.3	11450.0	50266.4
219465.1	86542.4	735856.5	621536.0	171155.5	659005.9	327038.9	11000.0	100.0
2387.1	1913.0	9900.1	9865.9	1432.2	10958.0	6000.0		
676826.9	152761.3	2975366.4	2668220.8	617527.3	2208419.6	744015.3	45856.2	
152685.9	34708.2	887907.5	742483.0	78570.5	300241.3	307370.3	45856.2	
9220.6	1882.4	173341.4	146861.7		782415.9	8785.1		
488907.5	98196.2	1870551.7	1735920.6	537699.7	1098466.3	400124.5		
22728.4	17891.1	35559.9	34949.6	699.1	23606.5	22735.4		
3284.5	83.4	8005.9	8005.9	558.0	3689.6	5000.0		
1316914.8	385449.9	7096495.7	5776374.5	2141136.6	4826713.8	2281852.9	401978.6	26125.1
682846.8	160350.2	5075710.7	4020895.0	1612285.5	3431813.5	1145058.6	314789.4	26125.1
675.7		35120.8	27813.6	2520.1	62784.3	24000.0	5521.4	
593322.6	204224.4	1824257.3	1614151.7	509200.3	986567.9	991073.3		
40051.3	20875.3	110814.5	105398.1	16284.3	315633.9	94267.6	54214.4	
18.4		50592.4	8116.1	846.4	29914.2	27453.4	27453.4	
2640145.9	999556.2	30321377.1	22780520.9	4768555.9	5061088.3	7798335.6	3676069.3	380441.7
5421642.1	1523691.5	51548718.1	35291823.2	9605824.2	38466186.1	16691211.1	8758411.4	106005.2
5388854.4	1667534.9	42355908.0	31794583.4	10296237.2	36152451.8	13684621.0	5715345.0	15923.5
3164356.7	944891.3	20247159.3	15388224.6	3508569.3	10436225.2	6108129.9	1582569.8	441884.2
4839764.6	1681549.1	24925673.1	18624053.2	4601814.2	14993649.8	9228003.4	1669267.7	381081.7

1-A-2 续表

分组	法人资本	个人资本	港澳台资本	外商资本	营业收入	营业成本	销售费用
总　计	**12249861.3**	**4827076.4**	**330791.0**	**1803953.0**	**94428859.3**	**75580287.8**	**3177509.1**
一、按登记注册类型分组:							
内资企业	11819498.8	4750800.5	33731.9	55742.5	81568378.1	65474188.5	2190843.5
国有企业	68814.2	2569.9		101.3	5003528.7	4941559.5	45626.7
中央企业	64598.1				3739109.3	3680546.6	31879.3
地方企业	4216.1	2569.9		101.3	1264419.4	1261012.9	13747.4
集体企业	9297.8	4752.0			628125.9	543526.6	7325.9
股份合作企业		1354.4			19252.2	17241.8	512.8
联营企业							
国有联营企业							
集体联营企业							
国有与集体联营企业							
其他联营企业							
有限责任公司	8966064.4	1663755.4	33731.9	27541.2	46450216.8	36191391.8	1206108.7
国有独资公司	305844.8	5958.1			5512699.4	4543670.6	61594.4
其他有限责任公司	8660219.6	1657797.3	33731.9	27541.2	40937517.4	31647721.2	1144514.3
股份有限公司	1125135.3	991285.2			14663495.5	10720267.6	416532.0
私营企业	1649189.6	2082081.1		28100.0	14776071.1	13037177.7	514104.6
私营独资企业	3715.0	16355.4			138731.0	112463.9	4455.4
私营合伙企业		750.0			13162.9	6537.5	13.6
私营有限责任公司	1569920.2	1824591.3		28100.0	13650449.4	12125016.0	468391.4
私营股份有限公司	75554.4	240384.4			973727.8	793160.3	41244.2
其他企业	997.5	5002.5			27687.9	23023.5	632.8
港、澳、台商投资企业	150568.0	30648.6	245839.7	271102.8	3937791.9	2966579.7	525584.0
合资经营企业(港或澳、台资)	102220.1	25388.6	113877.9	20027.5	805048.0	579679.8	82944.6
合作经营企业(港或澳、台资)		2500.0	6285.1		656956.5	545197.2	3281.5
港澳台商独资经营企业	48347.9	2760.0	102941.3	246075.3	2350091.8	1732392.2	432340.7
港澳台商投资股份有限公司			22735.4		119248.9	103336.8	6854.0
其他港澳台商投资企业				5000.0	6446.7	5973.7	163.2
外商投资企业	279794.5	45627.3	51219.4	1477107.7	8922689.3	7139519.6	461081.6
中外合资经营企业	227242.8	45627.3	49934.6	481339.1	5993077.5	4768791.0	283228.2
中外合作经营企业				18478.6	39657.2	24479.0	537.7
外资企业	52551.7		1284.8	937236.8	2649927.7	2194590.6	130706.5
外商投资股份有限公司				40053.2	229736.8	144891.7	46609.2
其他外商投资企业					10290.1	6767.3	
二、在总计中:亏损企业	2148897.6	1221602.7	56604.2	314720.0	17723352.7	17471213.9	315167.7
在总计中:国有控股企业	7331123.6	145437.0	61015.4	289218.1	50489916.8	39054159.7	765720.9
在总计中:大型企业	6544947.7	613862.4	54093.2	740449.3	50751979.2	39063518.7	890029.7
中型企业	2426204.9	854780.8	125005.3	677684.8	18295012.6	14305673.8	1503865.6
小型企业	3278708.7	3358433.2	151692.5	385818.9	25381867.5	22211095.3	783613.8

单位：万元

管理费用	财务费用			投资收益（损失以“–”号记）	营业利润	利润总额	亏损企业亏损额	平均用工人数（人）
		利息收入	利息支出					
5266256.5	**1256017.3**	**236331.3**	**1300214.9**	**431592.5**	**4812906.8**	**4888155.3**	**1518460.2**	**880692.0**
4710132.7	1075784.9	230761.3	1139661.3	145319.9	3667920.1	3675831.7	1383862.1	803502.0
147421.0	58852.0	2746.9	53064.3	1747.2	-354705.1	-303027.7	368431.7	96889.0
66672.1	24777.5	1537.6	23478.6	164.0	-153870.0	-196320.4	248858.2	67772.0
80748.9	34074.5	1209.3	29585.7	1583.2	-200835.1	-106707.3	119573.5	29117.0
34262.2	2630.6	205.5	2131.9	945.6	34730.2	35157.1	3735.7	11693.0
1207.7	70.9	-0.2	75.2		144.3	219.7		336.0
3303939.3	710873.3	208526.0	832596.2	75364.4	2635290.4	2542928.2	745583.9	497920.0
498269.8	197159.0	19852.6	201237.9	19939.1	122521.7	146028.2	144733.5	124078.0
2805669.5	513714.3	188673.4	631358.3	55425.3	2512768.7	2396900.0	600850.4	373842.0
662812.0	94957.6	16697.3	91591.5	61833.3	955933.1	929882.7	52178.8	75096.0
559633.2	208161.4	2583.5	159849.4	5429.4	393603.2	467582.9	213932.0	121175.0
8457.1	681.9	13.6	679.1		9652.3	6212.9	3321.2	3075.0
668.7	23.2	11.6	34.8		5574.8	5584.8		295.0
486314.4	194387.1	1244.7	145055.7	5644.8	319221.0	393107.1	201960.5	107625.0
64193.0	13069.2	1313.6	14079.8	-215.4	59155.1	62678.1	8650.3	10180.0
857.3	239.1	2.3	352.8		2924.0	3088.8		393.0
142892.1	67307.3	-6856.1	36559.3	9466.7	220132.2	247964.2	32603.4	19320.0
45236.1	48809.5	2199.0	13809.5	322.2	48646.6	63395.5	29064.0	9375.0
14830.7	4896.0	0.3	4891.0		71140.8	72726.0		3648.0
80750.0	12343.8	-9062.6	16536.8	9144.5	93265.0	104387.0	3539.4	6003.0
1744.0	1319.3	6.9	1322.0		7061.9	7442.6		163.0
331.3	-61.3	0.3			17.9	13.1		131.0
413231.7	112925.1	12426.1	123994.3	276805.9	924854.5	964359.4	101994.7	57870.0
295655.2	76296.3	7937.2	88607.1	279194.3	741047.6	778010.4	65652.3	37383.0
3630.4	1.9	12.2	13.4	228.4	11093.2	11665.0		532.0
102586.4	35565.6	3109.7	32899.3	-2465.8	148985.2	149857.9	30026.0	17502.0
11359.7	-1178.8	1324.9	192.3	-151.0	22139.8	23265.5	6316.4	2408.0
	2240.1	42.1	2282.2		1588.7	1560.6		45.0
814183.9	563657.3	10942.1	447570.2	5928.6	-1851011.1	-1518460.2	1518460.2	255107.0
3501720.4	659316.1	229678.2	824711.8	108184.5	2340589.3	2076403.5	981250.8	534558.0
3223666.2	422382.6	218062.3	603245.1	330671.7	3152525.2	2861463.3	603100.1	497069.0
915241.1	367233.0	-3904.3	303388.0	46769.4	947435.6	1177301.1	424841.5	178074.0
1127349.2	466401.7	22173.3	393581.8	54151.4	712946.0	849390.9	490518.6	205549.0

1-A-3 规模以上工业企业主要

行业	企业单位数(个)	资产总计	固定资产净额	固定资产原价	累计折旧	流动资产合计
总计	**3251**	**149111088.2**	**41859896.7**	**130768066.7**	**72104178.9**	**66726409.5**
煤炭开采和洗选业	135	8168584.0	2884604.3	6980643.4	4030139.3	3228237.8
石油和天然气开采业	2	29181600.8	2783597.7	52152009.2	35450946.8	10118413.1
黑色金属矿采选业	5	396201.8	116988.3	182152.0	58208.0	83572.2
有色金属矿采选业	11	1284034.3	505765.3	711492.2	184726.7	228716.9
非金属矿采选业	29	375355.6	87071.6	146806.6	52803.3	217014.4
开采专业及辅助性活动	16	3826272.9	1018109.6	4823683.9	3340419.9	1904682.0
其他采矿业						
农副食品加工业	917	11317651.2	2779766.3	4232020.9	1292995.5	7010865.1
食品制造业	125	4605344.4	912551.4	1906375.2	829713.4	2704560.6
酒、饮料和精制茶制造业	107	2496880.5	891521.4	1498459.3	523466.2	1093472.2
烟草制品业	2	954879.0	298945.7	572600.2	273654.5	610398.5
纺织业	28	309107.5	75708.3	146217.2	65798.0	203955.3
纺织服装、服饰业	8	72729.9	8270.6	15487.2	7216.6	61259.7
皮革、毛皮、羽毛及其制品和制鞋业	56	222656.9	28079.3	34688.9	6608.8	194104.7
木材加工和木、竹、藤、棕、草制品业	90	547795.5	100561.5	161280.1	59915.7	345619.2
家具制造业	33	447997.8	99918.2	166256.9	66110.6	296853.2
造纸和纸制品业	39	650336.5	213226.5	453775.2	239424.3	345021.9
印刷和记录媒介复制业	29	247972.6	81512.0	171108.3	88304.8	139528.6
文教、工美、体育和娱乐用品制造业	11	49776.8	13812.5	23067.5	9054.2	29994.4
石油、煤炭及其他燃料加工业	45	7172802.7	2304221.5	7820685.8	4673628.1	3395548.3
化学原料和化学制品制造业	159	4575644.4	1270621.0	2472797.8	1100182.5	2161596.5
医药制造业	103	5548551.7	1146911.8	2275239.9	1059439.7	3347427.5
化学纤维制造业	3	27279.2	8795.6	16780.0	7984.4	9707.1
橡胶和塑料制品业	67	1879277.1	229239.5	523235.0	286033.4	1269271.3
非金属矿物制品业	252	4771479.8	1508601.1	2535429.1	997468.9	2530479.6
黑色金属冶炼和压延加工业	12	3442565.8	860048.7	1192069.9	332020.9	1379912.5
有色金属冶炼和压延加工业	11	635102.7	360930.3	564161.2	103763.5	185775.0
金属制品业	74	940567.6	228261.5	365969.6	133454.3	617129.0
通用设备制造业	129	6228252.0	652329.5	1544453.4	877078.1	4738497.2
专用设备制造业	134	6438545.8	1332960.8	2154109.8	783141.1	4362188.0
汽车制造业	35	3713424.3	811636.0	1916874.0	887442.7	2255537.5
铁路、船舶、航空航天和其他运输设备制造业	33	1610195.5	346446.7	660429.6	305544.3	919478.3
电气机械和器材制造业	65	3638952.2	409603.8	898162.5	481850.0	2533395.1
计算机、通信和其他电子设备制造业	15	940089.1	108073.4	189961.7	77050.3	457798.0
仪器仪表制造业	26	534676.9	52332.7	123808.8	70400.0	372310.3
其他制造业	4	46787.7	9403.1	14777.8	5374.6	29917.6
废弃资源综合利用业	8	160338.1	21397.7	28465.8	7068.2	91404.9
金属制品、机械和设备修理业	4	33790.8	2747.8	8928.6	4969.9	30898.2
电力、热力生产和供应业	369	28421636.5	16560212.6	29739275.0	12743554.4	5681660.3
燃气生产和供应业	35	999379.6	380032.0	674194.6	273086.3	444304.2
水的生产和供应业	25	2196570.7	355079.1	670132.6	314136.7	1095903.3

经济指标(大类行业)

单位：万元

应收账款	存货	产成品	负债合计	流动负债合计	应付账款	所有者权益合计	实收资本	国家资本	集体资本
13986417.6	**13392975.7**	**4293975.3**	**87528740.4**	**65806861.2**	**18406620.7**	**61582326.8**	**29020754.3**	**8967182.5**	**838889.4**
996794.3	467908.9	286686.9	7000892.1	6517200.9	1267063.1	1167692.3	1058959.8	777454.6	21130.2
279830.3	367894.4	347512.1	7291442.7	2783051.3	1876602.8	21890158.2	4795614.8	45614.8	
11564.0	13499.2	5486.6	281272.6	129778.3	52609.9	114929.0	79100.0		45000.0
5112.2	40886.4	14084.9	758768.2	580904.0	63555.2	525265.8	268347.0	2165.0	12878.2
52650.1	43296.8	24745.9	208251.8	194577.4	50098.0	167103.5	104461.6	13544.5	9910.0
773637.3	263041.0	82506.3	3185885.6	3015641.6	598922.9	640387.4	245799.8	124744.6	5477.3
1045596.2	2797703.7	979081.4	7010399.0	6324753.5	908630.6	4307249.3	2859309.4	204156.4	109444.2
709921.1	443552.8	199632.9	2281251.4	2155278.5	1011404.3	2324092.7	1011657.1	76161.8	40566.7
107218.6	330834.0	109305.6	1367984.4	1206070.6	315116.1	1128895.6	852175.5	61576.0	20.0
68153.6	394198.4	34838.0	185807.2	185807.2	107184.3	769071.8	155818.2	150818.2	
41039.2	86525.7	44191.0	186485.8	160495.3	44916.9	122621.4	61066.1		30.0
31359.4	12892.4	6518.3	40674.9	40674.9	20174.5	32054.9	20080.9		3220.9
65271.6	69626.0	47515.2	132295.8	132144.4	37395.5	90360.8	15560.0		
102903.1	128892.3	48051.0	364885.9	322099.0	90167.4	182908.5	108765.1	22719.6	
80437.2	130011.7	53888.4	278988.1	263005.5	66476.6	169009.7	129385.0		2112.9
88804.3	107268.7	41249.9	326722.9	298033.3	35746.3	323613.5	117002.6	31486.4	1009.6
46349.6	27273.5	5406.5	149117.9	136764.5	38236.5	98854.4	55538.3	25447.2	
7251.9	9009.3	5202.1	27439.1	25067.1	2435.9	22337.7	9779.3	1105.4	
267204.1	1048560.2	398625.9	4648892.9	4130157.4	1029660.6	2523909.8	1698951.8	579197.7	579.0
353099.0	416260.8	168385.9	3298247.1	2433995.0	508915.4	1277396.5	1173410.7	185778.5	282030.6
753121.8	649362.6	150226.3	2326665.0	2104339.6	450729.3	3221885.9	1061869.5	189286.7	17370.7
1404.2	1854.2	934.7	5856.5	5504.2	140.4	21422.7	5800.0		
199877.8	432951.7	49963.8	1237370.5	1125854.9	232406.4	641906.2	242632.5	7987.5	1700.0
903309.7	408061.9	142768.6	3222794.6	2950320.0	891051.0	1548682.6	1180461.5	190153.4	62587.4
262050.2	401362.7	159191.6	2893500.7	2248502.8	803391.6	549065.4	453617.0	2471.4	
21603.5	76735.1	17003.5	453455.4	344765.1	18808.8	181647.4	270123.6	261000.0	
199579.9	156554.0	55202.5	552923.2	431673.1	161322.0	387642.4	249157.0	99610.6	6346.0
1316667.5	1308145.1	270166.9	4359095.0	4178929.0	1236016.7	1869155.9	994886.7	318928.9	31979.4
1593415.0	903184.8	184761.3	3904777.7	3177512.1	1137144.2	2533765.2	1162964.7	549863.4	4000.0
751065.8	341882.4	47813.1	2883792.5	2634109.8	1299972.2	829631.4	521409.1	240903.9	7292.0
421463.6	200520.8	26364.7	877871.6	710790.0	436481.8	732323.5	611675.8	377322.5	
628412.8	522297.2	151641.2	1980763.2	1836633.6	572124.8	1658188.4	616598.9	132047.8	19265.5
196199.5	108904.1	64767.3	502137.9	375981.2	105549.2	437951.1	228625.9	9408.0	
119207.0	100584.3	39479.9	326388.9	292253.6	97788.5	208288.0	154650.4	10387.7	630.2
16240.7	7047.3	2575.6	19743.1	19743.1	3989.6	27044.4	15050.0	3000.0	
52446.2	12046.4	1072.0	104145.5	98277.2	10642.6	56192.6	30780.2	2942.4	10000.0
12400.3	0.8		24355.7	23557.5	20153.5	9435.0	4565.0		
1281412.7	515107.3	17868.8	20658207.3	11065778.7	2618570.9	7763426.0	5797978.9	3997215.4	125308.6
80230.8	39726.2	8965.4	607877.6	567024.0	97010.6	391502.3	304709.7	145173.7	4000.0
42111.5	7510.6	293.3	1561313.1	579812.0	88013.8	635257.6	292414.9	127508.5	15000.0

1-A-3 续表

行业					营业收入	营业成本
	法人资本	个人资本	港澳台资本	外商资本		
总 计	**12249861.3**	**4827076.4**	**330791.0**	**1803953.0**	**94428859.3**	**75580287.8**
煤炭开采和洗选业	101311.8	154143.1		4920.0	4787264.0	3651384.8
石油和天然气开采业	4750000.0				12291845.3	7348076.2
黑色金属矿采选业	33600.0	500.0			137482.9	103755.2
有色金属矿采选业	216912.5	8532.0	27859.3		481885.5	225091.6
非金属矿采选业	19549.0	48989.1	9002.3	3466.7	232115.4	161951.6
开采专业及辅助性活动	91143.6	23833.1	500.0	101.3	3847515.6	3699098.0
其他采矿业						
农副食品加工业	986994.3	1069809.1	48005.6	440899.9	13498843.4	12337074.9
食品制造业	433609.0	194191.3	46244.9	220883.3	4657933.4	3328864.6
酒、饮料和精制茶制造业	279918.7	256718.8	6534.8	247407.2	1778355.3	1377988.3
烟草制品业		5000.0			1000700.4	407722.5
纺织业	21129.5	37671.1	2235.5		223262.6	203931.8
纺织服装、服饰业	2350.0	14510.0			59652.7	54399.2
皮革、毛皮、羽毛及其制品和制鞋业	12860.0	2200.0	500.0		399525.6	365716.4
木材加工和木、竹、藤、棕、草制品业	25886.4	51679.4	3479.6	5000.0	423207.0	385339.7
家具制造业	81149.3	43322.8		2800.0	291335.0	244955.3
造纸和纸制品业	26085.2	56987.7	1433.7		362592.5	302053.8
印刷和记录媒介复制业	9038.9	21052.2			206226.9	186679.1
文教、工美、体育和娱乐用品制造业	1621.3	2367.2		4685.4	31658.3	29195.7
石油、煤炭及其他燃料加工业	627745.5	491429.5			13040732.2	9730536.2
化学原料和化学制品制造业	391088.3	176651.7	1320.0	136541.5	3283152.2	2935784.9
医药制造业	369530.4	315631.8	1750.0	168300.0	3272589.7	1652545.3
化学纤维制造业		5800.0			6579.5	5234.1
橡胶和塑料制品业	28970.1	79412.7		124562.1	1175680.1	1042525.8
非金属矿物制品业	649590.2	257686.5	2763.6	17680.4	1988538.3	1688751.7
黑色金属冶炼和压延加工业	323856.5	127289.0			2987810.1	2667304.6
有色金属冶炼和压延加工业	3930.0	5193.6			363362.4	318980.5
金属制品业	71956.3	60801.4	1152.6	9290.0	632835.5	550669.7
通用设备制造业	409258.2	230992.0		3728.2	2391279.2	1983652.2
专用设备制造业	307175.3	211031.2	914.3	89980.5	2430675.3	2023446.8
汽车制造业	148184.5	22253.0	1750.0	101025.7	3315327.2	2841802.3
铁路、船舶、航空航天和其他运输设备制造业	155088.5	45996.3	33049.5	219.0	1017842.1	807013.1
电气机械和器材制造业	209213.3	164926.0	27127.3	64019.0	1447030.7	1170312.5
计算机、通信和其他电子设备制造业	89932.6	129285.3			246488.4	189477.2
仪器仪表制造业	58359.8	66344.8		18927.9	320261.1	240604.8
其他制造业	112.5	11937.5			21629.2	14653.9
废弃资源综合利用业	7837.8	10000.0			201858.9	187073.1
金属制品、机械和设备修理业	1060.0	3505.0			28268.1	26775.2
电力、热力生产和供应业	1112089.0	374145.3	59705.5	129514.9	10740421.7	10468206.6
燃气生产和供应业	64919.4	39745.9	50870.7		582820.0	455099.2
水的生产和供应业	126803.6	5511.0	4591.8	10000.0	222275.6	166559.4

单位：万元

销售费用	管理费用	财务费用			投资收益(损失以"–"号记)	营业利润	利润总额	亏损企业亏损额	平均用工人数(人)
			利息收入	利息支出					
3177509.1	**5266256.5**	**1256017.3**	**236331.3**	**1300214.9**	**431592.5**	**4812906.8**	**4888155.3**	**1518460.2**	**880692.0**
49508.6	465234.1	95344.6	2896.1	94457.3	793.3	406768.2	419987.0	81777.7	147410.0
101529.2	1432702.2	-5742.4	159459.2	154455.5	87.6	1933545.9	1428453.5		108665.0
8762.7	17274.9	1400.2	60.1	1231.6		3064.5	2488.4	21.5	1119.0
1386.8	29121.6	27605.1	177.8	20149.8	-31.4	162691.2	168456.1	1132.8	2900.0
12917.0	17477.0	1835.2	5.5	871.1	608.4	27552.2	28241.3	2345.0	3118.0
14678.8	75551.1	9502.8	1500.6	9271.1	8.5	-51970.2	-97857.2	188725.3	65494.0
414634.0	265618.3	153834.9	2143.8	124754.5	11039.6	332460.2	367869.5	112629.9	68033.0
710984.1	156622.1	6886.8	-3724.9	13585.4	2278.6	427163.9	466379.8	17542.2	26202.0
124667.9	98728.5	19923.3	-3170.6	21098.3	2176.6	65462.4	76149.6	38238.5	16779.0
16552.9	92191.2	-2168.2	2645.6	464.4		44450.4	44865.2		4313.0
4114.0	10399.7	2755.1	106.0	2476.5		1086.3	2611.0	6854.6	6662.0
548.6	2321.5	45.4	-0.8	48.4		2130.2	2162.1	125.6	1208.0
2547.8	3047.5	35.6	17.8	51.2		27620.5	27152.5	879.2	2137.0
12715.3	18381.7	3279.8	31.8	2691.0	-922.4	665.0	2821.4	11159.5	6218.0
11619.1	20785.0	3306.4	260.2	3381.8		8262.5	9620.0	10186.9	7784.0
16371.6	24058.5	5357.1	40.0	3466.0	236.9	9297.7	13920.8	6469.7	5716.0
4137.7	16120.6	3179.1	-6.6	1924.6		-4854.8	-2046.5	5206.1	2848.0
1033.7	1955.0	100.3	33.6	134.7		-807.8	-382.0	1248.5	1350.0
157216.4	424882.0	117943.0	8522.1	58856.4	2048.2	625936.0	616006.3	52458.1	41796.0
66552.4	151030.8	76739.5	1970.7	76145.0	-3023.0	32693.3	36255.6	89352.5	27008.0
822251.7	382799.5	15495.4	7857.5	22488.7	20364.0	392890.8	408690.0	29604.8	37284.0
199.2	807.4	4.6		4.6		289.3	276.8	53.4	178.0
24684.5	60772.7	15364.8	-2162.6	12025.4	8963.1	38169.1	38372.6	9816.4	8706.0
85279.0	148077.9	48990.5	491.4	43667.0	-2396.9	-7998.1	12620.9	78778.4	23399.0
113232.4	50889.6	43221.8	483.0	39937.6	-1130.6	109130.4	114651.3	513.4	14412.0
7023.7	25253.2	15898.4	150.2	14975.9	1390.1	3446.2	4006.3	1299.1	4090.0
15698.6	39767.7	4521.5	619.9	4643.4	1304.9	21052.1	29356.3	4257.6	8052.0
78437.6	251324.6	21495.3	13215.3	30457.9	25689.2	19289.3	76355.3	56176.4	29267.0
58698.6	200145.2	59208.6	10549.6	64753.2	17067.5	48405.3	68482.5	32556.0	25259.0
28813.4	106271.1	6247.0	4404.0	10082.3	267638.4	515935.3	538393.8	27388.0	14160.0
22140.6	128742.5	12967.9	1187.1	13010.5	90.2	28846.9	38357.2	4927.7	14272.0
58630.6	118472.5	15911.3	9448.1	18074.4	25034.0	78059.5	58840.5	10951.4	17907.0
9953.6	37141.3	12892.0	22.3	3581.7	-835.0	-98110.9	-15000.3	34802.7	3350.0
16690.7	47889.5	4443.0	3257.1	7079.4	1004.4	16260.6	18766.2	7244.4	5598.0
648.8	2886.9	382.4	3.1	426.1		2693.5	2727.9		279.0
8405.3	2411.9	1405.6	19.3	981.5		-2206.2	9977.2	357.6	667.0
60.9	991.2	26.7	-1.6	29.3		251.4	618.3		285.0
19646.1	251083.6	426299.6	12875.9	397923.7	52011.5	-408446.9	-154534.1	562614.4	106860.0
56721.1	38531.6	6134.3	493.9	2677.5	97.5	30950.1	32938.7	12090.6	7223.0
17814.1	48493.3	23943.0	449.8	23880.2	-0.7	-29218.5	-8896.5	18674.3	12684.0

1-A-4 国有控股工业企业

行业	企业单位数(个)	资产总计	固定资产净额	固定资产原价	累计折旧	流动资产合计
总计	**466**	**9001.5**	**2747.6**	**10569.8**	**6224.1**	**3464.3**
煤炭开采和洗选业	13	581.3	238.2	605.4	366.4	187.8
石油和天然气开采业	2	2918.2	278.4	5215.2	3545.1	1011.8
黑色金属矿采选业						
有色金属矿采选业	1	37.3	26.3	33.7	7.4	3.0
非金属矿采选业	3	1.8	0.3	0.6	0.3	0.7
开采专业及辅助性活动	2	261.2	76.4	323.8	201.3	152.8
其他采矿业						
农副食品加工业	31	165.9	44.5	61.4	16.3	108.3
食品制造业	12	70.5	15.9	33.0	16.0	34.9
酒、饮料和精制茶制造业	5	12.0	7.0	11.3	4.2	3.2
烟草制品业	1	90.4	28.9	54.6	25.6	57.1
纺织业						
纺织服装、服饰业						
皮革、毛皮、羽毛及其制品和制鞋业						
木材加工和木、竹、藤、棕、草制品业	3	5.5	1.6	2.2	0.6	2.3
家具制造业						
造纸和纸制品业	2	31.7	10.8	30.1	19.3	17.5
印刷和记录媒介复制业	5	4.6	1.0	4.2	3.3	2.4
文教、工美、体育和娱乐用品制造业	1	1.0	0.3	0.6	0.3	0.5
石油、煤炭及其他燃料加工业	7	379.5	187.1	688.8	432.5	146.5
化学原料和化学制品制造业	17	124.4	63.5	132.3	60.2	49.9
医药制造业	7	174.5	33.7	94.2	55.5	99.1
化学纤维制造业						
橡胶和塑料制品业	3.00	2.7	0.8	2.0	1.2	1.8
非金属矿物制品业	32	155.7	65.1	106.6	40.9	66.6
黑色金属冶炼和压延加工业	1	1.8	0.1	0.2	0.1	1.7
有色金属冶炼和压延加工业	3	54.4	32.0	51.1	9.3	14.6
金属制品业	7	38.6	12.3	17.8	5.5	21.6
通用设备制造业	21	450.4	38.7	99.7	59.7	357.3
专用设备制造业	13	473.5	101.4	161.3	56.7	320.7
汽车制造业	7	93.3	13.0	89.9	55.2	52.0
铁路、船舶、航空航天和其他运输设备制造业	15	127.2	28.7	54.8	25.4	69.6
电气机械和器材制造业	9	201.7	22.6	56.6	33.8	158.3
计算机、通信和其他电子设备制造业	1	5.1	0.5	0.8	0.3	4.4
仪器仪表制造业	3	13.6	2.3	7.4	5.1	9.7
其他制造业	1	1.7	0.0	0.1	0.1	1.5
废弃资源综合利用业	2	8.0	1.4	2.0	0.6	4.3
金属制品、机械和设备修理业						
电力、热力生产和供应业	214	2279.76	1371.99	2537.14	1130.28	378.01
燃气生产和供应业	4	39.06	10.17	28.54	16.32	19.32
水的生产和供应业	18	195.50	32.91	62.56	29.55	105.08

主要经济指标(大类行业)

单位：万元

应收账款	存货	产成品	负债合计	流动负债合计	应付账款	所有者权益合计	实收资本	国家资本	集体资本
653.3	**542.2**	**152.4**	**5154.9**	**3529.2**	**960.6**	**3846.6**	**1669.1**	**875.8**	**10.6**
71.1	20.8	9.8	527.4	486.5	96.2	53.9	79.2	77.5	
28.0	36.8	34.8	729.1	278.3	187.7	2189.0	479.6	4.6	
	0.7	0.3	33.6	19.5	1.9	3.6	0.2	0.2	
0.3	0.1	0.1	1.3	1.3	0.0	0.5	0.3	0.3	
63.9	23.2	7.1	293.0	279.6	51.0	-31.8	18.4	12.0	0.0
8.2	43.7	12.0	149.4	139.7	11.3	16.5	36.6	16.0	3.0
12.6	6.2	3.1	28.2	27.0	9.2	42.4	15.4	7.6	0.5
0.5	1.1	0.6	16.7	14.9	2.3	-4.6	6.2	5.6	
6.1	37.7	2.3	16.8	16.8	9.8	73.6	15.1	15.1	
0.7	1.1	0.9	3.1	3.1	0.6	2.4	2.0	1.9	
3.1	5.8	2.2	7.6	7.5	1.0	24.0	3.2	3.2	
0.8	0.4	0.1	1.7	1.3	0.6	2.9	2.5	2.4	
0.0	0.2	0.1	0.3	0.3	0.0	0.7	0.1	0.1	
11.6	64.6	22.8	193.2	182.9	41.6	186.3	102.2	57.9	0.1
5.0	6.9	3.2	100.1	81.5	12.6	24.3	32.9	18.6	0.0
29.8	20.1	4.3	75.5	70.0	22.0	99.0	39.8	18.1	
0.6	0.6	0.3	2.0	2.0	0.2	0.7	0.8	0.7	
17.1	13.1	4.2	118.1	110.1	16.4	37.7	38.2	15.4	0.9
0.4	0.7	0.5	0.5	0.5	0.3	1.3	0.5	0.3	
1.1	6.0	1.2	41.7	31.7	1.2	12.8	26.3	26.1	
4.0	4.8	2.0	21.9	10.7	3.1	16.7	12.3	9.9	0.2
99.3	93.0	14.4	355.8	341.2	101.9	94.6	56.5	29.5	0.3
113.9	62.0	12.6	298.0	229.3	86.2	175.6	72.3	55.0	
6.0	8.2	3.7	133.9	119.1	18.7	-40.6	25.6	24.0	
29.8	15.9	0.7	70.5	55.5	37.6	56.7	55.6	37.6	
32.1	31.8	5.5	117.4	108.2	41.1	84.3	27.4	12.8	
2.7	1.1	0.5	2.6	2.5	1.1	2.5	1.4	0.9	
3.1	3.9	2.0	9.3	8.8	2.6	4.3	4.9	1.0	
1.1	0.2	0.2	0.5	0.5	0.1	1.1	0.3	0.3	
2.8	0.3	0.1	4.8	4.7	0.3	3.2	1.3	0.3	1.0
93.59	29.39	0.70	1642.16	828.24	193.73	637.60	471.80	395.39	4.55
1.60	1.39		17.75	16.60	1.81	21.31	17.71	13.51	
2.39	0.59		141.37	49.69	6.49	54.13	22.62	12.28	

1-A-4 续表

行　业					营业收入	营业成本
	法人资本	个人资本	港澳台资本	外商资本		
总　计	**733.1**	**14.5**	**6.1**	**28.9**	**5049.0**	**3905.4**
煤炭开采和洗选业	0.1	1.7			297.5	221.7
石油和天然气开采业	475.0				1229.2	734.8
黑色金属矿采选业						
有色金属矿采选业					20.6	9.1
非金属矿采选业	0.1				0.9	0.7
开采专业及辅助性活动	6.4			0.0	308.9	308.1
其他采矿业						
农副食品加工业	11.9	3.9		1.8	128.2	113.6
食品制造业	4.4	0.4		2.5	56.2	43.0
酒、饮料和精制茶制造业	0.5	0.1			3.4	2.6
烟草制品业					93.3	35.7
纺织业						
纺织服装、服饰业						
皮革、毛皮、羽毛及其制品和制鞋业						
木材加工和木、竹、藤、棕、草制品业	0.1	0.0			1.3	1.1
家具制造业						
造纸和纸制品业					16.9	12.8
印刷和记录媒介复制业		0.1			3.2	2.7
文教、工美、体育和娱乐用品制造业					0.4	0.3
石油、煤炭及其他燃料加工业	44.2				1055.6	762.3
化学原料和化学制品制造业	13.5	0.8			125.7	113.0
医药制造业	4.8	0.4		16.7	129.3	89.8
化学纤维制造业						
橡胶和塑料制品业		**0.1**			**3.1**	**2.8**
非金属矿物制品业	20.5	1.3	0.1		47.3	38.7
黑色金属冶炼和压延加工业	0.2				2.4	1.9
有色金属冶炼和压延加工业	0.2	0.0			31.2	27.4
金属制品业	1.8	0.2		0.3	14.8	13.2
通用设备制造业	25.5	1.2			166.2	140.2
专用设备制造业	17.2	0.1			156.3	131.7
汽车制造业	0.1	0.1		1.5	37.5	34.6
铁路、船舶、航空航天和其他运输设备制造业	14.6	0.1	3.3		81.5	66.8
电气机械和器材制造业	14.6				77.8	59.7
计算机、通信和其他电子设备制造业	0.5				2.2	1.3
仪器仪表制造业	3.9				7.0	5.3
其他制造业					0.8	0.6
废弃资源综合利用业					3.8	2.6
金属制品、机械和设备修理业						
电力、热力生产和供应业	61.5	4.2		6.2	902.8	894.1
燃气生产和供应业	1.5		2.7		25.6	18.9
水的生产和供应业	10.3				18.4	14.5

单位：万元

销售费用	管理费用	财务费用			投资收益(损失以"−"号记)	营业利润	利润总额	亏损企业亏损额	平均用工人数(人)
			利息收入	利息支出					
76.6	**350.2**	**65.9**	**23.0**	**82.5**	**10.8**	**234.1**	**207.6**	**98.1**	**53.5**
1.4	37.4	6.5	0.3	6.5	0.0	22.4	23.9	5.4	11.8
10.2	143.3	-0.6	16.0	15.5	0.0	193.4	142.9		10.9
0.0	1.0	1.9	0.0	1.2		6.3	6.3		0.0
	0.0					0.1	0.1		0.0
1.4	4.6	0.6	0.1	0.6		-13.9	-18.5	18.9	5.9
8.7	3.5	3.6	0.1	2.2	0.0	-1.3	-0.8	4.2	0.5
5.6	1.6	0.1	0.1	0.2	0.0	5.6	5.7	0.4	0.5
0.2	0.7	0.3		0.4		-0.7	-0.7	0.8	0.1
1.3	8.8	-0.3	0.3			3.7	3.7		0.4
0.0	0.2	0.0		0.0		-0.1	-0.1	0.1	0.1
1.2	1.3	0.1		0.1	0.0	1.1	1.2	0.0	0.2
0.0	0.4	0.0		0.0		0.0	0.1	0.0	0.1
0.0	0.1					0.0	0.0		0.0
6.1	37.4	1.3	0.4	1.9	0.1	52.4	50.0		3.1
2.7	6.0	3.2	0.2	3.3	0.1	0.1	-0.3	2.2	0.9
12.8	19.7	0.1	0.7	0.7	0.3	5.5	6.3	1.5	1.6
0.3	**0.7**	**0.0**		**0.0**		**-0.7**	**-0.7**	**0.7**	**0.1**
1.8	5.5	2.6	0.0	2.5	-0.3	-2.4	-1.7	4.1	0.8
0.1	0.2					0.2	0.2		0.0
0.6	2.1	1.5	0.0	1.4	0.1	0.3	0.3	0.1	0.4
0.4	1.4	0.1	0.1	0.2	0.1	0.2	0.2	0.2	0.2
5.1	17.4	1.7	1.3	2.6	2.4	-2.0	3.1	3.8	1.7
3.0	11.9	4.8	1.0	5.6	1.5	1.4	2.9	0.7	1.4
1.0	5.0	0.0	0.4	0.8	0.2	-2.3	-1.5	1.5	0.5
1.8	9.5	1.2	0.1	1.2		0.8	1.3	0.5	1.1
4.1	7.0	-0.2	0.6	0.4	1.1	5.8	3.7	0.2	0.9
0.1	0.4	0.0		0.0		0.4	0.5		0.0
0.5	1.7	0.2	0.0	0.2		-0.5	-0.5	0.5	0.2
0.0	0.1	0.0		0.0		0.1	0.1		
0.1	0.1	0.1		0.1		0.6	0.7		0.1
0.6	15.3	35.2	1.3	33.1	5.2	-41.2	-21.3	50.5	8.5
3.9	1.4	-0.2	0.0	0.0		2.2	2.3		0.4
1.5	4.5	2.0	0.1	2.0		-3.5	-1.6	1.9	1.1

1-A-5 私营工业企业主要

行业	企业单位数(个)	资产总计	固定资产净额	固定资产原价	累计折旧	流动资产合计
总计	**1488**	**17292660.3**	**4539675.9**	**7732838.3**	**2903117.8**	**9402072.7**
煤炭开采和洗选业	60	883785.0	194298.4	391035.0	175682.1	503279.1
石油和天然气开采业						
黑色金属矿采选业	2	178091.7	98789.1	149137.6	49893.1	21814.7
有色金属矿采选业	2	31245.1	4045.5	21931.0	17885.5	27162.1
非金属矿采选业	17	153845.6	41317.2	79811.2	31762.4	81446.1
开采专业及辅助性活动	5	39948.0	6598.8	11591.1	4986.2	33034.2
其他采矿业						
农副食品加工业	507	3671073.7	888903.4	1336167.1	377469.0	2288019.4
食品制造业	55	732003.6	270846.9	417314.3	139514.6	317821.3
酒、饮料和精制茶制造业	42	452234.1	135847.3	207648.6	66525.0	197012.1
烟草制品业						
纺织业	15	124388.4	27748.7	52956.0	25052.0	89878.7
纺织服装、服饰业	5	20359.2	1711.3	2000.6	289.3	18282.5
皮革、毛皮、羽毛及其制品和制鞋业	33	109369.4	7143.3	8779.0	1634.9	102215.4
木材加工和木、竹、藤、棕、草制品业	64	206916.8	41829.3	60042.5	17794.6	130142.4
家具制造业	21	210668.7	40314.5	82562.4	42019.9	148164.8
造纸和纸制品业	25	269921.4	87514.4	120025.9	31658.7	140543.2
印刷和记录媒介复制业	15	134931.8	56792.2	92058.1	34552.4	65208.2
文教、工美、体育和娱乐用品制造业	5	11527.2	4946.6	6042.3	894.9	5027.6
石油、煤炭及其他燃料加工业	24	1520820.8	284813.1	554673.6	181425.4	753668.7
化学原料和化学制品制造业	64	948357.8	243764.4	381160.6	125330.8	517064.8
医药制造业	38	781370.4	215278.4	365737.8	142428.7	429395.8
化学纤维制造业	3	27279.2	8795.6	16780.0	7984.4	9707.1
橡胶和塑料制品业	32	178798.5	35495.7	67899.8	32063.1	105715.4
非金属矿物制品业	120	1030792.3	301837.3	522649.1	213405.8	625536.0
黑色金属冶炼和压延加工业	5	1168486.9	320255.4	589296.8	269041.3	345796.1
有色金属冶炼和压延加工业	3	17191.8	4486.4	6772.9	2286.5	8846.5
金属制品业	38	187193.7	29770.3	51292.3	21431.7	147402.8
通用设备制造业	63	604268.9	112139.3	263059.9	148119.6	350593.3
专用设备制造业	84	844656.2	128232.5	214056.6	82051.1	613046.7
汽车制造业	6	50204.4	14481.7	25092.1	9672.1	34247.6
铁路、船舶、航空航天和其他运输设备制造业	4	91191.8	12283.2	38959.9	25422.1	66627.4
电气机械和器材制造业	30	202896.1	36599.7	62626.9	24145.4	137910.7
计算机、通信和其他电子设备制造业	6	199876.4	11441.1	33164.6	20689.2	141747.3
仪器仪表制造业	10	102331.8	8463.7	13397.0	5109.1	79261.5
其他制造业	1	1443.7	12.2	53.2	40.9	1431.4
废弃资源综合利用业	2	5933.4	2045.4	2139.4	94.0	3128.1
金属制品、机械和设备修理业	3	9154.6	1424.4	3240.8	1816.4	7585.4
电力、热力生产和供应业	65	1769273.0	749604.0	1313970.9	515577.1	743236.3
燃气生产和供应业	12	234034.5	97440.4	149261.5	51283.2	99074.3
水的生产和供应业	2	86794.4	12364.8	18449.9	6085.3	11997.7

经济指标(大类行业)

单位：万元

应收账款	存货	产成品	负债合计	流动负债合计	应付账款	所有者权益合计	实收资本	国家资本	集体资本
2243463.8	**2628459.6**	**910823.3**	**10789154.9**	**9406011.8**	**2534444.2**	**6503494.5**	**3835187.6**	**22450.0**	**50366.4**
103977.3	118225.0	77650.0	692862.8	668808.5	130294.1	190922.4	105295.0		500.0
446.0	12598.9	4873.1	123926.9	53175.0	21809.3	54164.6	33500.0		
	7246.8	5942.6	24479.5	22901.3	4024.6	6765.5	6470.0		
30581.4	16726.6	10885.4	78711.9	77642.1	36668.1	75133.5	31170.3		8000.0
14886.9	3458.0	490.1	18427.4	18427.4	10369.6	21520.6	18409.7		
336630.9	969669.2	294158.2	1870452.4	1699580.2	282221.6	1800619.5	1083278.4	50.0	11630.0
94154.5	97483.0	50411.2	390186.6	342666.5	136901.3	341817.0	165136.7		5110.0
8444.9	68243.8	38859.4	215942.0	196229.2	95497.8	236291.8	109116.6		20.0
24095.6	24459.9	12997.6	83952.7	72325.9	32833.4	40435.4	27117.0		
6995.1	5983.5	3684.7	13737.8	13737.8	1073.9	6621.4	3860.0		
41439.6	31897.2	22187.3	52878.8	52878.8	15693.7	56490.4	9510.0		
41387.2	50331.3	21682.6	140337.9	128830.1	36140.2	66578.6	49188.5		
46671.0	66418.8	34449.7	133356.5	129309.9	34108.2	77312.2	53240.6		2062.9
43839.1	40815.6	17177.7	209419.9	192217.8	21199.1	60501.5	72413.2		188.0
27445.1	19515.7	2299.5	92096.7	89934.0	23881.0	42834.9	18998.6		
1244.2	1578.0	782.9	3067.0	3067.0	1213.2	8460.2	3137.9		
89029.8	192867.5	62430.6	1343626.3	1224983.8	438250.6	177194.5	196710.0	100.0	
50751.7	102404.1	34609.2	775285.5	650847.1	87369.6	173071.9	192921.9		
126583.9	101018.5	28666.9	330606.8	289600.9	62547.8	450763.2	190734.5		
1404.2	1854.2	934.7	5856.5	5504.2	140.4	21422.7	5800.0		
32470.9	42195.8	14287.9	105308.7	89038.6	17381.5	73489.8	46015.9		
309769.2	98682.2	40704.9	760118.5	690603.9	280775.4	270673.0	214174.0	7700.0	9065.0
50841.2	107869.5	25504.2	662135.7	538470.5	173343.4	506351.2	182288.0		
3743.0	2981.1		8523.6	8523.6	1588.1	8668.2	4723.6		
69690.0	31255.9	8522.0	113998.1	113997.3	33855.9	73193.7	57308.4		
129651.6	76367.7	31672.9	296312.4	280078.8	57259.1	307955.8	139619.8	2600.0	1209.0
243246.0	137844.2	16568.2	377160.1	364477.7	113341.2	467494.1	234683.4	200.0	
15515.2	5586.6	51.8	28686.0	25152.7	16459.0	21518.3	13056.5	800.0	100.0
22730.7	24189.5	17889.6	68793.8	53945.4	6994.6	22397.9	6484.6		
63284.0	34632.5	10828.8	83665.4	82132.1	30666.4	119230.4	104836.3	500.0	3481.5
33715.6	15867.6	5988.6	106368.1	55616.0	16186.0	93508.3	7710.0		
31605.5	13948.2	5687.1	50494.5	49452.3	21725.2	51837.2	21079.3		
670.8	321.4		1316.4	1316.4	1312.6	127.2	50.0		
1.5	307.3	14.1	3312.0	3312.0	484.4	2621.4	2500.0		
3393.3			2991.4	2288.9	828.1	6163.1	4505.0		
93369.4	90558.0	5336.6	1334239.6	989748.8	252072.0	435032.9	359493.4	10500.0	5000.0
47290.3	12433.1	2427.5	117526.5	101550.8	22971.6	116508.0	52150.5		4000.0
2467.2	623.4	165.7	68992.2	23638.5	14962.2	17802.2	8500.0		

1-A-5 续表

行　业					营业收入	营业成本
	法人资本	个人资本	港澳台资本	外商资本		
总　计	**1649189.6**	**2082081.1**		**28100.0**	**14776071.1**	**13037177.7**
煤炭开采和洗选业	27081.5	77713.4			736630.3	591118.2
石油和天然气开采业						
黑色金属矿采选业	33000.0	500.0			64160.0	54120.7
有色金属矿采选业	560.0	5910.0			17782.3	12991.4
非金属矿采选业	13390.0	9780.3			115817.0	88950.3
开采专业及辅助性活动	8277.7	10132.0			25619.6	22093.5
其他采矿业						
农副食品加工业	401008.8	668989.6		1600.0	5233157.1	4907602.3
食品制造业	75214.0	84812.6			998622.1	853314.1
酒、饮料和精制茶制造业	53805.3	55291.3			390848.3	336912.6
烟草制品业						
纺织业	6228.0	20889.0			115172.5	105417.2
纺织服装、服饰业	2350.0	1510.0			23052.5	21431.5
皮革、毛皮、羽毛及其制品和制鞋业	8210.0	1300.0			238085.3	217051.6
木材加工和木、竹、藤、棕、草制品业	9751.2	39437.2			220563.2	210447.3
家具制造业	15859.9	35317.8			140761.5	121502.2
造纸和纸制品业	18638.0	53587.2			135201.5	120068.6
印刷和记录媒介复制业	6038.9	12959.7			129167.0	121381.6
文教、工美、体育和娱乐用品制造业	1000.0	2137.9			13020.6	11831.2
石油、煤炭及其他燃料加工业	119320.0	77290.0			1050232.6	939049.9
化学原料和化学制品制造业	71413.8	95008.1		26500.0	726376.1	684309.3
医药制造业	75635.6	115098.9			469073.7	219928.8
化学纤维制造业		5800.0			6579.5	5234.1
橡胶和塑料制品业	7374.6	38641.2			109653.0	98767.2
非金属矿物制品业	72210.4	125198.6			621456.1	551512.9
黑色金属冶炼和压延加工业	160000.0	22288.0			1108758.1	972450.6
有色金属冶炼和压延加工业	2400.0	2323.6			17997.0	14867.3
金属制品业	25985.5	31322.8			151044.9	132788.4
通用设备制造业	45071.5	90739.3			317284.1	251264.9
专用设备制造业	90154.6	144328.8			399061.4	319329.0
汽车制造业	486.5	11670.0			34892.5	29460.0
铁路、船舶、航空航天和其他运输设备制造业	484.6	6000.0			49749.7	32805.5
电气机械和器材制造业	26555.2	74299.6			172266.7	153709.2
计算机、通信和其他电子设备制造业		7710.0			63556.0	42468.0
仪器仪表制造业	2881.7	18197.6			91922.3	66535.1
其他制造业	43.0	7.0			2337.0	1953.1
废弃资源综合利用业	2500.0				9570.2	9120.0
金属制品、机械和设备修理业	1000.0	3505.0			6793.8	6160.8
电力、热力生产和供应业	232474.3	111519.1			611035.1	582344.2
燃气生产和供应业	32785.0	15365.5			152877.4	123661.3
水的生产和供应业		5500.0			5893.1	3223.8

单位：万元

销售费用	管理费用	财务费用			投资收益（损失以"-"号记）	营业利润	利润总额	亏损企业亏损额	平均用工人数（人）
			利息收入	利息支出					
514104.6	**559633.2**	**208161.4**	**2583.5**	**159849.4**	**5429.4**	**393603.2**	**467582.9**	**213932.0**	**121175.0**
19415.0	42458.9	7431.9	-97.1	6571.2	3.6	61864.1	61086.6	9743.8	10680.0
1599.5	2796.1	1256.4	-2.1	1231.6		2127.1	1536.1		645.0
735.9	3271.1	56.0	0.3	55.7		545.7	544.5		595.0
5641.3	6289.8	610.5	0.6	471.2	608.4	9983.7	10043.7	1261.2	1371.0
203.0	3109.7	384.3	0.5	189.6	8.5	-260.3	589.8		293.0
105704.3	82533.1	35061.3	-714.0	31172.2	386.2	105185.6	114531.0	30906.1	25895.0
51746.1	42623.3	5590.2	490.4	4323.7	893.7	45710.6	47173.9	4541.3	8299.0
6106.9	23790.2	2984.6	-1.4	2514.0	675.0	18829.7	18726.4	7268.1	3616.0
2256.0	4651.0	1073.9	95.9	1010.0		1456.0	1383.5	2826.0	2116.0
231.9	417.6	22.3	0.5	22.0		923.5	923.5		200.0
1782.7	2052.3	28.2	15.5	43.4		16809.3	16345.8		1158.0
4393.5	5190.1	1671.8	3.3	1323.9	-1180.2	-2953.0	-1890.4	7279.9	3125.0
5526.9	9864.7	1144.8	187.5	1465.1		1514.7	2777.1	1029.2	4349.0
2886.5	7344.5	4127.7	3.4	1499.5		-912.8	1530.7	4858.7	2421.0
3026.7	7275.8	2401.8	8.2	1111.7		-5289.0	-2789.8	4371.8	1079.0
361.6	377.0	83.1	6.5	49.4		344.5	359.1		366.0
37425.6	22642.4	45277.3	717.2	14086.6	103.1	-13896.8	-3892.6	27992.0	5129.0
7641.2	27798.5	29735.3	209.6	29723.2	-459.0	-27195.4	-22770.4	48334.5	3934.0
133465.1	41401.9	3032.6	302.4	2767.2	2543.7	73633.3	75628.7	4676.2	5443.0
199.2	807.4	4.6		4.6		289.3	276.8	53.4	178.0
1286.6	6375.6	2069.9	9.5	1656.1	52.6	898.4	1059.2	258.5	1853.0
25457.4	29439.7	7387.5	27.6	5652.8	303.6	3435.2	8488.2	12317.9	6996.0
48483.8	22438.3	23971.8	318.6	22455.4	-1145.5	34283.8	32111.4	446.5	3671.0
317.6	2207.4	206.3	0.1	199.8	600.0	1047.2	1149.2	57.3	94.0
4000.6	7440.5	1355.7	19.1	1233.6	2.3	3937.0	4334.4	99.8	1265.0
8517.3	29790.0	2384.1	104.8	2353.0	32.4	23181.5	23505.5	7266.4	5119.0
15166.1	37181.3	3890.7	141.2	2691.4	1170.4	21047.9	22824.8	11209.0	5954.0
484.5	2009.1	18.7	10.3		127.5	2859.9	2932.3	25.2	475.0
1202.0	12000.7	743.1	11.6	663.1	328.7	2942.3	6219.4		1181.0
3168.2	11027.7	1633.7	42.8	1411.9	84.7	1886.7	2508.9	1100.7	2095.0
2122.6	8120.9	1630.1	25.3	1617.8		8551.1	9572.5	124.5	1186.0
3706.1	12447.7	333.3	1119.4	1335.7	140.1	12054.8	12855.8	356.8	781.0
	279.4	4.3	1.0			41.8	41.8		15.0
392.4	364.1	-0.1	-0.1			-478.4	172.8	234.9	49.0
60.9	233.3	26.7	-1.6	29.3		282.8	463.7		115.0
3519.0	31091.8	18995.0	-484.0	18569.7	108.5	-24530.9	387.9	25162.7	8235.0
5860.3	9809.8	1333.9	8.5	146.8	41.1	11759.3	15079.4	129.6	1054.0
10.3	680.5	198.1	2.2	197.2		1693.0	1761.7		145.0

1-A-6 外商投资和港澳台商投资工业

行业	企业单位数(个)	资产总计	固定资产净额	固定资产原价	累计折旧	流动资产合计
总计	**155**	**17106997.4**	**5067695.8**	**10878972.3**	**5607693.7**	**8711581.8**
煤炭开采和洗选业	1	10119.8	3016.0	6089.6	3073.6	6911.9
石油和天然气开采业						
黑色金属矿采选业						
有色金属矿采选业	1	131861.0	47050.6	53662.2	6611.6	11381.4
非金属矿采选业	2	94278.7	29372.8	38078.4	8705.5	50934.3
开采专业及辅助性活动	1	787798.9	213143.7	1375208.9	1162065.2	20913.3
其他采矿业						
农副食品加工业	31	1613657.8	523445.4	836051.1	306861.0	919186.6
食品制造业	15	2277998.1	304575.4	614566.6	309973.3	1556299.0
酒、饮料和精制茶制造业	22	946523.8	461934.0	827745.9	314303.5	332326.0
烟草制品业						
纺织业	2	34385.5	1187.1	17095.1	11941.6	28129.6
纺织服装、服饰业						
皮革、毛皮、羽毛及其制品和制鞋业	1	1668.6	930.6	2529.8	1599.2	713.5
木材加工和木、竹、藤、棕、草制品业	4	25376.7	6228.9	11728.8	5499.7	17064.6
家具制造业	2	42372.1	3849.1	5813.1	1963.9	37598.1
造纸和纸制品业	1	14960.4	7843.3	15210.7	7367.3	5324.2
印刷和记录媒介复制业						
文教、工美、体育和娱乐用品制造业	1	3663.5	568.0	2664.6	2096.6	2824.8
石油、煤炭及其他燃料加工业	1	253133.2	30999.8	50755.2	19755.3	197187.6
化学原料和化学制品制造业	5	306725.4	104358.5	268568.9	163882.3	182480.7
医药制造业	7	1649459.9	334794.5	930730.1	545660.5	898395.2
化学纤维制造业						
橡胶和塑料制品业	3	1435200.0	137116.5	342743.5	203678.8	990663.4
非金属矿物制品业	6	88274.3	23232.5	50394.7	25809.6	53061.6
黑色金属冶炼和压延加工业						
有色金属冶炼和压延加工业						
金属制品业	5	63818.4	16038.6	27696.8	11650.9	42797.5
通用设备制造业	1	21289.3	2457.2	7664.9	5207.7	18458.8
专用设备制造业	4	218222.0	82195.7	129230.8	46990.3	120119.0
汽车制造业	5	2921716.2	697491.9	1212228.1	440910.0	1870770.7
铁路、船舶、航空航天和其他运输设备制造业	2	138549.7	44435.7	75542.4	31106.7	92197.7
电气机械和器材制造业	2	816051.9	60144.4	121376.9	61232.5	533414.5
计算机、通信和其他电子设备制造业						
仪器仪表制造业	1	56081.3	422.1	2120.3	1698.2	8584.9
其他制造业						
废弃资源综合利用业						
金属制品、机械和设备修理业						
电力、热力生产和供应业	23	2343249.8	1824044.1	3583325.8	1744719.2	366834.0
燃气生产和供应业	3	246113.8	93620.1	244475.3	150855.2	89609.5
水的生产和供应业	3	564447.3	13199.3	25673.8	12474.5	257399.4

企业主要经济指标(大类行业)

单位：万元

应收账款	存货	产成品	负债合计	流动负债合计	应付账款	所有者权益合计	实收资本	国家资本	集体资本
1917129.6	**1993741.7**	**538211.2**	**10071862.1**	**8444595.3**	**2758663.9**	**7035133.4**	**3025868.2**	**447834.8**	**26125.1**
1764.2	217.5	217.5	8239.0	5539.0	1262.8	1880.8	3320.0		
476.8	9110.0		71565.1	70266.8	457.9	60295.9	29325.6		
2020.8	14909.4	10391.5	43661.9	43661.9	10783.8	50616.7	49169.0		
3173.3	1145.7		36479.7	10000.0		751319.2	3000.0		
192159.2	471929.8	207232.6	1089964.2	1050591.3	111747.8	523693.6	528504.9	4000.0	1000.0
229772.1	128251.7	76043.3	1058762.5	1009429.5	620595.9	1219234.5	369284.3	49014.4	
72891.2	101374.6	25978.2	507791.6	485535.0	147717.1	438732.0	316730.3	5736.0	
11813.9	11013.9	3122.9	24709.2	24700.6	1623.8	9676.3	9147.0		
486.7	205.4		69.4	69.4		1599.2			
1828.0	10411.6	4025.3	18988.6	18988.6	3440.3	6388.1	9479.6		
15531.6	2745.4	150.6	19828.7	19828.7	14775.7	22543.4	3800.0		
4249.2	786.8	169.7	12107.1	11075.2	1681.8	2853.3	1433.7		
585.9	315.9	57.4	593.3	593.3	321.1	3070.2	4685.4		
1576.4	37643.8	13015.0	360343.5	360343.5	18934.4	-107210.3	14177.0		
16907.8	77309.1	28108.8	130678.2	123756.2	30036.8	176047.2	113641.5		
273179.1	196918.8	35708.6	758318.1	699910.2	214716.6	891141.7	394184.4	166500.0	
114241.8	344200.2	9386.2	965818.0	891328.7	178280.1	469382.1	125433.6	871.5	
25258.3	6875.9	3434.5	42170.5	36954.4	8355.3	46103.6	29132.8	3000.0	
17168.4	11938.7	3346.4	32256.8	30456.8	13812.1	31561.6	17240.0	1107.4	
4133.7	8096.2	1485.7	5044.2	5044.2	5366.7	16245.1	3728.2		
25147.9	50914.0	21225.5	96792.0	87634.7	15783.7	121429.9	91846.5		
670721.2	269190.1	21827.3	1640034.8	1453927.8	1071783.5	1281681.3	224851.7	35000.0	
23771.2	47678.2	4001.4	92962.6	15287.0	13197.9	45587.0	114913.6	24.3	
111444.0	113552.2	62516.5	460566.3	432541.7	62931.4	355485.6	91442.5		296.2
1934.8	4436.6	1082.8	54556.4	54556.4	1856.4	1524.9	18927.9		
83511.4	58743.8	2836.5	1912667.0	1285614.6	176372.7	430582.7	332249.7	148611.1	24828.9
8843.4	12928.9	2847.0	144242.2	140557.0	12642.9	101871.7	70870.2	29213.1	
2537.3	897.5		482651.2	76402.8	20185.4	81796.1	55348.8	4757.0	

1-A-6 续表

行业	法人资本	个人资本	港澳台资本	外商资本	营业收入	营业成本
总计	**430362.5**	**76275.9**	**297059.1**	**1748210.5**	**12860481.2**	**10106099.3**
煤炭开采和洗选业				3320.0	2735.5	2090.6
石油和天然气开采业						
黑色金属矿采选业						
有色金属矿采选业	1466.3		27859.3		62475.1	11507.5
非金属矿采选业	5500.0	31200.0	9002.3	3466.7	21432.5	15629.6
开采专业及辅助性活动		2500.0	500.0		594250.0	488711.9
其他采矿业						
农副食品加工业	36787.6	600.0	47584.1	438533.1	1982784.2	1787278.6
食品制造业	53141.7		46244.9	220883.3	2211032.3	1305095.1
酒、饮料和精制茶制造业	51898.5	5153.8	6534.8	247407.2	667947.4	471752.4
烟草制品业						
纺织业	4151.5	2760.0	2235.5		36469.9	32852.5
纺织服装、服饰业						
皮革、毛皮、羽毛及其制品和制鞋业					1124.3	1083.4
木材加工和木、竹、藤、棕、草制品业	750.0	250.0	3479.6	5000.0	17798.5	16446.5
家具制造业	1000.0			2800.0	74852.2	58362.6
造纸和纸制品业			1433.7		18351.2	15670.7
印刷和记录媒介复制业						
文教、工美、体育和娱乐用品制造业				4685.4	2505.2	2033.0
石油、煤炭及其他燃料加工业		14177.0			118101.7	97988.6
化学原料和化学制品制造业	895.5	1384.5	1320.0	110041.5	345670.3	279145.3
医药制造业	56434.4	1200.0	1750.0	168300.0	1160366.4	804891.0
化学纤维制造业						
橡胶和塑料制品业				124562.1	901723.0	799345.7
非金属矿物制品业	3240.0	2448.8	2763.6	17680.4	59736.1	45706.8
黑色金属冶炼和压延加工业						
有色金属冶炼和压延加工业						
金属制品业	8410.0	280.0	1152.6	6290.0	54168.2	48135.9
通用设备制造业				3728.2	35309.3	31954.1
专用设备制造业		951.7	914.3	89980.5	193504.0	148101.3
汽车制造业	85076.0	2000.0	1750.0	101025.7	2935365.9	2490929.7
铁路、船舶、航空航天和其他运输设备制造业	81620.8		33049.5	219.0	63177.8	48802.0
电气机械和器材制造业			27127.3	64019.0	239476.1	197348.3
计算机、通信和其他电子设备制造业						
仪器仪表制造业				18927.9	10173.8	9933.2
其他制造业						
废弃资源综合利用业						
金属制品、机械和设备修理业						
电力、热力生产和供应业	3990.2	6442.3	41036.5	107340.5	787254.8	712051.4
燃气生产和供应业		4927.8	36729.3		228029.3	160024.4
水的生产和供应业	36000.0		4591.8	10000.0	34666.2	23227.2

单位：万元

销售费用	管理费用	财务费用			投资收益（损失以"–"号记）	营业利润	利润总额	亏损企业亏损额	平均用工人数（人）
			利息收入	利息支出					
986665.6	**556123.8**	**180232.4**	**5570.0**	**160553.6**	**286272.6**	**1144986.7**	**1212323.6**	**134598.1**	**77190.0**
	354.2					231.8	182.8		165.0
22.8	2943.8	3069.8		2894.3		42484.4	52196.1		298.0
1046.6	4721.4	378.6				-477.7	831.5	266.0	172.0
261.1	13944.2	1526.6		1526.6		72426.7	72426.7		2913.0
85386.3	45504.7	28805.3	1827.2	26503.3	2166.2	48395.5	52452.4	7646.2	8774.0
610344.4	68184.7	-3939.7	-4417.4	4406.8	810.6	210541.1	230076.0	6390.3	6809.0
70954.6	38993.0	1953.3	-3333.8	3883.1	-100.0	43161.4	43716.4	11332.9	6411.0
463.0	1655.1	92.4	0.4			1155.8	1158.7		1055.0
2.7	129.4	0.2		0.2		-92.2	-91.7	91.7	15.0
507.8	792.6	-49.2	0.3	9.2		15.8	-214.1	509.6	481.0
694.7	1029.5	164.3	40.1	65.2		14828.8	14824.4	425.1	481.0
504.4	475.8	506.9	20.2	526.9	6.1	1097.2	1698.9		70.0
86.8	164.0	-73.2	23.3			278.6	282.2		25.0
7894.6	2155.5	37830.5	-180.0	2574.9		-27912.6	-24221.4	24221.4	574.0
11440.5	13150.9	813.7	1166.8	2096.4	-5623.2	34156.4	31819.6	3657.9	2507.0
98042.6	177667.2	-785.3	4837.1	3449.7	1003.5	66067.7	74337.7	1633.4	15019.0
17112.6	37183.8	11929.2	-2198.7	9147.2	8910.5	43307.7	42837.2	75.9	3082.0
5206.4	5641.8	1371.3	0.1	540.6		1083.6	604.8	1101.0	1001.0
1439.3	2873.1	-3.7	9.3	55.7	20.8	1812.9	7352.9	324.7	1002.0
613.7	1442.4	112.4	28.1			1183.2	1183.3		185.0
4539.2	16795.7	2591.4	11.6	273.0	547.1	18868.7	19758.1	2784.3	989.0
20538.5	56446.8	-1107.5	4189.0	4252.0	265544.8	545730.9	558818.0	644.6	7862.0
1996.9	3792.4	4110.0	137.3	4401.4		1119.2	1749.1		616.0
5869.8	16586.8	9039.5	383.0	9216.1	12739.9	21228.0	21858.0		4900.0
	2233.7	600.3	1603.6	2374.9		-2685.0	-2246.6	2246.6	118.0
1161.6	21191.6	69665.7	168.4	69505.0	228.4	-7200.9	-6339.8	63984.2	7241.0
40060.8	14641.4	-652.8	1191.5	366.4	18.6	21224.9	20866.8	119.0	3762.0
473.9	5428.3	12282.4	62.6	12484.7	-0.7	-7045.2	-5594.4	7143.3	663.0

1-A-7 大中型工业企业主要

行业	企业单位数（个）	资产总计	固定资产净额	固定资产原价	累计折旧	流动资产合计
总计	**420**	**109191745.6**	**28136887.1**	**109237594.6**	**64894177.1**	**47867726.4**
煤炭开采和洗选业	34	6507106.4	2578880.4	6403887.4	3799031.6	2171019.5
石油和天然气开采业	2	29181600.8	2783597.7	52152009.2	35450946.8	10118413.1
黑色金属矿采选业	2	363253.0	103105.4	150358.5	47252.9	73116.2
有色金属矿采选业	5	749365.9	220080.3	306665.8	86585.4	100040.4
非金属矿采选业	2	51996.3	8031.8	12119.2	4087.5	37776.4
开采专业及辅助性活动	7	3658802.7	990782.0	4754987.4	3299086.5	1783831.9
其他采矿业						
农副食品加工业	38	3972309.6	1088929.0	1635953.1	524731.3	2426638.7
食品制造业	27	3472823.8	546680.3	1220378.0	533906.5	2159418.0
酒、饮料和精制茶制造业	16	1425114.9	495108.5	820076.2	276048.3	678283.7
烟草制品业	2	954879.0	298945.7	572600.2	273654.5	610398.5
纺织业	12	220396.0	47249.6	97717.4	45912.3	149444.2
纺织服装、服饰业	1	11782.9	2768.4	3956.7	1188.3	6553.8
皮革、毛皮、羽毛及其制品和制鞋业						
木材加工和木、竹、藤、棕、草制品业	3	121425.3	24671.4	42243.1	17571.7	80827.3
家具制造业	7	262740.2	69943.6	118711.5	48767.9	162014.3
造纸和纸制品业	1	309862.4	104994.6	298456.8	193104.8	171068.9
印刷和记录媒介复制业	3	88280.6	37602.6	72011.5	34408.7	36138.1
文教、工美、体育和娱乐用品制造业	1	15491.3	4280.6	7445.1	3164.5	9799.9
石油、煤炭及其他燃料加工业	19	6721782.7	2283407.2	7768888.5	4646097.3	3223278.6
化学原料和化学制品制造业	22	3243793.3	988329.5	1951159.8	876934.6	1304523.5
医药制造业	23	4062754.9	697873.4	1542416.9	793291.5	2555959.6
化学纤维制造业						
橡胶和塑料制品业	3	1442722.9	138322.6	349093.7	208798.3	996816.1
非金属矿物制品业	16	1548381.0	557565.6	980781.1	420946.3	670120.1
黑色金属冶炼和压延加工业	4	3342683.9	832717.2	1151189.7	318472.5	1322079.0
有色金属冶炼和压延加工业	1	534009.4	319204.2	506519.0	88747.9	136289.3
金属制品业	8	369543.6	52225.1	114294.8	59484.7	278361.5
通用设备制造业	14	4648465.4	416334.0	1104614.9	682801.5	3755273.9
专用设备制造业	16	5281021.5	1149718.9	1853451.7	667910.7	3571425.3
汽车制造业	5	3293489.6	726958.4	1752184.2	808781.1	2021536.5
铁路、船舶、航空航天和其他运输设备制造业	10	1219168.0	287372.9	564575.8	273026.6	632833.2
电气机械和器材制造业	8	2828680.0	290348.5	701870.6	409371.2	2097677.9
计算机、通信和其他电子设备制造业	4	708605.8	97078.7	155155.4	57054.1	301387.9
仪器仪表制造业	2	145410.1	31206.7	85926.9	54525.7	88821.5
其他制造业						
废弃资源综合利用业	1	40950.2	5626.3	9947.4	4321.0	33321.1
金属制品、机械和设备修理业						
电力、热力生产和供应业	85	16091569.8	9453727.4	19086765.7	9419650.4	2851824.2
燃气生产和供应业	4	425303.0	125018.9	332116.4	186563.8	202898.9
水的生产和供应业	12	1876179.4	278199.7	557065.0	277948.4	1048515.4

经济指标(大类行业)

单位：万元

			负债合计			所有者权益合计			
应收账款	存货			流动负债合计	应付账款		实收资本	国家资本	集体资本
		产成品							
9100046.2	**8553211.1**	**2612426.2**	**62603067.3**	**47182808.0**	**13804806.5**	**46588677.0**	**19792750.9**	**7297914.8**	**457807.7**
768230.6	232668.9	109017.6	5599887.5	5171591.7	1004950.1	907219.2	845561.0	766818.0	2720.0
279830.3	367894.4	347512.1	7291442.7	2783051.3	1876602.8	21890158.2	4795614.8	45614.8	
11099.2	10219.9	3026.4	265691.3	115220.0	49008.6	97561.6	78000.0		45000.0
6119.3	29588.4	9250.9	384401.9	358789.5	39504.5	364963.9	246137.6	165.0	
18762.8	3078.2	953.2	13275.4	13275.4	-629.3	38720.9	11227.8	10727.8	
732181.5	244623.7	71012.1	3111415.5	2952093.5	568791.1	547387.3	198761.8	119744.6	5477.3
327364.7	936269.5	351040.2	2844436.1	2594642.0	340773.8	1127873.4	925856.7	110806.4	42300.0
557072.8	256704.3	120493.6	1666032.4	1638574.0	865304.8	1806790.4	635902.2	70824.3	23580.3
70899.5	171985.0	61304.2	652177.7	630411.1	204607.3	772937.2	525195.8	2000.0	
68153.6	394198.4	34838.0	185807.2	185807.2	107184.3	769071.8	155818.2	150818.2	
20493.6	65298.1	32530.3	123730.4	106056.9	31237.7	96665.6	35280.0		
3153.1	2009.2	991.5	3724.1	3724.1	139.0	8058.8	12000.0		
32812.5	23997.4	11519.3	56630.7	55557.7	14254.7	64794.7	24910.0	17400.0	
30012.7	78194.5	37814.6	158073.7	145863.7	22393.1	104666.5	83299.0		
30869.2	56157.3	21090.2	70157.9	68804.6	7099.7	239704.4	28910.0	28910.0	
15131.8	6968.0	1084.2	50639.4	46756.3	12167.5	37641.2	23732.4	20232.4	
656.9	3728.9	2835.6	14910.2	12595.7	54.3	581.1	400.6		
242413.3	1020815.6	389891.3	4203109.7	3929527.7	990020.9	2518673.0	1594180.3	579097.7	579.0
205844.2	204936.3	92178.0	2446306.2	1686020.7	336719.2	797486.8	828987.3	175870.3	266914.6
594921.6	401144.8	76851.2	1633112.1	1480415.5	329330.6	2429642.7	725091.7	175682.3	11839.7
113308.9	349018.5	11842.1	974211.8	899722.5	177940.8	468511.2	129850.1	5288.0	
186079.2	112639.6	32768.7	904490.4	801286.9	123306.4	643890.8	396185.1	109588.6	16000.0
247785.0	381395.5	149043.4	2833762.9	2218554.8	795688.4	508921.3	418151.0		
8082.9	55895.6	10837.1	409551.5	310053.1	10032.7	124457.9	260000.0	260000.0	
70120.9	60271.2	29514.6	240627.9	144005.5	68019.7	128915.7	61409.4	29368.8	3496.0
1039836.5	1040726.4	213287.1	3583297.1	3449724.8	1002696.6	1065168.2	499582.1	232980.2	21053.6
1272742.2	733530.2	144549.3	3260511.0	2569623.9	895658.4	2020510.3	835213.2	527555.0	600.0
697427.3	293945.8	36012.0	2594843.5	2370555.4	1221124.1	698646.1	388663.5	207011.5	
280248.3	158150.9	19614.1	688545.2	547753.9	339608.6	530622.7	535878.8	334000.6	
419399.6	433865.2	114411.0	1613620.5	1494450.5	451272.5	1215059.6	360122.0	113697.7	296.2
116457.0	83426.5	51784.1	412945.0	291818.1	65181.0	295660.9	186842.6	9408.0	
15914.0	38930.8	19542.0	112054.2	97212.6	18065.5	33355.9	40314.0		
25549.7	3173.5	891.9	20818.8	19430.6	666.3	20131.4	10000.0		10000.0
548076.5	275471.6	278.5	12627382.2	7321907.3	1753133.4	3464187.0	3500459.0	2946928.4	7951.0
19881.4	16634.3	2815.8	199618.4	188121.3	20951.8	225684.6	185465.2	130643.1	
23113.6	5654.7		1351824.8	479808.2	61945.6	524354.7	209747.7	116733.1	

1-A-7 续表

行 业					营业收入	营业成本
	法人资本	个人资本	港澳台资本	外商资本		
总 计	**8971152.6**	**1468643.2**	**179098.5**	**1418134.1**	**69046991.8**	**53369192.5**
煤炭开采和洗选业	25950.0	50073.0			3392441.7	2475612.9
石油和天然气开采业	4750000.0				12291845.3	7348076.2
黑色金属矿采选业	33000.0				79691.2	67861.9
有色金属矿采选业	211256.3	6857.0	27859.3		249720.9	120830.6
非金属矿采选业		500.0			63153.5	42791.6
开采专业及辅助性活动	70438.7	2500.0	500.0	101.3	3772163.1	3646658.3
其他采矿业						
农副食品加工业	324483.9	110439.8	5785.1	332041.5	4004102.5	3544375.0
食品制造业	287100.1	59401.8	46244.9	148750.8	3632883.2	2437271.9
酒、饮料和精制茶制造业	177736.6	125473.1		219986.1	1049247.8	760705.3
烟草制品业		5000.0			1000700.4	407722.5
纺织业	14901.5	18143.0	2235.5		145326.3	130684.4
纺织服装、服饰业		12000.0			13198.0	12777.9
皮革、毛皮、羽毛及其制品和制鞋业						
木材加工和木、竹、藤、棕、草制品业	7310.0	200.0			61048.9	45536.2
家具制造业	64189.4	19109.6			166233.2	135471.3
造纸和纸制品业					162772.0	121837.7
印刷和记录媒介复制业		3500.0			52593.1	49616.2
文教、工美、体育和娱乐用品制造业	321.3	79.3			3011.6	2956.9
石油、煤炭及其他燃料加工业	549490.5	465013.1			12530295.3	9246438.2
化学原料和化学制品制造业	217858.1	56044.2		112300.0	2178823.9	1966486.8
医药制造业	266421.9	104397.8	250.0	166500.0	2333544.6	1069691.7
化学纤维制造业						
橡胶和塑料制品业				124562.1	921526.2	817801.9
非金属矿物制品业	237178.0	33418.5			457142.6	338044.8
黑色金属冶炼和压延加工业	318150.0	100001.0			2881073.5	2578536.3
有色金属冶炼和压延加工业					304344.6	267205.9
金属制品业	22774.6	1617.4	1152.6	3000.0	179952.1	146289.5
通用设备制造业	180629.3	64919.0			1799052.4	1493629.2
专用设备制造业	201690.4	16641.6		88726.2	1876076.7	1558320.9
汽车制造业	83326.0			98326.0	3085454.0	2630353.5
铁路、船舶、航空航天和其他运输设备制造业	146087.1	22741.6	33049.5		796942.6	649508.0
电气机械和器材制造业	137715.0	17266.8	27127.3	64019.0	1009180.8	792812.4
计算机、通信和其他电子设备制造业	59734.6	117700.0			133970.3	106614.7
仪器仪表制造业	40314.0				92181.4	70433.7
其他制造业						
废弃资源综合利用业					30910.2	22789.0
金属制品、机械和设备修理业						
电力、热力生产和供应业	435091.7	50666.8		59821.1	7834650.6	7912613.3
燃气生产和供应业	15000.0	4927.8	34894.3		293517.3	216471.4
水的生产和供应业	93003.6	11.0			168220.0	134364.5

单位：万元

销售费用	管理费用	财务费用			投资收益（损失以“–”号记）	营业利润	利润总额	亏损企业亏损额	平均用工人数（人）
			利息收入	利息支出					
2393895.3	**4138907.3**	**789615.6**	**214158.0**	**906633.1**	**377441.1**	**4099960.8**	**4038764.4**	**1027941.6**	**675143.0**
19976.4	398585.7	71558.2	2600.3	71906.9	785.7	339150.0	355228.9	49105.1	135986.0
101529.2	1432702.2	-5742.4	159459.2	154455.5	87.6	1933545.9	1428453.5		108665.0
1994.7	4077.8	1394.1	60.8	1231.6		1784.5	1193.5		945.0
816.2	16632.1	6921.3	-70.6	6797.5	-31.4	93240.2	99385.5	358.4	2231.0
4445.7	3875.1	320.6	2.9	322.5		7396.1	7473.0		1214.0
14344.3	64706.3	9031.3	816.5	8316.7		-61108.9	-107564.9	188725.3	64618.0
187945.7	94232.2	75061.2	1004.0	55587.3	3773.8	109898.1	129251.1	43189.4	25300.0
677648.6	110769.1	-2141.9	-4152.2	6160.5	1686.8	385342.4	423802.6	1010.6	15798.0
95162.7	51988.6	4439.2	-3214.0	6675.2	1662.7	69573.1	77850.6	9521.8	8213.0
16552.9	92191.2	-2168.2	2645.6	464.4		44450.4	44865.2		4313.0
2760.2	6997.8	1737.3	31.8	1658.7		2316.7	3965.0	4028.6	5220.0
25.7	493.6	26.4		26.4		-125.6	-125.6	125.6	793.0
3740.9	5462.0	677.5	-56.6	763.0	28.4	4778.0	5659.3	46.4	1184.0
4992.4	14826.4	1929.9	253.0	1970.8		7125.3	7931.4	9356.8	5205.0
12236.4	12836.2	495.3		1275.5	230.8	12027.2	12093.0		2305.0
1321.6	5096.4	1300.0	-9.4	146.0		-5019.5	-2987.1	3486.5	960.0
210.9	280.9	0.4				-460.7	-497.0	497.0	453.0
150807.5	415996.1	111695.0	8622.6	52824.0	2048.2	619993.1	609497.0	51186.3	40588.0
43487.2	95262.8	58051.9	3618.6	58987.4	-3152.5	-870.1	-2503.1	69549.9	18275.0
633029.5	301613.3	6414.2	5621.5	12957.0	17767.1	321948.0	334503.0	15023.6	27049.0
19336.7	42635.5	11931.8	-2198.7	9147.2	8910.5	36731.0	36166.7	6746.4	4269.0
20669.3	49459.8	12868.5	114.2	12732.7	3737.2	30652.7	40993.7	5711.4	7531.0
106743.2	45835.5	41838.1	447.0	39194.8	-1215.5	104579.9	109890.8		13744.0
5589.1	19360.5	14838.1	137.4	13910.5	790.1	3589.8	3820.7		3320.0
6188.8	19419.2	747.8	567.9	1291.6	1293.6	10082.3	11947.1	1266.8	4029.0
63390.8	186368.8	15120.0	12528.4	24117.7	13231.1	-12807.9	41972.7	42337.1	20554.0
40912.3	146099.7	52432.1	9960.5	60827.0	15805.6	40278.9	58672.7	13512.4	17134.0
24938.8	87199.4	2014.8	4293.8	7569.8	267162.1	524227.2	544745.9	13159.2	11117.0
15501.3	94955.3	12182.4	1138.6	12397.5	-52.1	7266.2	14801.2	4913.8	11323.0
44806.8	85217.2	7828.3	6385.2	13767.2	23612.2	75977.6	55810.4		14077.0
3511.5	21746.1	12508.3	45.9	3535.5		-103818.2	-21699.2	34434.8	2373.0
5987.4	18864.4	2332.3	118.1	2387.6		-3540.0	-3406.0	3684.8	3233.0
160.9	632.1	645.7	-11.2	599.9		3655.0	3912.5		293.0
4985.5	134182.9	243653.0	2648.8	243142.6	19261.2	-490435.0	-294319.5	438955.5	76672.0
42599.9	18463.1	-1386.4	280.5	543.3	18.6	23037.9	24155.1		5158.0
15544.3	39842.0	19059.5	467.6	18941.3	-0.7	-34500.8	-16175.3	18008.1	11001.0

B. 地区部分

1-B-1 按地区分组的规模以上

地区	企业单位数（个）	资产总计					
			固定资产净额	固定资产原价	累计折旧	流动资产合计	
							应收账款
全省	**3251**	**149111088.2**	**41859896.7**	**130768066.7**	**72104178.9**	**66726409.5**	**13986417.6**
哈尔滨	1036	45594196.5	13113630.4	25714922.1	11915688.5	21948560.7	4909546.5
齐齐哈尔	314	14628123.2	4482102.1	7167274.4	2471177.0	7714662.8	2164595.6
鸡西	177	5960459.0	2112332.2	3973285.8	1806526.4	2826720.5	799862.0
鹤岗	120	3825701.1	1565423.6	3457391.1	1835433.5	1521010.4	293425.6
双鸭山	144	5636225.5	2260101.4	4398410.6	2067695.9	2180279.8	330421.2
大庆	423	46505605.3	8655352.4	68431794.2	44621163.8	19000994.5	3151078.5
伊春	64	3014181.2	1283493.8	1782320.4	493171.5	1239544.5	270008.5
佳木斯	246	5304134.7	2033417.5	3385233.9	1258111.9	2056004.3	398824.3
七台河	78	5105683.1	1450034.7	3544809.5	1971411.2	2335487.5	378957.8
牡丹江	212	4232721.5	1509495.4	3461126.5	1706299.0	1843982.3	584766.9
黑河	106	2938336.5	904998.2	1568425.7	638227.2	1060769.4	106092.5
绥化	315	5810717.5	2340997.3	3613970.7	1202307.2	2659634.2	519696.6
大兴安岭	16	555003.1	148517.7	269101.8	116965.8	338758.6	79141.6

1-B-1 续表

地区					营业收入	营业成本	销售费用
	法人资本	个人资本	港澳台资本	外商资本			
全省	**12249861.3**	**4827076.4**	**330791.0**	**1803953.0**	**94428859.3**	**75580287.8**	**3177509.1**
哈尔滨	2837593.5	1710041.9	148013.7	1058834.7	26766737.3	21831164.3	1436394.6
齐齐哈尔	861088.3	430426.9	28640.6	204799.9	7821747.5	6373599.2	584970.2
鸡西	283567.5	209266.7	1763.6	26875.5	3413031.5	2835925.6	103353.9
鹤岗	88095.0	130767.5	27735.5	7605.2	2585341.1	2151362.7	59647.2
双鸭山	440188.1	141400.0	82.5	4089.2	3883602.2	3393989.8	83021.4
大庆	5918966.3	350913.2	1000.0	169411.6	33740577.7	25344896.1	313682.2
伊春	65189.1	140301.7		31467.6	1654054.0	1334660.3	54164.7
佳木斯	309235.2	316423.8	29326.3	98773.2	3138071.6	2686872.7	134076.6
七台河	471260.4	517422.0		11600.0	2839815.8	2381436.8	60838.7
牡丹江	286598.1	267018.6	3479.6	70463.7	2148156.2	1794394.9	85330.0
黑河	331852.0	117636.5	33109.3	31134.4	1230023.4	910746.6	41367.0
绥化	335885.7	448505.0	57639.9	88898.0	4979959.8	4381834.9	207373.9
大兴安岭	20342.1	46952.6			227741.2	159403.9	13288.7

工业企业主要经济指标

单位：万元

存货	产成品	负债合计	流动负债合计	应付账款	所有者权益合计	实收资本	国家资本	集体资本
13392975.7	**4293975.3**	**87528740.4**	**65806861.2**	**18406620.7**	**61582326.8**	**29020754.3**	**8967182.5**	**838889.4**
5374720.9	1348192.3	29113271.2	22636500.6	5576562.0	16480918.8	10268101.8	4326888.2	183729.7
1507463.7	413881.8	9166918.8	6999748.2	2528654.7	5461201.4	2630456.7	1028345.8	77155.3
642618.3	238792.1	4252353.5	3514823.3	893557.7	1708105.3	1211781.9	663080.3	27228.2
307985.7	114761.2	3201795.5	2671045.3	370879.9	623904.8	610997.4	336976.5	19817.8
355241.6	118823.9	4227523.8	3466469.3	600458.3	1408700.7	886610.8	300350.8	500.0
2085380.3	889138.4	18425796.0	11850662.7	5034103.4	28079803.9	7581967.1	1082608.8	59067.0
337801.1	154917.7	2799010.0	2144976.6	580490.0	215171.0	402357.7	156389.3	9010.0
683982.1	167867.1	3451585.8	2147834.2	335578.1	1852548.5	1349744.1	279304.7	316680.7
501331.4	265300.2	3698885.7	3241286.1	773810.2	1406797.2	1277932.9	256220.5	21430.0
451725.9	148651.7	2714155.2	2188767.8	658491.0	1518564.7	917439.0	251096.5	38782.4
249986.0	72041.5	2059237.2	1638880.9	243685.4	879099.0	644575.5	72230.0	58613.3
829726.0	328170.9	4009044.2	2928057.1	689144.1	1801671.9	1131457.8	177939.1	22590.1
65012.7	33436.5	409163.5	377809.1	121205.9	145839.6	107331.6	35752.0	4284.9

单位：万元

管理费用	财务费用	利息收入	利息支出	投资收益(损失以“－”号记)	营业利润	利润总额	亏损企业亏损额	平均用工人数(人)
5266256.5	**1256017.3**	**236331.3**	**1300214.9**	**431592.5**	**4812906.8**	**4888155.3**	**1518460.2**	**880692.0**
1534895.5	351657.9	43714.9	355338.7	135893.6	467998.4	829009.5	526211.5	223814.0
412525.8	167039.6	6936.6	165491.9	15796.3	242197.6	328073.7	139990.2	68181.0
208777.3	68580.6	2187.4	62455.4	2350.6	176741.8	196829.6	52516.8	50447.0
145152.1	58209.8	920.6	56727.9	1040.7	140393.5	155208.5	53678.8	51558.0
161122.0	121879.4	1810.2	74563.5	-7294.6	57967.9	68968.3	138067.8	47614.0
2100270.5	105739.2	166348.7	254008.3	270935.9	3002864.9	2504171.3	252011.8	257682.0
39705.1	52715.4	1592.2	43349.5	49.5	147076.5	154823.1	5567.6	12257.0
122065.2	53863.6	2068.4	49403.5	8840.0	133535.2	135931.7	57821.9	27375.0
169067.9	87620.6	5953.2	64092.4	739.8	73332.9	98095.9	83816.3	51252.0
111805.3	53361.6	819.5	52733.4	2078.2	85610.7	97492.1	83536.3	30551.0
77893.3	37945.3	535.0	37044.9	3736.3	145877.4	152180.1	26400.8	14664.0
172390.5	93077.8	3235.2	80684.8	-2687.8	103689.4	130104.0	90012.2	41903.0
10586.0	4326.5	209.4	4320.7	114.0	35620.6	37267.5	8828.2	3394.0

1-B-2 按地区分组的国有控股

地 区	资产总计						
		固定资产净额	固定资产原价	累计折旧	流动资产合计		
						应收账款	存货
全 省	**90014906.5**	**27475860.6**	**105697777.5**	**62241343.8**	**34642717.0**	**6532712.9**	**5421642.1**
哈尔滨	27333582.2	8995063.1	18566146.4	9050602.9	11343517.9	2252111.6	2531039.6
齐齐哈尔	7609154.5	2849161.3	4479197.1	1596381.5	3881179.4	1359256.1	687499.4
鸡 西	3317718.4	1533067.4	3016175.3	1457609.7	1120102.0	479720.6	158446.4
鹤 岗	2304401.9	1191088.7	2916315.0	1691778.4	557114.3	131899.7	97352.0
双鸭山	2344391.2	1194641.1	2714190.8	1467598.2	841174.3	133304.2	44486.1
大 庆	37852575.4	6500896.1	63967987.8	42391583.8	14281779.7	1448758.2	1285618.5
伊 春	1181572.5	814218.1	1174168.7	355359.2	215330.6	93900.6	34154.0
佳木斯	2364721.0	1388018.9	2279241.9	854826.0	721564.6	198902.9	200743.1
七台河	1806990.9	908872.8	2333385.7	1424118.5	489486.4	175396.7	83111.2
牡丹江	1533157.6	821283.5	2126320.5	1116564.0	444682.3	93607.9	98359.1
黑 河	851197.6	455932.3	880019.4	423830.4	268320.5	34963.6	122144.8
绥 化	1260333.1	756908.9	1098137.4	331308.0	318648.3	81582.9	50958.3
大兴安岭	255110.2	66708.4	146491.5	79783.2	159816.7	49307.9	27729.6

1-B-2 续表

地 区				营业收入	营业成本	销售费用	管理费用
	个人资本	港澳台资本	外商资本				
全 省	**145437**	**61015.4**	**289218.1**	**50489916.8**	**39054159.7**	**765720.9**	**3501720.4**
哈尔滨	90061.7	61015.4	217089.0	14444711.5	12099798.6	362082.9	837870.2
齐齐哈尔	10226.1		11174.4	3030287.3	2634565.8	60902.8	206145.1
鸡 西	3950.5			1437601.3	1166490.8	10562.6	146817.5
鹤 岗	1253.8		4138.5	1057997.3	864465.7	5905.6	105573.5
双鸭山	766.5		4089.2	990209.1	824597.3	4888.0	71872.6
大 庆	5215.0		101.3	25130057.3	17843614.8	203600.3	1895894.6
伊 春	7393.5		20378.5	425226.9	267725.1	1386.8	16595.7
佳木斯	1750.9		30211.4	1001242.3	803837.1	59004.8	42451.3
七台河				1061883.0	932884.6	3577.5	90124.0
牡丹江	410.0		2035.8	577992.1	486496.6	15867.7	30088.2
黑 河	20680.0			451357.0	374796.5	26939.5	27432.1
绥 化	3729.0			736900.2	660890.4	10292.5	25524.6
大兴安岭				144451.5	93996.4	709.9	5331.0

工业企业主要经济指标

单位：万元

产成品	负债合计	流动负债合计	应付账款	所有者权益合计	实收资本	国家资本	集体资本	法人资本
1523691.5	**55884753.0**	**35291823.2**	**9605824.2**	**38466186.1**	**16691211.1**	**8758411.4**	**106005.2**	**7331123.6**
499488.1	23046788.1	13495395.4	3401943.4	8622828.5	6030119.0	4262727.5	44702.5	1354522.7
92038.1	5066099.6	3595144.6	1251234.6	2543054.2	1184844.7	996270.4	3055.6	164118.2
41863.1	2686727.8	2058477.7	571903.7	630990.3	689565.4	651510.9	2860.5	31243.5
30333.9	2250799.0	1863796.9	261335.1	53602.8	339028.4	319952.2	9707.8	3976.2
14618.5	1972592.5	1517770.9	245325.1	371798.5	350962.4	299950.8		46155.8
648113.9	13978335.0	8152290.4	3056073.6	23874240.5	6249304.1	1068579.2	921.3	5174487.2
6755.6	879538.2	424887.7	41490.4	302034.1	197856.2	156080.7		14003.5
67266.1	1632715.7	1015068.7	202439.6	732005.1	479328.3	273423.5	15098.1	158844.3
34047.3	1421672.7	1211748.4	172179.4	385318.3	446335.5	255055.5	3000.0	188280.0
26671.9	1023697.7	753243.0	121603.8	509460.0	326009.6	223266.5	11774.0	88523.3
32339.9	688414.8	534656.6	58402.2	162782.8	194136.9	71694.0		101762.9
17610.1	1028677.7	470093.7	160602.9	231655.1	170539.5	146719.1	14885.4	5206.0
12545.0	208694.2	199249.2	61290.4	46415.9	33181.1	33181.1		

单位：万元

财务费用	利息收入	利息支出	投资收益(损失以“-”号记)	营业利润	利润总额	亏损企业亏损额	平均用工人数(人)
659316.1	**229678.2**	**824711.8**	**108184.5**	**2340589.3**	**2076403.5**	**981250.8**	**534558.0**
209453.4	42655.7	233498.5	84584.3	-38669.8	163851.4	368211.9	117896.0
113352.7	12030.1	117376.0	15644.9	-17773.4	3151.9	78567.8	29069.0
34206.7	852.2	32836.0	1207.1	72224.8	88936.1	18384.3	36778.0
42004.6	908.0	41841.6	70.3	25911.7	32434.6	31911.6	35099.0
34810.4	1138.2	32301.2	-6127.4	11224.8	13166.1	84450.4	30290.0
53038.2	166489.0	205698.6	1817.7	2118523.8	1595340.7	227939.3	214084.0
38810.5	1578.9	29432.4	34.6	79363.1	83216.9	695.5	1590.0
34468.1	1724.0	33474.5	7352.3	59719.2	52921.5	27876.8	9946.0
26442.5	1036.6	27306.0	349.3	-32349.3	-26087.0	48908.0	33493.0
32274.7	209.0	32184.5	240.3	7847.3	9318.2	46383.1	9071.0
19227.3	565.7	19141.8	2892.7	4243.5	6905.8	13079.6	6190.0
20388.6	283.9	18582.5	4.4	10061.6	12810.4	30928.4	8798.0
838.4	206.9	1038.2	114.0	40262.0	40436.9	3914.1	2254.0

1-B-3 按地区分组的私营工业

地区	资产总计	固定资产净额	固定资产原价	累计折旧	流动资产合计	应收账款	存货
全省	**17292660.3**	**4539675.9**	**7732838.3**	**2903117.8**	**9402072.7**	**2243463.8**	**2628459.6**
哈尔滨	4173068.1	894367.1	1661814.9	704185.5	2574783.6	724931.3	686267.1
齐齐哈尔	1475674.2	420062.0	669126.5	240058.1	831324.2	213638.1	258051.4
鸡西	933381.6	279827.9	507160.0	203202.2	503501.5	106345.8	193210.4
鹤岗	424612.5	89971.6	156888.4	62693.4	285122.1	66521.8	106568.8
双鸭山	2196224.6	710803.8	1189971.8	469339.0	804676.8	120694.2	208286.5
大庆	1872723.8	479561.3	701303.3	212082.4	1092647.7	348890.5	263324.5
伊春	296164.5	77606.2	155509.4	76839.5	186539.9	14790.6	48647.3
佳木斯	1216868.8	326473.4	556908.6	183124.1	731069.3	110156.0	284151.8
七台河	1433917.9	258222.3	573661.3	261063.0	699337.7	78581.2	179511.3
牡丹江	1357896.3	317059.5	539900.7	180483.2	779752.1	310511.1	165232.5
黑河	266291.6	56447.9	85646.5	25590.0	134029.3	10459.3	17649.0
绥化	1567991.2	600289.8	890743.2	269236.9	732881.6	126921.2	209771.8
大兴安岭	77845.2	28983.1	44203.7	15220.5	46406.9	11022.7	7787.2

1-B-3 续表

地区	个人资本	港澳台资本	外商资本	营业收入	营业成本	销售费用	管理费用
全省	**2082081.1**		**28100.0**	**14776071.1**	**13037177.7**	**514104.6**	**559633.2**
哈尔滨	635273.5		1000.0	3379107.5	2893018.2	179375.5	173743.1
齐齐哈尔	242284.5		600.0	1179725.6	1041215.7	32462.1	53208.4
鸡西	106995.3			702607.0	624131.1	22809.8	26088.1
鹤岗	42000.3			508764.9	460548.6	18729.7	12121.8
双鸭山	91550.0			2208022.3	1987489.2	58182.5	45453.7
大庆	217138.7			2193748.1	1998090.2	41605.7	57909.2
伊春	23667.0			142509.6	125521.9	3780.0	5353.7
佳木斯	239897.4			1292120.2	1177027.9	36230.2	33347.5
七台河	87765.3			820374.7	707796.5	26076.3	39240.5
牡丹江	145326.0			788138.9	608533.2	44646.3	42432.3
黑河	26783.1		26500.0	116312.2	98382.8	4347.2	11879.2
绥化	217150.0			1415849.7	1290407.9	42908.8	56996.6
大兴安岭	6250.0			28790.4	25014.5	2950.5	1859.1

企业主要经济指标

单位：万元

产成品	负债合计	流动负债合计	应付账款	所有者权益合计	实收资本	国家资本	集体资本	法人资本
910823.3	**10789154.9**	**9406011.8**	**2534444.2**	**6503494.5**	**3835187.6**	**22450.0**	**50366.4**	**1649189.6**
190906.6	2480652.7	2156551.5	627951.2	1692412.1	1006972.2	800.0	22008.5	344890.2
113673.0	797919.5	720658.6	235860.7	677753.6	362808.1	20800.0	5000.0	94123.6
74772.6	660479.5	591271.5	127460.7	272902.1	200601.4		1000.0	92606.0
36425.0	287856.2	274501.6	56461.1	136755.8	118332.8		8110.0	68222.5
65187.6	1280243.0	1043597.9	265025.0	915980.9	427911.0		500.0	335860.9
101588.5	932531.9	827874.9	246901.8	940187.6	411501.3	600.0	3491.5	190271.0
21141.3	191847.1	150887.7	26220.1	104317.3	64510.8	50.0	10.0	40783.8
55538.8	681787.4	558327.0	79830.2	535081.6	359610.0		50.0	119662.5
94592.9	1235188.3	1189145.7	386216.9	198729.4	199453.5		2800.0	108888.2
68517.5	751200.1	637155.2	248934.9	606695.8	290734.4		6408.4	138999.9
4668.6	207273.2	192947.5	14459.1	59018.2	61563.1		988.0	7292.0
80777.5	1216965.9	1001859.3	207178.3	351025.0	314823.6	200.0		97473.6
3033.4	65210.1	61233.4	11944.2	12635.1	16365.4			10115.4

单位：万元

财务费用	利息收入	利息支出	投资收益（损失以“-”号记）	营业利润	利润总额	亏损企业亏损额	平均用工人数（人）
208161.4	**2583.5**	**159849.4**	**5429.4**	**393603.2**	**467582.9**	**213932.0**	**121175.0**
28655.2	304.6	26413.9	1675.3	94899.5	124110.7	35784.6	30952.0
14436.1	115.8	12303.4	-61.9	46723.2	49632.9	11842.9	10413.0
10841.3	24.9	5435.7	695.1	6050.5	6295.7	18001.3	6533.0
2995.4	2.6	2337.0	649.4	9648.9	11000.0	9891.5	4178.0
39103.2	745.8	33111.8	-805.8	64652.3	65948.6	13453.7	8992.0
10525.4	-303.5	10471.7	1360.2	80928.3	86488.3	10718.5	13792.0
2769.0	26.1	2698.2		4083.4	4594.3	2696.5	3163.0
10175.6	8.6	7658.7		30524.7	34059.2	18356.1	8786.0
40050.3	687.8	15321.4	-647.0	-4187.0	14703.3	22635.0	10096.0
7963.8	413.6	7633.6	1556.4	79092.4	81388.4	14147.8	11206.0
1430.0	-58.2	1407.6		-962.6	-679.6	8160.2	2636.0
38791.2	609.4	34625.5	1007.7	-15976.8	-8519.7	46442.2	10060.0
424.9	6.0	430.9		-1873.6	-1439.2	1801.7	368.0

1-B-4 按地区分组的港澳台商、外商

地区	资产总计	固定资产净额	固定资产原价	累计折旧	流动资产合计	应收账款	存货
全省	**17106997.4**	**5067695.8**	**10878972.3**	**5607693.7**	**8711581.8**	**1917129.6**	**1993741.7**
哈尔滨	8938599.5	2371989.2	5205395.8	2658812.3	4628478.3	964615.0	1201227.0
齐齐哈尔	1868186.5	326251.7	510589.1	178891.1	1337466.4	132191.2	148657.8
鸡西	182182.4	59024.4	78183.4	19159.1	110974.4	7346.5	77708.1
鹤岗	136265.6	59480.8	90437.0	30956.1	61557.7	6210.7	15236.4
双鸭山	288847.8	58988.4	99859.0	40870.5	204573.4	3287.9	39759.8
大庆	3445148.8	878595.4	2391847.0	1512024.5	1687023.1	681877.5	237419.8
伊春	172478.2	130141.3	254919.5	124778.3	39957.8	12783.5	1707.8
佳木斯	827253.1	493534.8	828640.5	326158.7	252602.3	35657.1	110406.7
七台河	12454.7	3264.8	10730.4	7465.6	5575.3	294.7	45.5
牡丹江	678480.2	499573.8	1051129.3	538515.8	125807.2	37733.0	52241.4
黑河	204586.9	59783.7	75454.6	15670.8	60758.6	5652.7	23878.5
绥化	352513.7	127067.5	281786.7	154390.9	196807.3	29479.8	85452.9
大兴安岭							

1-B-4 续表

地区	个人资本	港澳台资本	外商资本	营业收入	营业成本	销售费用	管理费用
全省	**76275.9**	**297059.1**	**1748210.5**	**12860481.2**	**10106099.3**	**986665.6**	**556123.8**
哈尔滨	8915.0	148013.7	1054834.7	5464279.0	4193042.3	469581.4	383128.0
齐齐哈尔	6626.6	28219.1	192258.7	1757248.8	1161515.6	420465.5	53001.7
鸡西	5153.8	1763.6	26875.5	259009.3	227955.7	16166.2	4940.7
鹤岗	31200.0	13594.1	7605.2	28518.7	20936.7	1520.5	5521.3
双鸭山	14177.0	82.5	4089.2	175731.8	153145.1	8049.9	2207.0
大庆	2500.0	500.0	169310.3	3602997.8	3031696.4	24232.3	61195.9
伊春	4193.5		31467.6	54311.9	39687.6	57.2	400.3
佳木斯	2760.0	29326.3	98773.2	588212.4	500541.0	21681.5	17641.5
七台河			10000.0	3310.9	1458.7		588.5
牡丹江		3479.6	59463.7	372729.0	355147.9	5586.5	10447.9
黑河	750.0	33109.3	4634.4	125046.0	67283.9	2369.2	5153.2
绥化		38970.9	88898.0	429085.6	353688.4	16955.4	11897.8
大兴安岭							

投资工业企业主要经济指标

单位：万元

产成品	负债合计	流动负债合计	应付账款	所有者权益合计	实收资本	国家资本	集体资本	法人资本
538211.2	**10071862.1**	**8444595.3**	**2758663.9**	**7035133.4**	**3025868.2**	**447834.8**	**26125.1**	**430362.5**
299137.6	5572073.8	4376519.8	814474.9	3366525.5	1770858.7	300358.8	12332.2	246404.2
85985.7	978906.1	933995.4	505243.6	889279.2	296528.1	6331.7		63091.9
37924.2	127397.1	124132.8	8472.9	54785.5	37669.9			3877.0
10694.1	59053.1	47753.2	12180.9	77212.3	74072.5	15345.5	827.8	5500.0
15055.0	373616.0	362116.0	19059.4	-84768.3	31034.0	12267.7		417.5
7019.8	1469212.0	1363883.3	1137540.6	1975936.6	267774.2			95463.9
1487.5	67052.5	23038.0	3511.9	105425.6	83869.4	48208.3		
24962.4	580785.2	450842.1	46599.6	246468.0	177040.9	34216.2	11965.1	
	488.6	488.6	35.1	11966.1	11000.0	1000.0		
11728.2	571769.6	510594.4	161370.9	106710.5	96504.1	29570.6		3990.2
8419.9	123700.1	118955.0	18385.7	80886.9	47496.0	536.0	1000.0	7466.3
35796.8	147808.0	132276.7	31788.4	204705.5	132020.4			4151.5

单位：万元

财务费用			投资收益（损失以“–”号记）	营业利润	利润总额	亏损企业亏损额	平均用工人数（人）
	利息收入	利息支出					
180232.4	**5570.0**	**160553.6**	**286272.6**	**1144986.7**	**1212323.6**	**134598.1**	**77190**
86347.0	8170.8	98827.7	24849.6	308175.6	326676.4	43975.5	46860
3114.9	-5374.0	8694.4	173.4	111319.7	128853.0	14560.5	5643
2265.3	12.3	2108.1	441.8	9974.9	10346.1	489.6	621
862.5	3.6	493.9		-263.2	1592.5	266.0	459
38416.0	-176.6	3137.9		-26416.4	-22586.7	24221.4	645
5721.0	511.5	3462.4	265544.8	633947.7	647029.1	2820.4	11252
2282.0	36.7	2245.4		12836.0	14215.7		109
17096.3	1118.8	16503.3	1069.7	32709.7	33917.3	15169.2	3577
-28.7	-31.8			1279.9	1278.5		53
19321.8	154.1	19330.5		-22355.5	-20700.7	32772.8	4572
3127.2	9.4	2967.0		44440.9	54347.0		729
1707.1	1135.2	2783.0	-5806.7	39337.4	37355.4	322.7	2670

1-B-5　按地区分组的大型工业

地　区	资产总计	固定资产净额	固定资产原价	累计折旧	流动资产合计		
						应收账款	存货
全　省	**78508359.4**	**19033426.7**	**91077745.7**	**56380103.9**	**32876769.1**	**6043269.8**	**5388854.4**
哈尔滨	20612967.5	6720776.8	14689622.1	7640121.3	9062492.9	1763227.2	2213614.9
齐齐哈尔	7011420.7	1809769.1	2971918.9	1009438.6	3773738.3	1222956.8	757368.0
鸡　西	2060074.8	820522.5	1777011.0	955993.3	741062.3	413680.0	54463.7
鹤　岗	1279628.2	499418.0	1586345.0	1078070.7	303615.4	51919.5	40679.3
双鸭山	2973047.9	1214349.8	2706159.2	1450101.1	1036556.6	127409.7	126945.7
大　庆	38271700.7	5889591.8	62978185.7	42042829.5	15169766.8	1978462.2	1412937.7
伊　春	1319903.3	339451.4	359028.1	19576.7	733467.2	147068.5	203935.3
佳木斯	539603.2	251459.3	436926.4	183245.7	265841.7	62097.7	67112.1
七台河	2621937.8	590054.2	1608618.7	959578.2	1079497.8	167551.7	226833.2
牡丹江	854019.4	510884.6	1225132.3	700863.6	261599.9	63010.1	101259.0
黑　河	97540.2	76542.5	151672.9	75073.9	16959.0	1867.5	2311.5
绥　化	866515.7	310606.7	587125.4	265211.3	432171.2	44018.9	181394.0
大兴安岭							

1-B-5　续表

地　区	个人资本	港澳台资本	外商资本	营业收入	营业成本	销售费用	管理费用
全　省	**613862.4**	**54093.2**	**740449.3**	**50751979.2**	**39063518.7**	**890029.7**	**3223666.2**
哈尔滨	90910.3	54093.2	391372.2	13108408.6	10784956.8	428167.5	660804.5
齐齐哈尔			138947.7	3007841.2	2648816.9	65317.5	181485.0
鸡　西				878005.6	664351.7	6414.0	115330.2
鹤　岗				799599.6	594613.7	2180.2	92892.4
双鸭山				1828638.4	1512249.3	49378.9	90926.4
大　庆			83427.3	26783912.1	19169365.5	200980.3	1878745.1
伊　春	100001.0			960879.8	846490.3	36705.4	11251.7
佳木斯				290294.3	221635.2	19640.0	14728.1
七台河	382951.1			1405214.4	1131460.2	19604.0	115395.4
牡丹江			40902.1	488174.2	444181.1	17711.8	23403.0
黑　河				41275.5	34175.6	539.5	3531.9
绥　化	40000.0		85800.0	1159735.5	1011222.4	43390.6	35172.5
大兴安岭							

企业主要经济指标

单位：万元

产成品	负债合计	流动负债合计	应付账款	所有者权益合计	实收资本	国家资本	集体资本	法人资本
1667534.9	**46691942.9**	**31794583.4**	**10296237.2**	**36152451.8**	**13684621.0**	**5715345.0**	**15923.5**	**6544947.7**
442264.7	17667151.9	9908649.9	2854030.5	7281850.8	4550458.4	3200032.9	10296.2	803753.6
122818.5	4707239.8	3481115.5	1221766.9	2304180.9	1218947.7	783000.0		297000.0
16570.3	1793318.0	1624950.1	481980.2	266756.9	382369.0	382369.0		
18825.5	1290484.3	1198479.2	146212.7	-10856.1	73716.3	40716.3		33000.0
38666.3	2207114.4	1990433.3	377057.8	765933.6	388200.0	208200.0		180000.0
612987.8	13771915.0	8737870.5	3951201.5	24499785.7	5990646.1	801262.5	5627.3	5100329.1
108988.3	1577343.5	1441865.4	490594.7	-257440.2	100001.0			
37185.0	356691.2	284960.9	91937.6	182912.0	48989.0	18274.0		30715.0
144480.5	2181829.6	2110538.5	449384.3	440108.5	664422.3	246021.2		35450.0
31625.3	573257.6	552745.1	158874.6	280761.7	119812.1	28910.0		50000.0
	71120.4	64860.4	8573.4	26419.7	4687.4	4687.4		
93122.7	494477.2	398114.6	64623.0	372038.3	142371.7	1871.7		14700.0

单位：万元

财务费用	利息收入	利息支出	投资收益(损失以"–"号记)	营业利润	利润总额	亏损企业亏损额	平均用工人数(人)
422382.6	**218062.3**	**603245.1**	**330671.7**	**3152525.2**	**2861463.3**	**603100.1**	**497069.0**
116148.8	36429.5	150846.4	46391.7	102981.4	285549.7	210612.5	102808.0
95289.9	11581.4	102717.1	15312.5	-11228.7	21931.7	33808.9	24717.0
16534.0	741.2	17242.6	233.9	67110.3	83859.0		28898.0
16891.7	749.1	17390.7	4.8	79445.6	81973.3	8318.7	35843.0
48460.1	894.0	45400.3	-1215.5	85052.5	81897.5	49007.5	32920.0
18621.3	160953.4	180481.6	266737.7	2682134.0	2157671.7	191179.9	209955.0
9340.7	0.8	9326.4		54882.4	57661.4		4051.0
9120.8	331.0	9377.3	7021.0	28470.6	13524.8	15169.2	2924.0
55276.0	5159.4	37611.3	-228.1	34116.3	47926.3	57792.5	36464.0
17675.3	76.1	18734.8	230.8	-20761.7	-20225.8	35967.5	7574.0
2636.9	-38.3	2560.8		-131.0	8.8		1224.0
16387.1	1184.7	11555.8	-3817.1	50453.5	49684.9	1243.4	9691.0

1-B-6 按地区分组的中型工业

地　区	资产总计	固定资产净额	固定资产原价	累计折旧	流动资产合计	应收账款	存货
全　省	**30683386.2**	**9103460.4**	**18159848.9**	**8514073.2**	**14990957.3**	**3056776.4**	**3164356.7**
哈尔滨	11129982.1	2873997.9	5208486.3	2158252.5	5998857.7	1137244.8	1438145.2
齐齐哈尔	3562529.5	749008.4	1390568.0	627540.5	2409595.7	593282.6	335895.5
鸡　西	1892288.3	654988.9	1117101.8	459032.1	988425.0	142625.1	194398.1
鹤　岗	1200934.6	673838.5	1272166.9	561019.2	412377.3	89052.0	75406.6
双鸭山	1298087.3	519582.4	889139.0	369557.2	563467.3	82808.4	108714.8
大　庆	2537479.9	709795.3	2531662.3	1784399.8	1101381.5	346256.1	166650.8
伊　春	358633.9	118359.8	248157.5	128384.0	166521.4	45729.6	34200.1
佳木斯	2119056.5	528441.3	858793.2	262831.6	715162.9	95936.2	231506.3
七台河	1352815.6	485988.3	1322654.3	788950.4	710582.8	87375.2	150118.6
牡丹江	1376310.6	325786.2	1104193.7	622217.7	603078.7	174226.5	125772.9
黑　河	1463656.0	386703.1	619972.0	233268.7	365798.6	21186.5	114363.4
绥　化	2147642.5	1010985.3	1453130.6	440781.2	806309.1	192486.9	161506.6
大兴安岭	243969.4	65985.0	143823.3	77838.3	149399.3	48566.5	27677.8

1-B-6 续表

地　区	个人资本	港澳台资本	外商资本	营业收入	营业成本	销售费用	管理费用
全　省	**854780.8**	**125005.3**	**677684.8**	**18295012.6**	**14305673.8**	**1503865.6**	**915241.1**
哈尔滨	365601.0	66191.4	546065.4	6151249.6	4602532.3	683308.0	382329.3
齐齐哈尔	58050.8	28219.1	1950.0	2541516.2	1720779.8	451081.5	114769.9
鸡　西	49867.2			776268.1	583500.5	43137.7	51285.5
鹤　岗	9272.0			763587.8	676138.9	29229.7	19186.4
双鸭山	26795.5			822795.3	741530.2	14011.7	27341.9
大　庆	15064.2	500.0	65300.0	2538795.3	2247221.2	43709.9	100118.2
伊　春	8220.5			108660.9	79672.1	8754.4	6804.3
佳木斯	53120.6		26869.4	928658.0	751331.7	61603.1	47034.6
七台河	52059.4			727884.1	619459.2	25043.8	27610.8
牡丹江	92905.6		11000.0	573841.3	403137.7	30117.0	39361.3
黑　河	30680.0	27859.3	26500.0	565193.3	359685.7	26115.9	30849.7
绥　化	93144.0	2235.5		1661007.2	1431769.9	87223.2	63525.3
大兴安岭				135555.5	88914.6	529.7	5023.9

企业主要经济指标

单位：万元

产成品	负债合计	流动负债合计	应付账款	所有者权益合计	实收资本	国家资本	集体资本	法人资本
944891.3	**20247159.3**	**15388224.6**	**3508569.3**	**10436225.2**	**6108129.9**	**1582569.8**	**441884.2**	**2426204.9**
380616.9	8123542.4	6307826.1	993954.2	3006439.3	2268630.9	490331.9	49264.5	751176.7
137029.5	2006736.2	1783586.6	849729.0	1555792.4	539487.8	101083.2	24747.1	325437.6
29414.9	1067909.8	729868.0	114864.4	824378.6	344601.2	186814.0	16000.0	91920.0
33025.6	977289.5	746087.0	123676.6	223645.1	249044.3	239682.3	90.0	
26146.5	1049762.0	795716.4	126990.7	248325.2	201432.6	19181.3		155455.8
61948.1	1007621.4	832210.1	392726.0	1529858.4	443855.1	127032.6	37227.3	198730.9
17381.1	264066.6	213641.0	24278.9	94567.4	28510.0			20289.5
40815.1	1451613.8	711402.0	95314.1	667442.6	556376.6	100461.3	256925.3	119000.0
65088.5	744099.0	626063.4	202750.7	608716.5	334380.5	8760.5	2630.0	270930.6
40959.3	814740.0	673564.1	158090.9	561570.7	342086.4	118418.4		119762.4
17630.7	898542.8	724967.3	88254.8	565113.1	416600.5	21660.0	45000.0	264901.2
82322.4	1639080.7	1050582.5	276649.9	508561.6	350008.6	136028.9	10000.0	108600.2
12512.7	202155.1	192710.1	61289.1	41814.3	33115.4	33115.4		

单位：万元

财务费用	利息收入	利息支出	投资收益（损失以“–”号记）	营业利润	利润总额	亏损企业亏损额	平均用工人数（人）
367233.0	**-3904.3**	**303388.0**	**46769.4**	**947435.6**	**1177301.1**	**424841.5**	**178074**
125837.1	-3226.0	102361.7	33081.2	204661.6	323956.1	147782.1	52255
14432.4	-4881.7	20040.7	217.7	236466.1	277520.9	43465.9	19556
25455.0	872.7	20773.2	975.0	66490.2	67363.5	31059.6	11842
25495.6	-81.4	25542.0	70.3	5911.6	9256.2	28056.6	8414
53285.7	639.4	15352.8		-19002.4	-11016.7	44634.7	7097
13446.6	727.8	13407.1	2105.9	107550.3	123729.2	27542.2	23424
6975.3	12.6	6981.2		4493.7	7028.6	2075.1	2784
12092.0	252.4	11279.1	1246.9	50649.7	59022.8	8793.7	11543
12037.0	659.9	9944.1	1600.6	30449.4	35346.9	4527.7	9011
13870.0	461.2	14290.9	2609.8	85399.8	89203.2	19043.7	9001
17289.5	-499.9	17461.1	3659.1	119955.0	123619.4	9398.9	5680
46149.0	981.5	44916.2	1088.9	17262.8	35219.3	54547.2	15360
867.8	177.2	1037.9	114.0	37147.8	37051.7	3914.1	2107

1-B-7 按地区分组的小型

地区	资产总计						
		固定资产净额	固定资产原价	累计折旧	流动资产合计		
						应收账款	存货
全 省	**39919342.6**	**13723009.6**	**21530472.1**	**7210001.8**	**18858683.1**	**4886371.4**	**4839764.6**
哈尔滨	13851246.9	3518855.7	5816813.7	2117314.7	6887210.1	2009074.5	1722960.8
齐齐哈尔	4054173.0	1923324.6	2804787.5	834197.9	1531328.8	348356.2	414200.2
鸡 西	2008095.9	636820.8	1079173.0	391501.0	1097233.2	243556.9	393756.5
鹤 岗	1345138.3	392167.1	598879.2	196343.6	805017.7	152454.1	191899.8
双鸭山	1365090.3	526169.2	803112.4	248037.6	580255.9	120203.1	119581.1
大 庆	5696424.7	2055965.3	2921946.2	793934.5	2729846.2	826360.2	505791.8
伊 春	1335644.0	825682.6	1175134.8	345210.8	339555.9	77210.4	99665.7
佳木斯	2645475.0	1253516.9	2089514.3	812034.6	1074999.7	240790.4	385363.7
七台河	1130929.7	373992.2	613536.5	222882.6	545406.9	124030.9	124379.6
牡丹江	2002391.5	672824.6	1131800.5	383217.7	979303.7	347530.3	224694.0
黑 河	1377140.3	441752.6	796780.8	329884.6	678011.8	83038.5	133311.1
绥 化	2796559.3	1019405.3	1573714.7	496314.7	1421153.9	283190.8	486825.4
大兴安岭	311033.7	82532.7	125278.5	39127.5	189359.3	30575.1	37334.9

1-B-7 续表

地区				营业收入	营业成本	销售费用	管理费用
	个人资本	港澳台资本	外商资本				
全 省	**3358433.2**	**151692.5**	**385818.9**	**25381867.5**	**22211095.3**	**783613.8**	**1127349.2**
哈尔滨	1253530.6	27729.1	121397.1	7507079.1	6443675.2	324919.1	491761.7
齐齐哈尔	372376.1	421.5	63902.2	2272390.1	2004002.5	68571.2	116270.9
鸡 西	159399.5	1763.6	26875.5	1758757.8	1588073.4	53802.2	42161.6
鹤 岗	121495.5	27735.5	7605.2	1022153.7	880610.1	28237.3	33073.3
双鸭山	114604.5	82.5	4089.2	1232168.5	1140210.3	19630.8	42853.7
大 庆	335849.0	500.0	20684.3	4417870.3	3928309.4	68992.0	121407.2
伊 春	32080.2		31467.6	584513.3	408497.9	8704.9	21649.1
佳木斯	263303.2	29326.3	71903.8	1919119.3	1713905.8	52833.5	60302.5
七台河	82411.5		11600.0	706717.3	630517.4	16190.9	26061.7
牡丹江	174113.0	3479.6	18561.6	1086140.7	947076.1	37501.2	49041.0
黑 河	86956.5	5250.0	4634.4	623554.6	516885.3	14711.6	43511.7
绥 化	315361.0	55404.4	3098.0	2159217.1	1938842.6	76760.1	73692.7
大兴安岭	46952.6			92185.7	70489.3	12759.0	5562.1

工业企业主要经济指标

单位：万元

产成品	负债合计	流动负债合计	应付账款	所有者权益合计	实收资本	国家资本	集体资本	法人资本
1681549.1	**24925673.1**	**18624053.2**	**4601814.2**	**14993649.8**	**9228003.4**	**1669267.7**	**381081.7**	**3278708.7**
525310.7	7658611.8	6420024.6	1728577.3	6192628.7	3449012.5	636523.4	124169.0	1282663.2
154033.8	2452942.8	1735046.1	457158.8	1601228.1	872021.2	144262.6	52408.2	238650.7
192806.9	1391125.7	1160005.2	296713.1	616969.8	484811.7	93897.3	11228.2	191647.5
62910.1	934021.7	726479.1	100990.6	411115.8	288236.8	56577.9	19727.8	55095.0
54011.1	970647.4	680319.6	96409.8	394441.9	296978.2	72969.5	500.0	104732.3
214202.5	3646259.6	2280582.1	690175.9	2050159.8	1147465.9	154313.7	16212.4	619906.3
28548.3	957599.9	489470.2	65616.4	378043.8	273846.7	156389.3	9010.0	44899.6
89867.0	1643280.8	1151471.3	148326.4	1002193.9	744378.5	160569.4	59755.4	159520.2
55731.2	772957.1	504684.2	121675.2	357972.2	279130.1	1438.8	18800.0	164879.8
76067.1	1326157.6	962458.6	341525.5	676232.3	455540.5	103768.1	38782.4	116835.7
54410.8	1089574.0	849053.2	146857.2	287566.2	223287.6	45882.6	13613.3	66950.8
152725.8	1875486.3	1479360.0	347871.2	921072.0	639077.5	40038.5	12590.1	212585.5
20923.8	207008.4	185099.0	59916.8	104025.3	74216.2	2636.6	4284.9	20342.1

单位：万元

财务费用	利息收入	利息支出	投资收益（损失以“-”号记）	营业利润	利润总额	亏损企业亏损额	平均用工人数（人）
466401.7	**22173.3**	**393581.8**	**54151.4**	**712946.0**	**849390.9**	**490518.6**	**205549**
109672.0	10511.4	102130.6	56420.7	160355.4	219503.7	167816.9	68751
57317.3	236.9	42734.1	266.1	16960.2	28621.1	62715.4	23908
26591.6	573.5	24439.6	1141.7	43141.3	45607.1	21457.2	9707
15822.5	252.9	13795.2	965.6	55036.3	63979.0	17303.5	7301
20133.6	276.8	13810.4	-6079.1	-8082.2	-1912.5	44425.6	7597
73671.3	4667.5	60119.6	2092.3	213180.6	222770.4	33289.7	24303
36399.4	1578.8	27041.9	49.5	87700.4	90133.1	3492.5	5422
32650.8	1485.0	28747.1	572.1	54414.9	63384.1	33859.0	12908
20307.6	133.9	16537.0	-632.7	8767.2	14822.7	21496.1	5777
21816.3	282.2	19707.7	-762.4	20972.6	28514.7	28525.1	13976
18018.9	1073.2	17023.0	77.2	26053.4	28551.9	17001.9	7760
30541.7	1069.0	24212.8	40.4	35973.1	45199.8	34221.6	16852
3458.7	32.2	3282.8		-1527.2	215.8	4914.1	1287

1-B-8 按地区分组的

地　区	资产总计	固定资产净额	固定资产原价	累计折旧	流动资产合计	应收账款	存货
全　省	**43232049.4**	**7396136.8**	**64996787.3**	**43117244.0**	**15780636.4**	**2119588.2**	**1196526.7**
哈尔滨	289782.4	99540.8	204475.8	70593.0	140511.0	16209.2	24707.2
齐齐哈尔	39192.4	20351.5	36198.2	15846.7	8168.2		4368.3
鸡　西	2726179.8	934667.2	2004613.8	1045653.0	1171361.0	513762.5	175096.5
鹤　岗	1768898.4	540334.1	1657794.4	1094315.4	691528.3	120317.7	94343.3
双鸭山	1788139.3	737089.3	1654846.2	906819.9	664641.7	127114.5	56390.6
大　庆	32856081.1	3757534.9	56897267.5	38757119.5	12008114.8	1053467.6	630539.4
伊　春	389224.0	266406.3	342626.9	76220.5	35516.7	2026.2	8661.0
佳木斯							
七台河	1787971.2	634569.8	1552868.2	910884.4	612041.5	212302.5	139972.3
牡丹江	76937.0	28572.1	46625.0	17397.4	36526.2	16288.0	8722.7
黑　河	1142762.7	268542.0	391164.9	122622.5	254960.9	29974.1	26171.0
绥　化	181601.2	47685.3	98851.6	51160.3	41275.9		7080.6
大兴安岭	185279.9	60843.5	109454.8	48611.4	115990.2	28125.9	20473.8

1-B-8 续表

地　区	个人资本	港澳台资本	外商资本	营业收入	营业成本	销售费用	管理费用
全　省	**235997.3**	**37361.6**	**8488.0**	**21778108.7**	**15189357.4**	**188783.1**	**2037360.9**
哈尔滨	2008.8			74030.5	35794.8	3352.3	23933.5
齐齐哈尔				5902.0	6591.2		2254.0
鸡　西	32766.3			1446368.0	1162803.2	18738.0	136410.6
鹤　岗	49480.5	9002.3	3466.7	1101688.6	799747.9	11180.1	97786.9
双鸭山	24586.5			934368.9	676514.7	11340.0	97593.4
大　庆	23711.1	500.0	101.3	16071473.6	11010138.0	115889.8	1501996.4
伊　春				214631.6	98300.6	234.0	10602.3
佳木斯							
七台河	54389.1		1600.0	1231624.1	1030662.0	13275.7	114420.3
牡丹江	8938.2			82266.4	47698.7	4583.9	3956.0
黑　河	30820.9	27859.3	3320.0	393981.5	191677.5	5574.2	34006.2
绥　化	6032.0			83535.3	48008.8	1054.1	9492.9
大兴安岭	3263.9			138238.2	81420.0	3561.0	4908.4

采矿业主要经济指标

单位：万元

产成品	负债合计	流动负债合计	应付账款	所有者权益合计	实收资本	国家资本	集体资本	法人资本
761022.7	**18726513.0**	**13221153.5**	**3908851.9**	**24505536.2**	**6552283.0**	**963523.5**	**94395.7**	**5212516.9**
23434.7	223041.4	211854.8	5942.6	66740.8	29691.5	9108.3	12878.2	5696.2
2781.6	13722.0	13722.0	2793.3	25470.4	16000.0			16000.0
111047.5	2324926.7	2143323.3	656951.5	401253.4	465364.3	393096.8		39501.1
59642.1	1559516.8	1451232.3	164515.5	209381.4	128045.2	34276.2	10000.0	21819.5
30379.8	1413958.8	1236412.7	254454.5	374180.4	194899.4	100000.0	500.0	69812.9
430018.4	10407534.2	5758877.5	2475525.7	22448547.1	4995677.8	124744.6	5477.3	4841143.6
3666.7	348271.1	206001.3	19265.6	40952.9	4867.4	3648.4		1219.0
76930.5	1511131.2	1426312.9	228492.7	276839.9	339658.6	246186.2	15630.0	21853.3
4808.3	43064.6	39344.5	16328.2	33872.3	9153.2			215.0
5751.7	643795.3	530578.2	71807.1	498967.6	302881.8		45625.3	195256.3
5942.6	93622.0	62065.1	4024.6	87979.1	51646.8	45614.8		
6618.8	143928.9	141428.9	8750.6	41350.9	14397.0	6848.2	4284.9	

单位：万元

财务费用	利息收入	利息支出	投资收益（损失以“−”号记）	营业利润	利润总额	亏损企业亏损额	平均用工人数（人）
129945.5	**164099.3**	**280436.4**	**1466.4**	**2481651.8**	**1949769.1**	**274002.3**	**328706**
82.4	4.5	51.3		-2057.8	-2498.7	9768.4	1072
0.6		0.6		-3257.5	409.6		310
32582.4	919.6	31176.2	241.5	79310.2	95416.9	12650.4	33818
18526.5	728.4	18054.2	608.4	149599.8	153359.2	4719.0	40125
18776.7	594.7	17311.3		110590.1	105543.8	5325.9	32056
2762.6	160959.8	163726.6	96.1	1863630.5	1312663.8	188725.3	173673
19374.1	248.5	12081.1		64001.0	63839.6		527
25219.8	873.9	26030.1	-458.0	-2802.7	-618.8	48511.7	37901
223.5	3.5	217.1		22873.7	20408.9	143.7	2032
10568.1	-445.5	10746.2	864.4	137315.1	139164.0	2869.1	4987
1053.8	0.3	55.7		18449.6	18435.7		981
775.0	211.6	986.0	114.0	43999.8	43645.1	1288.8	1224

1-B-9 按地区分组的煤炭开采和

地区	资产总计	固定资产净额	固定资产原价	累计折旧	流动资产合计	应收账款	存货
全省	**8168584.0**	**2884604.3**	**6980643.4**	**4030139.3**	**3228237.8**	**996794.3**	**467908.9**
哈尔滨	106197.0	70270.0	119289.0	41677.0	35927.0	14460.0	21465.0
齐齐哈尔							
鸡西	2567271.8	908512.8	1954585.7	1028510.7	1067966.6	489183.5	161208.9
鹤岗	1598339.1	493094.8	1584894.5	1068655.0	594308.6	99026.7	68478.8
双鸭山	1610064.3	636356.3	1509210.8	862417.8	644685.8	126526.9	45681.5
大庆							
伊春							
佳木斯							
七台河	1785042.5	633563.0	1548598.5	907621.5	611070.4	212278.0	139972.3
牡丹江	53191.1	20627.7	28807.9	8180.1	26999.3	14330.0	4293.2
黑河	263198.3	61336.2	125802.2	64465.8	131289.9	12863.3	6335.4
绥化							
大兴安岭	185279.9	60843.5	109454.8	48611.4	115990.2	28125.9	20473.8

1-B-9 续表

地区	个人资本	港澳台资本	外商资本	营业收入	营业成本	销售费用	管理费用
全省	**154143.1**		**4920.0**	**4787264.0**	**3651384.8**	**49508.6**	**465234.1**
哈尔滨				39816.0	17938.0	95.0	20987.0
齐齐哈尔							
鸡西	24586.2			1356283.9	1097126.7	14862.4	130254.3
鹤岗	16860.5			991693.1	725744.9	6545.9	88849.8
双鸭山	24586.5			827519.7	594972.5	5636.1	82637.8
大庆							
伊春							
佳木斯							
七台河	53442.1		1600.0	1227254.5	1027142.1	13274.4	113309.2
牡丹江	2258.0			63823.6	35349.5	2105.4	2414.0
黑河	29145.9		3320.0	142635.0	71691.1	3428.4	21873.6
绥化							
大兴安岭	3263.9			138238.2	81420.0	3561.0	4908.4

洗选业主要经济指标

单位：万元

产成品	负债合计	流动负债合计	应付账款	所有者权益合计	实收资本	国家资本	集体资本	法人资本
286686.9	**7000892.1**	**6517200.9**	**1267063.1**	**1167692.3**	**1058959.8**	**777454.6**	**21130.2**	**101311.8**
20806.0	176456.0	176456.0	1942.0	-70259.0	8000.0	8000.0		
107705.6	2214195.2	2044342.9	625473.0	353076.9	437946.4	382369.0		30991.1
40609.6	1495920.9	1387750.2	149646.8	102418.3	62606.2	34216.2	90.0	11439.5
27121.9	1290525.8	1184754.6	233426.5	319538.5	161899.4	100000.0	500.0	36812.9
76930.5	1509340.0	1424521.7	228307.9	275702.4	338546.6	246021.2	15630.0	21853.3
2042.2	26038.2	22923.0	13204.4	27152.9	2473.0			215.0
4852.3	144487.1	135023.6	6311.9	118711.4	33091.2		625.3	
6618.8	143928.9	141428.9	8750.6	41350.9	14397.0	6848.2	4284.9	

单位：万元

财务费用	利息收入	利息支出	投资收益（损失以“-”号记）	营业利润	利润总额	亏损企业亏损额	平均用工人数（人）
95344.6	**2896.1**	**94457.3**	**793.3**	**406768.2**	**419987.0**	**81777.7**	**147410**
				-9079.0	-8994.0	8994.0	692
31477.6	915.6	30647.6	241.5	69111.4	85517.4	10715.1	32273
18061.4	732.2	17973.0		133990.9	136349.6	4453.0	39150
17513.1	596.1	16079.7		109609.4	105154.1	5304.4	31386
25220.1	874.2	26030.1	-458.0	-2441.6	-260.4	48153.3	37503
2.9	4.0	6.9		21657.7	19211.9		1728
2294.5	-437.6	2734.0	895.8	39919.6	39363.3	2869.1	3454
775.0	211.6	986.0	114.0	43999.8	43645.1	1288.8	1224

1-B-10 按地区分组的石油和

地区	资产总计	固定资产净额	固定资产原价	累计折旧	流动资产合计	应收账款	存货
全省	**29181600.8**	**2783597.7**	**52152009.2**	**35450946.8**	**10118413.1**	**279830.3**	**367894.4**
哈尔滨							
齐齐哈尔							
鸡西							
鹤岗							
双鸭山							
大庆	29030408.2	2739611.3	52073787.6	35416711.6	10103828.8	279830.3	367894.4
伊春							
佳木斯							
七台河							
牡丹江							
黑河							
绥化	151192.6	43986.4	78221.6	34235.2	14584.3		
大兴安岭							

1-B-10 续表

地区	个人资本	港澳台资本	外商资本	营业收入	营业成本	销售费用	管理费用
全省				**12291845.3**	**7348076.2**	**101529.2**	**1432702.2**
哈尔滨							
齐齐哈尔							
鸡西							
鹤岗							
双鸭山							
大庆				12224726.0	7311615.6	101318.5	1426502.8
伊春							
佳木斯							
七台河							
牡丹江							
黑河							
绥化				67119.3	36460.6	210.7	6199.4
大兴安岭							

天然气开采业主要经济指标

单位：万元

产成品	负债合计	流动负债合计	应付账款	所有者权益合计	实收资本	国家资本	集体资本	法人资本
347512.1	**7291442.7**	**2783051.3**	**1876602.8**	**21890158.2**	**4795614.8**	**45614.8**		**4750000.0**
347512.1	7222126.6	2743713.9	1876602.8	21808281.7	4750000.0			4750000.0
	69316.1	39337.4		81876.5	45614.8	45614.8		

单位：万元

财务费用	利息收入	利息支出	投资收益（损失以“–”号记）	营业利润	利润总额	亏损企业亏损额	平均用工人数（人）
-5742.4	**159459.2**	**154455.5**	**87.6**	**1933545.9**	**1428453.5**		**108665**
-6740.2	159459.2	154455.5	87.6	1915600.7	1410521.0		108244
997.8				17945.2	17932.5		421

1-B-11 按地区分组的黑色金属矿

地区	资产总计	固定资产净额	固定资产原价	累计折旧	流动资产合计	应收账款	存货
全省	**396201.8**	**116988.3**	**182152.0**	**58208.0**	**83572.2**	**11564.0**	**13499.2**
哈尔滨	22685.1	11713.6	22926.7	5213.1	3217.6		411.1
齐齐哈尔							
鸡西							
鹤岗							
双鸭山	178075.0	100733.0	145635.4	44402.1	19955.9	587.6	10709.1
大庆							
伊春							
佳木斯							
七台河							
牡丹江	5140.2	112.7	6184.5	5616.5	4548.6	161.6	2379.0
黑河	190301.5	4429.0	7405.4	2976.3	55850.1	10814.8	
绥化							
大兴安岭							

1-B-11 续表

地区	个人资本	港澳台资本	外商资本	营业收入	营业成本	销售费用	管理费用
全省	**500.0**			**137482.9**	**103755.2**	**8762.7**	**17274.9**
哈尔滨				3521.3	2698.8		534.6
齐齐哈尔							
鸡西							
鹤岗							
双鸭山				106849.2	81542.2	5703.9	14955.6
大庆							
伊春							
佳木斯							
七台河							
牡丹江	500.0			5790.6	2886.5	1331.8	251.5
黑河				21321.8	16627.7	1727.0	1533.2
绥化							
大兴安岭							

采选业主要经济指标

单位：万元

产成品	负债合计	流动负债合计	应付账款	所有者权益合计	实收资本	国家资本	集体资本	法人资本
5486.6	**281272.6**	**129778.3**	**52609.9**	**114929.0**	**79100.0**		**45000.0**	**33600.0**
382.0	9001.0	9001.0	2820.0	13684.1	600.0			600.0
3257.9	123433.0	51658.1	21028.0	54641.9	33000.0			33000.0
1846.7	3537.1	3537.1	781.3	1603.0	500.0			
	145301.5	65582.1	27980.6	45000.0	45000.0		45000.0	

单位：万元

财务费用	利息收入	利息支出	投资收益(损失以"–"号记)	营业利润	利润总额	亏损企业亏损额	平均用工人数(人)
1400.2	**60.1**	**1231.6**		**3064.5**	**2488.4**	**21.5**	**1119**
0.3				176.6	191.5		29
1263.6	-1.4	1231.6		980.7	389.7	21.5	670
-0.7	-0.7			1124.9	1124.9		60
137.0	62.2			782.3	782.3		360

1-B-12 按地区分组的有色金属矿

地　区	资产总计	固定资产净　额	固定资产原　价	累计折旧	流动资产合　计	应收账款	存货
全　省	**1284034.3**	**505765.3**	**711492.2**	**184726.7**	**228716.9**	**5112.2**	**40886.4**
哈尔滨	148912.8	14162.0	54246.1	19084.0	94790.2	-1208.3	2077.6
齐齐哈尔	39192.4	20351.5	36198.2	15846.7	8168.2		4368.3
鸡　西							
鹤　岗							
双鸭山							
大　庆							
伊　春	373928.9	263955.3	338394.9	74439.6	30670.9		7920.3
佳木斯							
七台河	2928.7	1006.8	4269.7	3262.9	971.1	24.5	
牡丹江							
黑　河	689262.9	202776.8	257957.3	55180.4	67820.9	6296.0	19835.6
绥　化	29808.6	3512.9	20426.0	16913.1	26295.6		6684.6
大兴安岭							

1-B-12 续表

地　区	个人资本	港澳台资本	外商资本	营业收入	营业成本	销售费用	管理费用
全　省	**8532.0**	**27859.3**		**481885.5**	**225091.6**	**1386.8**	**29121.6**
哈尔滨				17414.1	7322.2		1636.3
齐齐哈尔				5902.0	6591.2		2254.0
鸡　西							
鹤　岗							
双鸭山							
大　庆							
伊　春				208527.1	93327.0	230.8	10284.8
佳木斯							
七台河	947.0			4369.6	3519.9	1.3	1111.1
牡丹江							
黑　河	1675.0	27859.3		230024.7	103358.7	418.8	10599.4
绥　化	5910.0			15648.0	10972.6	735.9	3236.0
大兴安岭							

采选业主要经济指标

单位：万元

产成品	负债合计	流动负债合计	应付账款	所有者权益合计	实收资本	国家资本	集体资本	法人资本
14084.9	**758768.2**	**580904.0**	**63555.2**	**525265.8**	**268347.0**	**2165.0**	**12878.2**	**216912.5**
1493.2	28650.3	18021.9	-209.3	120262.3	17974.4		12878.2	5096.2
2781.6	13722.0	13722.0	2793.3	25470.4	16000.0			16000.0
2968.1	336770.1	195146.7	19247.2	37158.8	2560.0	2000.0		560.0
	1791.2	1791.2	184.8	1137.5	1112.0	165.0		
899.4	354006.7	329972.5	37514.6	335256.2	224790.6			195256.3
5942.6	23827.9	22249.7	4024.6	5980.6	5910.0			

单位：万元

财务费用	利息收入	利息支出	投资收益(损失以“-”号记)	营业利润	利润总额	亏损企业亏损额	平均用工人数(人)
27605.1	**177.8**	**20149.8**	**-31.4**	**162691.2**	**168456.1**	**1132.8**	**2900**
36.7	1.5	0.2		5760.3	5660.5	774.4	161
0.6		0.6		-3257.5	409.6		310
19375.5	246.4	12081.1		63431.9	63222.8		363
-0.3	-0.3			-361.1	-358.4	358.4	398
8136.6	-70.1	8012.2	-31.4	96613.2	99018.4		1173
56.0	0.3	55.7		504.4	503.2		495

1-B-13 按地区分组的非金属矿

地 区	资产总计	固定资产净 额	固定资产原 价	累计折旧	流动资产合 计	应收账款	存货
全 省	**375355.6**	**87071.6**	**146806.6**	**52803.3**	**217014.4**	**52650.1**	**43296.8**
哈尔滨	11987.5	3395.2	8014.0	4618.9	6576.2	2957.5	753.5
齐齐哈尔							
鸡 西	158908.0	26154.4	50028.1	17142.3	103394.4	24579.0	13887.6
鹤 岗	170559.3	47239.3	72899.9	25660.4	97219.7	21291.0	25864.5
双鸭山							
大 庆							
伊 春	15295.1	2451.0	4232.0	1780.9	4845.8	2026.2	740.7
佳木斯							
七台河							
牡丹江	18605.7	7831.7	11632.6	3600.8	4978.3	1796.4	2050.5
黑 河							
绥 化							
大兴安岭							

1-B-13 续表

地 区	个人资本	港澳台资本	外商资本	营业收入	营业成本	销售费用	管理费用
全 省	**48989.1**	**9002.3**	**3466.7**	**232115.4**	**161951.6**	**12917.0**	**17477.0**
哈尔滨	2008.8			13279.1	7835.8	3257.3	775.6
齐齐哈尔							
鸡 西	8180.1			90084.1	65676.5	3875.6	6156.3
鹤 岗	32620.0	9002.3	3466.7	109995.5	74003.0	4634.2	8937.1
双鸭山							
大 庆							
伊 春				6104.5	4973.6	3.2	317.5
佳木斯							
七台河							
牡丹江	6180.2			12652.2	9462.7	1146.7	1290.5
黑 河							
绥 化							
大兴安岭							

采选业主要经济指标

单位：万元

产成品	负债合计	流动负债合计		所有者权益合计	实收资本			
			应付账款			国家资本	集体资本	法人资本
24745.9	**208251.8**	**194577.4**	**50098.0**	**167103.5**	**104461.6**	**13544.5**	**9910.0**	**19549.0**
753.5	8934.1	8375.9	1389.9	3053.4	3117.1	1108.3		
3341.9	110731.5	98980.4	31478.5	48176.5	27417.9	10727.8		8510.0
19032.5	63595.9	63482.1	14868.7	106963.1	65439.0	60.0	9910.0	10380.0
698.6	11501.0	10854.6	18.4	3794.1	2307.4	1648.4		659.0
919.4	13489.3	12884.4	2342.5	5116.4	6180.2			

单位：万元

财务费用			投资收益(损失以"–"号记)	营业利润	利润总额	亏损企业亏损额	平均用工人数(人)
	利息收入	利息支出					
1835.2	**5.5**	**871.1**	**608.4**	**27552.2**	**28241.3**	**2345.0**	**3118**
45.4	3.0	51.1		1084.3	643.3		190
1104.8	4.0	528.6		10198.8	9899.5	1935.3	1545
465.1	-3.8	81.2	608.4	15608.9	17009.6	266.0	975
-1.4	2.1			569.1	616.8		164
221.3	0.2	210.2		91.1	72.1	143.7	244

1-B-14 按地区分组的开采专业

地区	资产总计	固定资产净额	固定资产原价	累计折旧	流动资产合计	应收账款	存货
全省	**3826272.9**	**1018109.6**	**4823683.9**	**3340419.9**	**1904682.0**	**773637.3**	**263041.0**
哈尔滨							
齐齐哈尔							
鸡西							
鹤岗							
双鸭山							
大庆	3825672.9	1017923.6	4823479.9	3340407.9	1904286.0	773637.3	262645.0
伊春							
佳木斯							
七台河							
牡丹江							
黑河							
绥化	600.0	186.0	204.0	12.0	396.0		396.0
大兴安岭							

1-B-14 续表

地区	个人资本	港澳台资本	外商资本	营业收入	营业成本	销售费用	管理费用
全省	**23833.1**	**500.0**	**101.3**	**3847515.6**	**3699098.0**	**14678.8**	**75551.1**
哈尔滨							
齐齐哈尔							
鸡西							
鹤岗							
双鸭山							
大庆	23711.1	500.0	101.3	3846747.6	3698522.4	14571.3	75493.6
伊春							
佳木斯							
七台河							
牡丹江							
黑河							
绥化	122.0			768.0	575.6	107.5	57.5
大兴安岭							

及辅助性活动主要经济指标

单位：万元

产成品	负债合计	流动负债合计	应付账款	所有者权益合计	实收资本	国家资本	集体资本	法人资本
82506.3	**3185885.6**	**3015641.6**	**598922.9**	**640387.4**	**245799.8**	**124744.6**	**5477.3**	**91143.6**
82506.3	3185407.6	3015163.6	598922.9	640265.4	245677.8	124744.6	5477.3	91143.6
	478.0	478.0		122.0	122.0			

单位：万元

财务费用	利息收入	利息支出	投资收益(损失以“-”号记)	营业利润	利润总额	亏损企业亏损额	平均用工人数(人)
9502.8	**1500.6**	**9271.1**	**8.5**	**-51970.2**	**-97857.2**	**188725.3**	**65494**
9502.8	1500.6	9271.1	8.5	-51970.2	-97857.2	188725.3	65429

1-B-15 按地区分组的

地　区	资产总计	固定资产净　额	固定资产原　价	累计折旧	流动资产合　计	应收账款	存货
全　省	**74261452.0**	**17168436.2**	**34687677.2**	**15656157.5**	**43723905.3**	**10463074.4**	**11634104.9**
哈尔滨	30008955.1	5787234.8	11955922.1	5602386.0	18984883.0	4519553.9	5140088.9
齐齐哈尔	12129924.7	2629527.5	4377678.4	1569233.4	7250405.1	2026785.8	1471487.2
鸡　西	2124024.8	444481.7	635404.6	185032.5	1405382.5	223823.8	439200.7
鹤　岗	1147344.6	494496.5	667923.6	140038.3	512031.6	95740.1	192686.4
双鸭山	2326310.2	641340.6	1100656.9	449758.1	1052268.0	144999.4	270477.2
大　庆	10591478.9	3315548.1	9259128.9	5172952.8	5739480.5	1796027.5	1418433.8
伊　春	1861889.7	532541.1	741669.3	207216.1	983182.4	212876.6	305595.7
佳木斯	3525528.6	822384.9	1311562.1	425294.9	1741531.5	288628.5	645971.4
七台河	2442408.0	286790.1	748658.6	345918.9	1447993.3	97730.7	327994.5
牡丹江	2623691.8	606402.3	1281609.9	636909.6	1570693.8	510869.6	393907.5
黑　河	1145213.7	269575.4	444144.1	149426.8	633750.9	67944.4	206876.7
绥　化	4111222.2	1296340.6	2103673.1	757735.4	2236132.3	462150.2	782973.3
大兴安岭	223459.7	41772.6	59645.6	14254.7	166170.4	15943.9	38411.6

1-B-15 续表

地　区	个人资本	港澳台资本	外商资本	营业收入	营业成本	销售费用	管理费用
全　省	**4171676.9**	**178261.4**	**1655950.1**	**61105233.3**	**49301065.2**	**2894544.7**	**2890787.1**
哈尔滨	1558270.6	119212.8	1011153.2	20504989.5	15642708.0	1376756.9	1379089.7
齐齐哈尔	372624.0	20712.2	187613.5	6980218.4	5599520.2	572706.2	380294.6
鸡　西	158308.8	1763.6	26875.5	1561157.3	1316150.6	82313.2	47983.9
鹤　岗	72037.0			1083302.0	970880.8	47118.8	23188.9
双鸭山	104954.9	82.5		2491772.3	2238350.4	71396.4	53025.8
大　庆	288550.4	500.0	167310.3	16920107.9	13664412.4	188683.4	565465.0
伊　春	131008.2		11089.1	1239925.2	1067064.8	53410.7	25164.8
佳木斯	298693.8	2289.8	77768.2	2589812.5	2211565.7	130886.9	100383.7
七台河	452311.5			1233167.1	1000863.7	47246.3	47375.0
牡丹江	228230.4	3479.6	57427.9	1562153.2	1292096.9	76479.4	90107.5
黑　河	76565.6	5250.0	27814.4	594433.3	512529.9	34359.4	24337.7
绥　化	411133.0	24970.9	88898.0	4296014.8	3751306.4	203481.5	150172.6
大兴安岭	18988.7			48179.8	33615.4	9705.6	4197.9

制造业主要经济指标

单位：万元

产成品	负债合计	流动负债合计	应付账款	所有者权益合计	实收资本	国家资本	集体资本	法人资本
3505825.1	**45974829.4**	**40373093.0**	**11694173.5**	**28286604.7**	**16073367.8**	**3733761.4**	**600185.1**	**5733532.4**
1318696.8	18197210.5	16720316.3	4129411.2	11811738.6	7061704.0	1651150.9	151615.5	2570301.0
407294.2	7561645.7	6169118.5	2324412.7	4568276.9	2296766.4	938285.7	52190.8	725340.3
127601.1	1178116.5	1071579.0	166637.6	945908.1	423158.9	56109.3	24431.0	155670.7
52964.1	871044.5	694754.0	85308.0	276299.6	269669.9	126367.4	8990.0	62275.5
86886.9	1472708.0	1323602.3	265234.0	853601.6	408212.0	5299.5		297875.0
453208.1	5745707.5	5109003.6	2309181.2	4845765.8	2019828.7	647362.3	53589.7	862515.7
149638.2	1901189.6	1711788.1	526696.7	-39299.8	202586.0	23308.6	4510.0	32670.1
166523.8	2174796.6	1487647.7	248504.9	1350731.6	1006156.8	112717.1	260471.6	254216.2
187194.0	1680166.9	1526890.9	500175.6	762241.2	658092.0		2800.0	202980.5
143832.4	1479482.8	1341627.7	485227.0	1144207.6	590455.3	68697.1	6808.4	225811.8
65482.2	925078.2	760582.9	104400.6	220135.2	210109.7	44958.9	12188.0	43332.8
319685.6	2635353.4	2325739.1	496979.7	1475867.7	874197.3	42104.6	22590.1	284500.7
26817.7	152329.2	130442.9	52004.3	71130.6	52430.8	17400.0		16042.1

单位：万元

财务费用	利息收入	利息支出	投资收益（损失以“-”号记）	营业利润	利润总额	亏损企业亏损额	平均用工人数（人）
669694.9	**58412.4**	**595297.1**	**378017.8**	**2737970.3**	**3068878.1**	**651078.6**	**425219**
178144.0	39289.4	181623.8	89578.7	729066.7	939665.0	262576.0	167844
124121.4	6513.7	125429.4	15522.6	265548.0	337694.6	96759.6	55992
16529.6	1051.5	12888.6	1135.9	97050.0	101272.4	17262.1	9930
24514.1	38.4	24308.9	432.3	14272.2	16614.5	25142.3	6091
74693.1	604.5	34077.8	-7130.5	36581.5	41462.7	45626.5	9757
59773.4	780.1	60884.6	270093.6	1150462.2	1145191.3	29875.2	74159
16419.3	-3.7	16425.4	14.9	72189.1	78221.7	2320.1	10648
23978.2	1686.3	20980.3	8610.0	117151.1	112062.7	26049.6	20500
48342.5	5078.8	24983.7	371.0	74286.7	86593.8	29512.6	10480
16352.2	665.2	16880.9	2068.7	74945.7	81783.9	33725.1	21136
15529.9	477.8	14788.5	12.8	4742.0	7232.4	16530.4	4715
67776.7	2227.7	58722.4	-2692.2	105300.4	124031.9	62027.4	32860
3520.5	2.7	3302.8		-3625.3	-2948.8	3671.7	1107

1-B-16 按地区分组的农副食品

地区	资产总计	固定资产净额	固定资产原价	累计折旧	流动资产合计	应收账款	存货
全省	**11317651.2**	**2779766.3**	**4232020.9**	**1292995.5**	**7010865.1**	**1045596.2**	**2797703.7**
哈尔滨	3977228.6	789411.1	1276139.1	464455.8	2704953.0	409359.0	925917.7
齐齐哈尔	1766220.3	489490.4	714400.4	215306.7	989515.6	126390.5	338178.9
鸡西	722994.1	137248.9	193035.5	53395.3	516329.3	64090.6	275658.5
鹤岗	373067.6	71546.6	100712.4	29165.3	248173.7	47041.0	98991.2
双鸭山	317991.0	94275.9	134072.7	34810.8	188645.2	28408.1	63492.5
大庆	629089.5	172308.1	273552.9	60696.5	336677.8	81789.8	94204.0
伊春	80516.1	28379.1	33229.4	4850.2	36194.2	2756.2	17466.8
佳木斯	1139300.6	318245.7	438017.8	115644.0	699257.7	72883.9	368965.2
七台河	150503.1	32521.2	36597.9	4076.6	90022.7	29011.8	27704.4
牡丹江	190537.8	37102.5	78435.5	19664.5	114356.9	52545.7	32978.4
黑河	360569.5	109199.8	168856.7	36558.1	209438.0	13177.7	125079.8
绥化	1597737.9	497875.8	782310.9	253873.2	867597.0	116319.8	425483.1
大兴安岭	11895.1	2161.2	2659.7	498.5	9704.0	1822.1	3583.2

1-B-16 续表

地区	个人资本	港澳台资本	外商资本	营业收入	营业成本	销售费用	管理费用
全省	**1069809.1**	**48005.6**	**440899.9**	**13498843.4**	**12337074.9**	**414634.0**	**265618.3**
哈尔滨	302558.9	23761.2	197816.4	4296389.8	3911624.5	128155.5	108789.0
齐齐哈尔	176192.5	421.5	161797.3	1457243.4	1345939.9	37304.6	36192.7
鸡西	69449.4		26875.5	1034833.5	966571.9	37725.4	11666.1
鹤岗	58144.3			492598.7	473543.9	14482.9	5957.7
双鸭山	54339.9	82.5		638377.3	604575.2	7028.4	10459.0
大庆	60773.1			1245040.6	1130583.8	13970.6	13943.5
伊春	2640.0			35058.6	30745.9	546.4	2073.7
佳木斯	163258.3	1005.0	54410.7	1516431.4	1367664.0	65078.0	24598.0
七台河	1600.0			123743.8	118921.6	3446.4	1645.1
牡丹江	26050.7			176929.6	165020.7	3612.7	3916.8
黑河	22251.5			295110.7	244305.6	25773.3	7286.5
绥化	129430.3	22735.4		2182245.0	1973764.0	77292.8	38681.8
大兴安岭	3120.2			4841.0	3813.9	217.0	408.4

加工业主要经济指标

单位：万元

产成品	负债合计	流动负债合计	应付账款	所有者权益合计	实收资本	国家资本	集体资本	法人资本
979081.4	**7010399.0**	**6324753.5**	**908630.6**	**4307249.3**	**2859309.4**	**204156.4**	**109444.2**	**986994.3**
326673.1	2777494.4	2732685.5	328967.2	1199734.0	1044983.5	41153.2	43022.3	436671.5
136144.2	1017107.3	876468.9	214508.5	749112.8	507662.8	22021.6	37271.9	109958.1
80706.6	485461.6	453932.0	38759.5	237532.4	157433.3	32554.4	8000.0	20554.0
14989.4	231507.0	164749.0	11989.4	141560.1	120321.8	12000.0		50177.5
28721.2	157905.2	151108.8	15479.5	160085.5	87226.9			32804.5
50546.3	211784.5	148208.2	35317.6	417304.1	95633.4	771.2	1000.0	33089.1
1979.8	37503.3	33081.1	8304.3	43012.8	31373.0	23050.0	1000.0	4683.0
80807.9	619237.8	559356.6	50459.7	520063.5	352243.1	24636.0	2050.0	106883.1
6865.6	97900.3	44915.4	1130.5	52602.7	31406.9		2800.0	27006.9
19345.3	130809.0	110178.4	34759.9	59728.8	42462.6		1300.0	15111.9
43462.1	272485.5	223425.4	11923.6	88084.0	65034.3	22000.0	11000.0	9782.8
186065.2	963035.1	826051.6	157030.9	634701.5	320407.6	25970.0	2000.0	140271.9
2774.7	8168.0	592.6		3727.1	3120.2			

单位：万元

财务费用	利息收入	利息支出	投资收益（损失以"–"号记）	营业利润	利润总额	亏损企业亏损额	平均用工人数（人）
153834.9	**2143.8**	**124754.5**	**11039.6**	**332460.2**	**367869.5**	**112629.9**	**68033**
55704.3	-1360.4	40449.8	7470.5	84601.0	97582.0	55104.5	23630
25633.0	1387.1	20350.4	17.5	24515.1	27370.8	15514.7	9586
4728.6	16.0	4670.6	459.1	19078.8	20395.8	2249.4	2834
5350.6	158.4	5219.0	325.8	-7097.2	-6580.2	13073.0	2377
3025.7	5.0	2303.9	409.7	12440.9	12668.8	3525.2	2101
4701.8	29.2	4047.7		80526.8	81678.8	290.5	6202
370.2	-28.7	507.4		1024.2	1087.8	807.2	822
13409.4	1186.1	12322.6	203.6	46378.4	48601.4	2154.2	5444
3366.6	84.3	3093.0		-3719.7	-2825.7	5824.6	788
1327.2	-31.1	1318.3	55.4	2755.8	3468.8	2470.1	1646
8184.8	506.8	8715.8	12.8	8365.5	8751.6	4600.3	1542
27775.6	191.0	21556.4	2085.2	63452.6	75736.0	6949.8	10984
257.1	0.1	199.6		138.0	-66.4	66.4	77

1-B-17　按地区分组的食品

地　　区	资产总计	固定资产净　　额	固定资产原　　价	累计折旧	流动资产合　　计	应收账款	存货
全　　省	**4605344.4**	**912551.4**	**1906375.2**	**829713.4**	**2704560.6**	**709921.1**	**443552.8**
哈 尔 滨	1227304.7	351755.4	744662.4	382470.1	558025.1	167123.5	116073.6
齐齐哈尔	2227950.0	180423.5	507731.9	186421.9	1598800.7	338219.8	180090.2
鸡　　西	13720.1	6447.9	11159.4	4661.5	4953.4	20.2	1986.5
鹤　　岗	23833.2	13906.9	19890.8	5984.0	8336.0	129.0	6632.7
双 鸭 山	6184.4	1763.8	3037.9	1098.6	3001.0	330.0	996.9
大　　庆	393456.5	106387.4	185756.5	78723.6	185861.2	68221.7	32638.9
伊　　春	2667.2	1623.8	2795.7	1171.9	1043.4	448.2	326.9
佳 木 斯	30176.2	7878.1	12000.8	4073.2	17798.3	12208.0	3693.5
七 台 河	17863.6	9614.8	11719.3	2104.5	6025.8	377.6	4211.8
牡 丹 江	127392.5	20204.0	32246.9	9024.5	83699.1	37123.2	18197.5
黑　　河	95398.6	34578.7	67301.7	32722.9	47737.2	5913.9	20400.8
绥　　化	439397.4	177967.1	308071.9	121256.7	189279.4	79806.0	58303.5
大兴安岭							

1-B-17　续表

地　　区	个人资本	港澳台资本	外商资本	营业收入	营业成本	销售费用	管理费用
全　　省	**194191.3**	**46244.9**	**220883.3**	**4657933.4**	**3328864.6**	**710984.1**	**156622.1**
哈 尔 滨	61403.3	27106.8	155133.3	1234436.3	821517.1	231435.3	51252.7
齐齐哈尔	19015.0	19138.1	1950.0	1976290.2	1249539.8	418321.5	55100.2
鸡　　西	3890.5			9123.0	5749.8	530.0	854.8
鹤　　岗	2267.0			14763.5	13143.6	627.6	961.5
双 鸭 山	3000.0			10141.7	9274.3	188.3	601.5
大　　庆	3000.0		63800.0	714632.0	620816.1	25266.6	13985.1
伊　　春	2334.5			3801.0	2857.8	871.9	377.4
佳 木 斯	1450.0			34880.7	26509.0	1885.1	2158.7
七 台 河	8924.0			5095.3	3608.7	309.5	601.5
牡 丹 江	52931.8			57637.3	47951.7	4278.4	3297.2
黑　　河	4300.0			107632.5	96567.4	3207.0	3597.9
绥　　化	31675.2			489499.9	431329.3	24062.9	23833.6
大兴安岭							

制造业主要经济指标

单位：万元

产成品	负债合计	流动负债合计	应付账款	所有者权益合计	实收资本	国家资本	集体资本	法人资本
199632.9	**2281251.4**	**2155278.5**	**1011404.3**	**2324092.7**	**1011657.1**	**76161.8**	**40566.7**	**433609.0**
49672.2	553024.9	487476.7	159730.9	674279.2	404955.8	49014.4		112298.0
72458.0	1173552.3	1161556.9	645608.9	1054396.9	261927.7	24359.9	5000.0	192464.7
1480.5	1712.3	1712.3	600.5	12007.8	10054.5		63.3	6100.7
2738.7	19651.1	17951.2	2531.7	4182.1	2677.0		110.0	300.0
836.5	2316.4	2256.4	308.1	3868.0	3000.1			
13551.4	126111.2	111419.0	72341.7	267345.3	142068.3		29580.3	45688.0
	332.7	332.7	87.4	2334.5	2334.5			
1064.9	7361.3	7045.4	2928.2	22814.8	2750.0			1300.0
3076.6	6003.1	6003.1	34.5	11860.5	8924.0			
3066.0	57795.2	44168.6	15966.5	69597.7	69091.5		900.0	15259.7
10642.8	65144.9	62332.5	20661.9	30253.8	10872.9	1572.9		5000.0
41045.3	268246.0	253023.7	90604.0	171152.1	93000.8	1214.6	4913.1	55197.9

单位：万元

财务费用	利息收入	利息支出	投资收益(损失以“−”号记)	营业利润	利润总额	亏损企业亏损额	平均用工人数(人)
6886.8	**-3724.9**	**13585.4**	**2278.6**	**427163.9**	**466379.8**	**17542.2**	**26202**
3731.3	2180.2	4982.4	1294.3	113212.6	113760.9	8725.7	10846
-4492.1	-6698.4	2032.7	53.0	243811.2	280738.5	3640.7	5316
-6.9	7.4			1864.4	1954.3		192
83.3	-0.1	84.8		-95.1	61.9	127.1	377
40.8	51.6	40.8		-5.0	-5.0	550.0	142
2073.8	252.2	2386.4		50681.1	50503.1	74.1	3649
0.1				-318.9	-318.5	318.5	71
23.4	0.1	29.2	163.9	4232.3	4358.6		373
193.0		193.0	-91.5	281.8	362.3	118.5	105
1160.1	103.1	960.8	6.0	904.6	1347.0	244.0	623
302.0	11.4	306.9		3331.7	3421.6		781
3778.0	367.6	2568.4	852.9	9263.2	10195.1	3743.6	3727

1-B-18 按地区分组的酒、饮料和

地　区	资产总计	固定资产净　额	固定资产原　价	累计折旧	流动资产合　计	应收账款	存货
全　省	**2496880.5**	**891521.4**	**1498459.3**	**523466.2**	**1093472.2**	**107218.6**	**330834.0**
哈尔滨	1225102.7	452518.0	831448.8	330408.9	572843.5	72751.2	172181.6
齐齐哈尔	393498.9	69438.9	126396.9	55824.0	197262.2	12625.3	41354.2
鸡　西	75945.3	47008.5	61834.8	14340.2	15490.0	1631.6	5693.6
鹤　岗	36053.0	12237.3	17854.1	5616.8	22553.6	-3241.4	12311.5
双鸭山	126162.2	40643.2	55495.2	13216.4	62869.1	4438.7	20087.5
大　庆	206971.2	106806.0	167040.4	35031.4	75532.1	7534.6	22051.7
伊　春	57483.2	6791.6	10520.0	3162.9	31195.1	692.2	19874.2
佳木斯	78940.2	50797.5	75496.6	21397.1	12660.1	2841.9	5559.2
七台河							
牡丹江	103368.3	57449.4	78005.9	18874.6	28038.0	4174.2	16655.6
黑　河	157616.2	31890.0	51139.4	18307.7	58459.7	1764.0	8864.5
绥　化	20065.3	10563.0	17127.3	6564.3	7913.8	1769.4	3897.9
大兴安岭	15674.0	5378.0	6099.9	721.9	8655.0	236.9	2302.5

1-B-18 续表

地　区	个人资本	港澳台资本	外商资本	营业收入	营业成本	销售费用	管理费用
全　省	**256718.8**	**6534.8**	**247407.2**	**1778355.3**	**1377988.3**	**124667.9**	**98728.5**
哈尔滨	151028.2		218486.1	829269.0	575664.3	85496.7	42441.9
齐齐哈尔	38962.3		10494.8	220452.8	152456.8	21906.2	25582.9
鸡　西	5291.8			28639.5	25536.8	513.2	2900.4
鹤　岗	5176.1			53497.8	44723.6	1262.2	1596.1
双鸭山	13163.0			166781.8	162114.2	1003.7	4370.3
大　庆	2600.0		1500.0	310695.0	281947.5	9103.1	9561.8
伊　春	638.4			17194.6	13553.2	708.7	631.3
佳木斯	2100.0	1284.8	4966.7	48381.6	39836.1	824.6	3230.5
七台河							
牡丹江	3488.0		7797.6	70076.3	58254.4	439.1	4423.6
黑　河	28027.2	5250.0	1064.0	20757.1	15048.1	1778.5	2770.6
绥　化	6243.8		3098.0	10563.2	7113.7	1441.7	1030.0
大兴安岭				2046.6	1739.6	190.2	189.1

精制茶制造业主要经济指标

单位：万元

产成品	负债合计	流动负债合计	应付账款	所有者权益合计	实收资本	国家资本	集体资本	法人资本
109305.6	**1367984.4**	**1206070.6**	**315116.1**	**1128895.6**	**852175.5**	**61576.0**	**20.0**	**279918.7**
45978.1	556849.0	522869.8	145837.2	668253.8	571265.4	42590.0		159161.1
18464.1	221377.6	198743.6	74570.5	172121.3	71707.7	5200.0		17050.6
3362.1	56560.9	44660.0	13678.2	19384.4	22291.8	2000.0		15000.0
3486.9	35494.4	35399.3	1558.3	558.6	5176.1			
10739.2	60849.1	60549.1	11438.6	65313.0	38663.0			25500.0
7345.1	116913.7	108482.6	26426.3	90057.5	53100.0		10.0	48990.0
7246.0	30022.1	27301.5	2085.8	27461.1	1269.0		10.0	620.6
712.1	64717.6	61357.3	8761.1	14222.5	8351.5			
3950.9	46552.0	46350.4	21998.8	56816.2	16197.6			4912.0
3450.5	155640.0	81307.6	1460.5	1976.1	48496.2	11786.0		2369.0
2268.1	9842.1	9842.1	4603.0	10223.0	9841.8			500.0
2302.5	13165.9	9207.3	2697.8	2508.1	5815.4			5815.4

单位：万元

财务费用	利息收入	利息支出	投资收益（损失以“-”号记）	营业利润	利润总额	亏损企业亏损额	平均用工人数（人）
19923.3	**-3170.6**	**21098.3**	**2176.6**	**65462.4**	**76149.6**	**38238.5**	**16779**
1598.0	-3326.6	3687.7	1681.1	53060.8	57545.2	12218.1	8080
2242.1	105.1	2182.0	-179.5	10348.3	12683.1	6750.5	2519
608.6	-9.6	586.4	675.0	-802.1	-282.0	1111.2	580
616.6		617.9		4447.1	4640.4	92.2	426
886.7	0.2	686.6		-1891.3	-627.2	6415.2	799
8698.8	5.8	8293.4		-1650.2	-1688.4	4834.6	1663
699.6	0.4	699.8		1223.6	1223.6		561
1350.8		1350.8		296.3	754.3	1778.5	447
460.4	15.6	419.8		2406.6	3709.8	2154.5	616
2136.6	20.5	2062.4		-1592.8	-1403.5	2100.3	489
224.6	18.0	111.0		99.0	107.2	270.5	451
400.5		400.5		-482.9	-512.9	512.9	148

1-B-19 按地区分组的烟草

地　区	资产总计	固定资产净额	固定资产原价	累计折旧	流动资产合计	应收账款	存货
全　省	**954879.0**	**298945.7**	**572600.2**	**273654.5**	**610398.5**	**68153.6**	**394198.4**
哈尔滨	904394.4	289390.3	545650.3	256260.0	570713.3	60975.0	376515.4
齐齐哈尔							
鸡　西							
鹤　岗							
双鸭山							
大　庆							
伊　春							
佳木斯							
七台河							
牡丹江	50484.6	9555.4	26949.9	17394.5	39685.2	7178.6	17683.0
黑　河							
绥　化							
大兴安岭							

1-B-19 续表

地　区	个人资本	港澳台资本	外商资本	营业收入	营业成本	销售费用	管理费用
全　省	**5000.0**			**1000700.4**	**407722.5**	**16552.9**	**92191.2**
哈尔滨				933229.5	357198.3	12820.9	87739.3
齐齐哈尔							
鸡　西							
鹤　岗							
双鸭山							
大　庆							
伊　春							
佳木斯							
七台河							
牡丹江	5000.0			67470.9	50524.2	3732.0	4451.9
黑　河							
绥　化							
大兴安岭							

制品业主要经济指标

单位：万元

产成品	负债合计	流动负债合计	应付账款	所有者权益合计	实收资本	国家资本	集体资本	法人资本
34838.0	**185807.2**	**185807.2**	**107184.3**	**769071.8**	**155818.2**	**150818.2**		
23105.2	168033.9	168033.9	97727.1	736360.5	150818.2	150818.2		
11732.8	17773.3	17773.3	9457.2	32711.3	5000.0			

单位：万元

财务费用	利息收入	利息支出	投资收益(损失以“–”号记)	营业利润	利润总额	亏损企业亏损额	平均用工人数(人)
-2168.2	**2645.6**	**464.4**		**44450.4**	**44865.2**		**4313**
-2635.0	2645.6			36535.1	36803.7		3808
466.8		464.4		7915.3	8061.5		505

1-B-20 按地区分组的纺织业

地区	资产总计						
		固定资产净额	固定资产原价	累计折旧	流动资产合计		
						应收账款	存货
全　省	**309107.5**	**75708.3**	**146217.2**	**65798.0**	**203955.3**	**41039.2**	**86525.7**
哈尔滨	89185.7	9171.5	30758.1	21586.3	72620.0	8771.7	28781.5
齐齐哈尔	37614.0	10417.8	16934.0	6516.2	23418.3		8985.1
鸡　西	662.0		423.2	268.2	662.0		429.0
鹤　岗							
双鸭山							
大　庆	2471.5	72.2	100.3	28.1	2399.1	1911.8	229.4
伊　春	2470.3	33.2	33.6	0.4	2437.1	503.7	493.3
佳木斯	40165.7	11418.0	39577.6	24193.2	21846.6	1713.9	12867.1
七台河							
牡丹江	21428.5	6599.5	7329.6	730.1	13189.5	2284.6	7311.9
黑　河							
绥　化	115109.8	37996.1	51060.8	12475.5	67382.7	25853.5	27428.4
大兴安岭							

1-B-20 续表

地区				营业收入	营业成本	销售费用	管理费用
	个人资本	港澳台资本	外商资本				
全　省	**37671.1**	**2235.5**		**223262.6**	**203931.8**	**4114.0**	**10399.7**
哈尔滨	12455.1			64349.9	56111.1	1505.1	3113.7
齐齐哈尔	500.0			10064.4	9903.1	257.0	666.4
鸡　西	256.0			2003.0	1997.0	8.0	5.0
鹤　岗							
双鸭山							
大　庆	400.0			3600.2	3495.8	18.8	60.2
伊　春				7440.7	7202.5	16.5	280.4
佳木斯	15360.0			40390.3	39115.0	719.4	2406.1
七台河							
牡丹江	5700.0			13277.2	13178.8	76.3	474.7
黑　河							
绥　化	3000.0	2235.5		82136.9	72928.5	1512.9	3393.2
大兴安岭							

主要经济指标

单位：万元

产成品	负债合计	流动负债合计	应付账款	所有者权益合计	实收资本	国家资本	集体资本	法人资本
44191.0	**186485.8**	**160495.3**	**44916.9**	**122621.4**	**61066.1**		**30.0**	**21129.5**
16203.6	47478.4	37723.5	23223.3	41707.1	15583.1			3128.0
6007.3	13916.4	13366.4	42.0	23697.6	500.0			
250.0	344.0	344.0		318.0	256.0			
65.4	2128.2	2128.2	999.6	343.3	400.0			
167.4	2615.7	2615.7	199.1	-145.4				
6104.1	40368.9	36860.3	1241.4	-203.2	15360.0			
5662.8	13235.2	11331.8	782.2	8193.1	5700.0			
9730.4	66399.0	56125.4	18429.3	48710.9	23267.0		30.0	18001.5

单位：万元

财务费用	利息收入	利息支出	投资收益(损失以“-”号记)	营业利润	利润总额	亏损企业亏损额	平均用工人数(人)
2755.1	**106.0**	**2476.5**		**1086.3**	**2611.0**	**6854.6**	**6662**
374.2	12.4	495.6		2914.1	3245.3	843.1	1582
733.4	1.0	663.1		-1669.6	-1697.1	1799.3	556
3.0				-10.0	-10.0	10.0	31
0.1		0.1		23.2	33.1		22
0.1	0.1			-77.1	-77.1	77.1	351
610.5		597.9		-2667.8	-2940.2	3094.8	1627
185.6	0.1	32.7		-650.7	-632.6	771.2	277
848.2	92.4	687.1		3224.2	4689.6	259.1	2216

1-B-21 按地区分组的纺织服装、

地区	资产总计	固定资产净额	固定资产原价	累计折旧	流动资产合计	应收账款	存货
全省	**72729.9**	**8270.6**	**15487.2**	**7216.6**	**61259.7**	**31359.4**	**12892.4**
哈尔滨	4508.2	408.0	2008.8	1600.8	3811.2	69.0	2499.9
齐齐哈尔							
鸡西							
鹤岗							
双鸭山							
大庆	56438.8	5094.2	9521.7	4427.5	50894.7	28137.3	8383.3
伊春							
佳木斯							
七台河							
牡丹江							
黑河							
绥化	11782.9	2768.4	3956.7	1188.3	6553.8	3153.1	2009.2
大兴安岭							

1-B-21 续表

地区	个人资本	港澳台资本	外商资本	营业收入	营业成本	销售费用	管理费用
全省	**14510.0**			**59652.7**	**54399.2**	**548.6**	**2321.5**
哈尔滨	1000.0			6351.1	5079.2	291.0	642.9
齐齐哈尔							
鸡西							
鹤岗							
双鸭山							
大庆	1510.0			40103.6	36542.1	231.9	1185.0
伊春							
佳木斯							
七台河							
牡丹江							
黑河							
绥化	12000.0			13198.0	12777.9	25.7	493.6
大兴安岭							

服饰业主要经济指标

单位：万元

产成品	负债合计	流动负债合计	应付账款	所有者权益合计	实收资本	国家资本	集体资本	法人资本
6518.3	**40674.9**	**40674.9**	**20174.5**	**32054.9**	**20080.9**		**3220.9**	**2350.0**
1842.1	1743.2	1743.2	666.5	2765.0	1000.0			
3684.7	35207.6	35207.6	19369.0	21231.1	7080.9		3220.9	2350.0
991.5	3724.1	3724.1	139.0	8058.8	12000.0			

单位：万元

财务费用	利息收入	利息支出	投资收益（损失以“–”号记）	营业利润	利润总额	亏损企业亏损额	平均用工人数（人）
45.4	**-0.8**	**48.4**		**2130.2**	**2162.1**	**125.6**	**1208**
-1.3	-1.3			283.7	282.9		125
20.3	0.5	22.0		1972.1	2004.8		290
26.4		26.4		-125.6	-125.6	125.6	793

1-B-22 按地区分组的皮革、毛皮、羽毛及其

地区	资产总计	固定资产净额	固定资产原价	累计折旧	流动资产合计	应收账款	存货
全省	**222656.9**	**28079.3**	**34688.9**	**6608.8**	**194104.7**	**65271.6**	**69626.0**
哈尔滨	3873.8	1153.5	1555.3	401.8	2350.3	1027.8	1262.6
齐齐哈尔							
鸡西							
鹤岗							
双鸭山							
大庆	218783.1	26925.8	33133.6	6207.0	191754.4	64243.8	68363.4
伊春							
佳木斯							
七台河							
牡丹江							
黑河							
绥化							
大兴安岭							

1-B-22 续表

地区	个人资本	港澳台资本	外商资本	营业收入	营业成本	销售费用	管理费用
全省	**2200.0**	**500.0**		**399525.6**	**365716.4**	**2547.8**	**3047.5**
哈尔滨	100.0			10099.7	10593.3	75.0	167.1
齐齐哈尔							
鸡西							
鹤岗							
双鸭山							
大庆	2100.0	500.0		389425.9	355123.1	2472.8	2880.4
伊春							
佳木斯							
七台河							
牡丹江							
黑河							
绥化							
大兴安岭							

制品和制鞋业主要经济指标

单位：万元

产成品	负债合计	流动负债合计	应付账款	所有者权益合计	实收资本	国家资本	集体资本	法人资本
47515.2	**132295.8**	**132144.4**	**37395.5**	**90360.8**	**15560.0**			**12860.0**
300.0	2712.1	2712.1	762.3	1161.7	1300.0			1200.0
47215.2	129583.7	129432.3	36633.2	89199.1	14260.0			11660.0

单位：万元

财务费用	利息收入	利息支出	投资收益（损失以“–”号记）	营业利润	利润总额	亏损企业亏损额	平均用工人数（人）
35.6	**17.8**	**51.2**		**27620.5**	**27152.5**	**879.2**	**2137**
0.2	0.1	0.1		-754.0	-759.0	787.5	34
35.4	17.7	51.1		28374.5	27911.5	91.7	2103

1-B-23 按地区分组的木材加工和木、竹、

地　区	资产总计	固定资产净　额	固定资产原　价	累计折旧	流动资产合　计	应收账款	存货
全　省	**547795.5**	**100561.5**	**161280.1**	**59915.7**	**345619.2**	**102903.1**	**128892.3**
哈尔滨	183588.2	33586.7	54915.6	21267.1	103597.2	35645.3	32370.9
齐齐哈尔	48304.8	21176.8	31194.1	10017.3	24604.5	7993.4	7653.0
鸡　西							
鹤　岗							
双鸭山	2458.2	1332.4	1652.3	319.9	1125.8	254.0	456.2
大　庆	10588.3	7403.2	8469.8	1066.6	3037.5	476.4	1220.5
伊　春	19447.1	3852.5	7990.9	4067.5	11377.9	941.4	8299.7
佳木斯	16187.5	126.7	575.5	191.7	15425.1	5178.6	7441.3
七台河							
牡丹江	217046.9	19181.9	37925.3	18331.2	152417.3	40806.2	55222.2
黑　河	1745.0	146.2	187.5	40.4	1102.0	162.0	398.0
绥　化	17249.9	4529.6	4914.2	384.6	12371.7	4595.6	6401.4
大兴安岭	31179.6	9225.5	13454.9	4229.4	20560.2	6850.2	9429.1

1-B-23 续表

地　区	个人资本	港澳台资本	外商资本	营业收入	营业成本	销售费用	管理费用
全　省	**51679.4**	**3479.6**	**5000.0**	**423207.0**	**385339.7**	**12715.3**	**18381.7**
哈尔滨	22740.9			109446.3	89117.7	5928.7	7982.1
齐齐哈尔	11600.0			52909.4	43901.9	1242.4	4680.8
鸡　西							
鹤　岗							
双鸭山	200.0						
大　庆	450.0			9840.1	9317.6	163.7	96.7
伊　春	557.3			20001.8	17995.3	373.2	307.4
佳木斯	3299.8			8807.4	8905.4	21.7	70.0
七台河							
牡丹江	11209.2	3479.6	5000.0	195366.9	190874.9	4654.8	3622.0
黑　河	322.2			3212.0	2640.2	102.5	84.5
绥　化	1300.0			15424.4	15645.6	73.8	321.0
大兴安岭				8198.7	6941.1	154.5	1217.2

藤、棕、草制品业主要经济指标

单位：万元

产成品	负债合计	流动负债合计	应付账款	所有者权益合计	实收资本	国家资本	集体资本	法人资本
48051.0	**364885.9**	**322099.0**	**90167.4**	**182908.5**	**108765.1**	**22719.6**		**25886.4**
9538.4	89422.8	86637.3	13058.1	94165.4	38236.9	5319.6		10176.4
5058.7	30012.9	29414.8	12487.1	18291.9	14300.0			2700.0
	800.0	800.0		1658.2	200.0			
1220.5	850.0	850.0		9738.3	450.0			
2054.4	15044.4	14920.4	2598.4	4402.8	3039.1			2481.8
3739.8	11744.3	11744.3	897.4	4443.0	4149.8			850.0
16070.6	184290.3	145176.9	55592.9	32755.6	28617.1			8928.2
388.0	1022.0	1022.0		723.0	322.2			
1374.5	14412.1	14246.2	642.0	2837.8	2050.0			750.0
8606.1	17287.1	17287.1	4891.5	13892.5	17400.0	17400.0		

单位：万元

财务费用	利息收入	利息支出	投资收益（损失以“-”号记）	营业利润	利润总额	亏损企业亏损额	平均用工人数（人）
3279.8	**31.8**	**2691.0**	**-922.4**	**665.0**	**2821.4**	**11159.5**	**6218**
1111.5	17.3	1015.0	32.4	4388.4	5256.5	1131.0	1600
132.5	-0.2	131.5		2747.1	2747.1		754
							2
28.3		28.3		231.0	231.0		275
221.2	1.8	220.0		1071.5	1197.6	572.3	714
112.5				-307.8	-92.6	190.0	72
1407.2	10.1	1029.0	-954.8	-6657.2	-5998.5	8439.5	2131
1.5	0.1	1.5		283.3	283.3		134
211.8	0.1	211.9		-863.4	-756.6	780.3	172
53.3	2.6	53.8		-227.9	-46.4	46.4	364

1-B-24 按地区分组的家具

地区	资产总计	固定资产净额	固定资产原价	累计折旧	流动资产合计	应收账款	存货
全省	**447997.8**	**99918.2**	**166256.9**	**66110.6**	**296853.2**	**80437.2**	**130011.7**
哈尔滨	97839.9	14211.5	24957.4	10744.9	63427.0	15884.6	29035.6
齐齐哈尔	120500.2	50555.2	64802.6	14247.4	49538.4	8089.9	31773.0
鸡西							
鹤岗							
双鸭山							
大庆	39890.4	3095.5	3910.0	814.4	35978.7	15518.6	2426.8
伊春	42607.4	6587.9	12245.7	5430.9	34654.6	1358.2	24695.0
佳木斯							
七台河	59319.7	10658.8	37876.4	27217.6	43257.5	3039.3	25790.1
牡丹江	86651.9	14800.0	22455.5	7655.4	68879.2	36467.3	16233.0
黑河							
绥化	1188.3	9.3	9.3		1117.8	79.3	58.2
大兴安岭							

1-B-24 续表

地区	个人资本	港澳台资本	外商资本	营业收入	营业成本	销售费用	管理费用
全省	**43322.8**		**2800.0**	**291335.0**	**244955.3**	**11619.1**	**20785.0**
哈尔滨	20111.0		2800.0	63353.8	49997.3	5095.9	6020.8
齐齐哈尔	4060.0			28061.1	25990.2	2015.0	6353.8
鸡西							
鹤岗							
双鸭山							
大庆				71847.7	56059.6	33.1	705.5
伊春	2896.8			46077.5	42443.9	1638.6	1153.3
佳木斯							
七台河	15049.6			39228.2	30695.2	1734.6	5172.8
牡丹江	705.4			42743.3	39750.3	1101.9	1374.2
黑河							
绥化	500.0			23.4	18.8		4.6
大兴安岭							

制造业主要经济指标

单位：万元

产成品	负债合计	流动负债合计	应付账款	所有者权益合计	实收资本	国家资本	集体资本	法人资本
53888.4	**278988.1**	**263005.5**	**66476.6**	**169009.7**	**129385.0**		**2112.9**	**81149.3**
7797.0	59257.8	56113.3	18878.6	38581.9	31330.0			8419.0
5650.0	69646.8	57736.8	3620.5	50853.5	60149.4			56089.4
	17754.4	17754.4	14378.8	22136.0	1000.0			1000.0
18440.1	41820.2	41820.2	2461.9	787.2	7952.0			5055.2
19360.9	30655.8	30355.8	2605.1	28663.9	15049.6			
2604.8	58975.0	58346.9	24473.1	27677.0	13404.0		2112.9	10585.7
35.6	878.1	878.1	58.6	310.2	500.0			

单位：万元

财务费用	利息收入	利息支出	投资收益（损失以"-"号记）	营业利润	利润总额	亏损企业亏损额	平均用工人数（人）
3306.4	**260.2**	**3381.8**		**8262.5**	**9620.0**	**10186.9**	**7784**
1155.4	3.3	939.1		676.7	913.6	761.1	1418
1662.3	33.3	1685.7		-9120.4	-8870.7	8870.7	1568
51.1	39.3			15256.5	15249.5		400
377.1	3.8	314.7		229.1	308.4	486.1	1349
-180.4	180.4			1024.7	1577.6		1914
240.9	0.1	442.3		195.9	441.6	69.0	1130

1-B-25　按地区分组的造纸和

地　区	资产总计	固定资产净　额	固定资产原　价	累计折旧	流动资产合　计	应收账款	存货
全　省	**650336.5**	**213226.5**	**453775.2**	**239424.3**	**345021.9**	**88804.3**	**107268.7**
哈尔滨	102379.0	28627.9	49643.5	20928.7	49934.1	19704.5	10784.6
齐齐哈尔	8699.5	1905.3	3626.7	1721.4	6084.0	3116.3	1152.0
鸡　西	5203.0	173.2	267.4	94.2	4482.7	2536.0	596.4
鹤　岗	1111.3	506.8	672.7	165.9	604.5	58.0	448.5
双鸭山							
大　庆	65974.1	22778.3	35071.2	12152.8	38719.8	7841.6	16879.8
伊　春	4692.3	3125.0	3396.6	271.6	1263.9	1222.5	32.8
佳木斯	39515.0	6985.2	8840.0	1854.7	19754.4	620.0	6636.3
七台河							
牡丹江	337762.1	109107.8	304123.6	194831.1	186950.2	36886.5	62902.5
黑　河	2370.5	849.7	1802.9	953.2	1520.8	288.6	524.7
绥　化	82629.7	39167.3	46330.6	6450.7	35707.5	16530.3	7311.1
大兴安岭							

1-B-25　续表

地　区	个人资本	港澳台资本	外商资本	营业收入	营业成本	销售费用	管理费用
全　省	**56987.7**	**1433.7**		**362592.5**	**302053.8**	**16371.6**	**24058.5**
哈尔滨	4917.0	1433.7		76089.7	69221.2	1649.3	4128.3
齐齐哈尔	2628.0			8597.6	8184.4	148.9	362.4
鸡　西				6657.1	6785.1	212.8	286.7
鹤　岗	50.0			2023.5	1980.7	3.7	18.3
双鸭山							
大　庆	18750.0			30685.3	27591.8	1070.0	1372.6
伊　春	2000.0			2003.5	1913.6		137.3
佳木斯	17970.7			23213.7	24070.0	51.3	1368.9
七台河							
牡丹江	2308.0			190333.9	144628.5	12528.2	15374.9
黑　河				1524.6	1203.5	92.0	131.4
绥　化	8364.0			21463.6	16475.0	615.4	877.7
大兴安岭							

纸制品业主要经济指标

单位：万元

产成品	负债合计	流动负债合计	应付账款	所有者权益合计	实收资本	国家资本	集体资本	法人资本
41249.9	**326722.9**	**298033.3**	**35746.3**	**323613.5**	**117002.6**	**31486.4**	**1009.6**	**26085.2**
4044.3	71696.2	70237.4	6850.2	30682.8	27469.5		671.6	20447.2
56.7	5889.3	5889.3	1132.4	2810.1	3628.0			1000.0
570.2	415.7	360.0	360.0	4787.3	150.0			150.0
448.5	904.5	904.5	180.0	206.8	50.0			
3759.0	62988.8	59978.2	9865.8	2985.4	21238.0			2488.0
6.9	3462.5	3462.5	113.9	1229.9	2000.0			
2578.6	25887.5	25887.5	7791.4	13627.3	20547.1	2576.4		
24409.5	84737.7	72953.0	7684.0	253024.4	31368.0	28910.0	150.0	
301.4	2164.8	2164.8	28.8	205.7	188.0		188.0	
5074.8	68575.9	56196.1	1739.8	14053.8	10364.0			2000.0

单位：万元

财务费用	利息收入	利息支出	投资收益(损失以"-"号记)	营业利润	利润总额	亏损企业亏损额	平均用工人数(人)
5357.1	**40.0**	**3466.0**	**236.9**	**9297.7**	**13920.8**	**6469.7**	**5716**
1268.0	37.5	1260.1	6.1	-1206.8	294.8	2244.7	865
95.9	0.7	95.7		-203.1	-203.5	263.3	188
15.1	-0.1	15.2		-742.8	-163.1	163.1	121
3.2		3.2		14.1	13.1		55
527.9	0.5	519.0		-111.3	323.9	891.8	683
10.3				-108.0	-58.9	58.9	91
321.2	-4.9	161.0		-2798.2	-2528.7	2528.7	421
658.2	0.3	1403.5	230.8	13518.7	14854.5	319.2	2736
8.0	6.0			76.5	76.5		150
2449.3		8.3		858.6	1312.2		406

1-B-26 按地区分组的印刷和

地　区	资产总计	固定资产净　额	固定资产原　价	累计折旧	流动资产合　计	应收账款	存货
全　省	**247972.6**	**81512.0**	**171108.3**	**88304.8**	**139528.6**	**46349.6**	**27273.5**
哈尔滨	234728.9	79019.4	167334.6	87736.7	130014.3	41562.9	26534.5
齐齐哈尔	3064.1	1788.0	1904.7	116.7	696.2	274.9	339.6
鸡　西							
鹤　岗							
双鸭山							
大　庆							
伊　春							
佳木斯							
七台河							
牡丹江							
黑　河							
绥　化	10179.6	704.6	1869.0	451.4	8818.1	4511.8	399.4
大兴安岭							

1-B-26 续表

地　区	个人资本	港澳台资本	外商资本	营业收入	营业成本	销售费用	管理费用
全　省	**21052.2**			**206226.9**	**186679.1**	**4137.7**	**16120.6**
哈尔滨	19752.2			189066.5	170352.9	3951.4	15785.9
齐齐哈尔	100.0			5153.2	4817.4	127.4	135.9
鸡　西							
鹤　岗							
双鸭山							
大　庆							
伊　春							
佳木斯							
七台河							
牡丹江							
黑　河							
绥　化	1200.0			12007.2	11508.8	58.9	198.8
大兴安岭							

记录媒介复制业主要经济指标

单位：万元

产成品	负债合计	流动负债合计	应付账款	所有者权益合计	实收资本	国家资本	集体资本	法人资本
5406.5	**149117.9**	**136764.5**	**38236.5**	**98854.4**	**55538.3**	**25447.2**		**9038.9**
5225.7	136169.8	124201.7	35898.9	98558.8	53738.4	25447.2		8539.0
101.8	2080.1	1825.8	509.2	984.0	100.0			
79.0	10868.0	10737.0	1828.4	-688.4	1699.9			499.9

单位：万元

财务费用	利息收入	利息支出	投资收益(损失以"-"号记)	营业利润	利润总额	亏损企业亏损额	平均用工人数(人)
3179.1	**-6.6**	**1924.6**		**-4854.8**	**-2046.5**	**5206.1**	**2848**
2916.5	-7.0	1693.2		-4885.2	-2094.1	5206.1	2684
31.2	0.2			26.6	26.6		24
231.4	0.2	231.4		3.8	21.0		140

1-B-27 按地区分组的文教、工美、

地区	资产总计	固定资产净额	固定资产原价	累计折旧	流动资产合计	应收账款	存货
全省	**49776.8**	**13812.5**	**23067.5**	**9054.2**	**29994.4**	**7251.9**	**9009.3**
哈尔滨	37860.3	10242.0	18976.6	8734.5	23364.7	4241.9	7630.6
齐齐哈尔	4107.8	409.6	511.9	102.3	3497.6	2165.5	433.4
鸡西							
鹤岗							
双鸭山							
大庆	2867.0	1533.0	1651.4	118.4	1333.8	332.0	455.4
伊春	4188.2	1625.9	1924.8	98.5	1046.9	169.5	162.1
佳木斯							
七台河							
牡丹江	753.5	2.0	2.8	0.5	751.4	343.0	327.8
黑河							
绥化							
大兴安岭							

1-B-27 续表

地区	个人资本	港澳台资本	外商资本	营业收入	营业成本	销售费用	管理费用
全省	**2367.2**		**4685.4**	**31658.3**	**29195.7**	**1033.7**	**1955.0**
哈尔滨	351.3		4685.4	19642.6	17389.2	652.6	1686.1
齐齐哈尔				3532.4	3965.6	230.0	88.6
鸡西							
鹤岗							
双鸭山							
大庆	1615.9			2003.6	1836.5	42.0	60.1
伊春	100.0			2950.7	2516.3	109.1	117.8
佳木斯							
七台河							
牡丹江	300.0			3529.0	3488.1		2.4
黑河							
绥化							
大兴安岭							

体育和娱乐用品制造业主要经济指标

单位：万元

产成品	负债合计	流动负债合计	应付账款	所有者权益合计	实收资本	国家资本	集体资本	法人资本
5202.1	**27439.1**	**25067.1**	**2435.9**	**22337.7**	**9779.3**	**1105.4**		**1621.3**
4619.0	21286.3	18914.3	933.8	16574.0	7763.4	1105.4		1621.3
5.4	3820.7	3820.7	288.9	287.1				
152.9	1186.4	1186.4	1055.9	1680.6	1615.9			
156.1	732.2	732.2	35.3	3456.0	100.0			
268.7	413.5	413.5	122.0	340.0	300.0			

单位：万元

财务费用	利息收入	利息支出	投资收益（损失以“－”号记）	营业利润	利润总额	亏损企业亏损额	平均用工人数（人）
100.3	**33.6**	**134.7**		**-807.8**	**-382.0**	**1248.5**	**1350**
56.7	26.9	105.1		-301.7	79.9	497.0	1024
36.3	0.4	28.6		-794.6	-751.5	751.5	82
1.0		1.0		64.0	64.0		40
6.0	6.0			192.0	192.0		153
0.3	0.3			32.5	33.6		51

1-B-28 按地区分组的石油、煤炭及其他

地区	资产总计	固定资产净额	固定资产原价	累计折旧	流动资产合计	应收账款	存货
全省	**7172802.7**	**2304221.5**	**7820685.8**	**4673628.1**	**3395548.3**	**267204.1**	**1048560.2**
哈尔滨	600518.1	232540.5	658485.8	357554.4	332820.3	1628.2	94128.9
齐齐哈尔							
鸡西	100263.2	36534.7	38399.0	378.6	34911.7	16399.5	9872.0
鹤岗	186874.6	83020.4	87124.7	4104.3	102406.9	20234.7	10568.4
双鸭山	537517.4	140064.0	231084.6	91020.5	343217.0	21255.0	64136.2
大庆	3578958.6	1650627.3	6257087.2	3981431.6	1257490.2	130238.5	573422.6
伊春							
佳木斯	194484.8	75693.1	125224.0	6152.4	95819.9	2866.2	45413.6
七台河	1820837.7	77425.2	392063.8	210086.0	1137754.6	45745.8	234040.8
牡丹江	138681.2	7680.2	28476.2	20795.9	81777.0	26477.3	15500.2
黑河							
绥化	14667.1	636.1	2740.5	2104.4	9350.7	2358.9	1477.5
大兴安岭							

1-B-28 续表

地区	个人资本	港澳台资本	外商资本	营业收入	营业成本	销售费用	管理费用
全省	**491429.5**			**13040732.2**	**9730536.2**	**157216.4**	**424882.0**
哈尔滨	2005.0			2235828.4	1530049.5	3745.3	29777.2
齐齐哈尔							
鸡西	8500.0			113826.1	91152.3	7268.4	885.5
鹤岗				302630.9	244970.1	21380.5	3932.8
双鸭山	14177.0			444422.6	391926.5	11522.8	5848.7
大庆	17600.0			8734277.6	6487684.8	60770.4	351755.2
伊春							
佳木斯	23311.4			184342.8	161706.4	9514.6	4098.8
七台河	393336.1			926126.0	733249.3	40562.6	26050.7
牡丹江	30500.0			90005.6	82180.6	2306.7	2399.1
黑河							
绥化	2000.0			9272.2	7616.7	145.1	134.0
大兴安岭							

燃料加工业主要经济指标

单位：万元

产成品	负债合计	流动负债合计	应付账款	所有者权益合计	实收资本	国家资本	集体资本	法人资本
398625.9	**4648892.9**	**4130157.4**	**1029660.6**	**2523909.8**	**1698951.8**	**579197.7**	**579.0**	**627745.5**
52493.8	220790.6	218528.3	51120.6	379727.5	380418.3			378413.3
2002.7	74985.2	74985.2	-8676.3	25278.0	8500.0			
7460.8	112597.6	82097.6	18773.0	74277.0				
14491.8	524129.8	495042.2	44407.3	13387.6	84177.0			70000.0
181614.7	2099260.6	1753617.8	381827.7	1479698.0	736834.9	579197.7	579.0	139458.1
2889.5	140873.6	70573.3	10525.2	53611.1	23385.5			74.1
131962.9	1360731.3	1319788.8	453382.6	460106.6	431936.1			38600.0
4992.8	106693.5	106693.5	76251.3	31987.6	30500.0			
716.9	8830.7	8830.7	2049.2	5836.4	3200.0			1200.0

单位：万元

财务费用	利息收入	利息支出	投资收益（损失以"-"号记）	营业利润	利润总额	亏损企业亏损额	平均用工人数（人）
117943.0	**8522.1**	**58856.4**	**2048.2**	**625936.0**	**616006.3**	**52458.1**	**41796**
-3233.8	3397.9	116.8		158022.4	157493.4	282.2	1941
3905.6	4.1	9.9		3554.4	3537.1	11005.7	735
5684.1	-127.9	5812.0		25891.0	27227.4		1009
45821.1	172.5	7595.0		-11525.2	-8469.0	24221.4	1312
22422.2	339.5	24032.0	1025.0	371650.9	348875.6	699.2	29868
1270.7	-103.1	125.8		6835.0	7265.0	71.6	1080
41651.0	4805.4	20701.7	1023.2	73490.3	82222.5	13665.7	5024
253.3	33.7	285.8		-1974.2	-2137.1	2466.6	769
168.8		177.4		-8.6	-8.6	45.7	58

1-B-29 按地区分组的化学原料和

地区	资产总计	固定资产净额	固定资产原价	累计折旧	流动资产合计	应收账款	存货
全省	**4575644.4**	**1270621.0**	**2472797.8**	**1100182.5**	**2161596.5**	**353099.0**	**416260.8**
哈尔滨	338278.6	60244.0	161095.0	93239.5	224304.7	19852.9	69153.1
齐齐哈尔	318036.2	160665.3	267392.7	104785.1	126910.9	20189.5	27507.9
鸡西	7384.5	3235.7	6684.7	3449.1	3412.5	1455.1	440.3
鹤岗	358354.0	258907.8	347648.7	55352.7	45699.9	4566.4	15975.9
双鸭山	21978.3	1722.4	3718.1	1995.7	13132.0	2458.0	3608.0
大庆	1254336.3	314502.2	848645.0	487355.5	830205.0	232790.6	104277.7
伊春	24473.1	18542.5	36287.6	17745.1	5034.6	1838.8	103.7
佳木斯	922036.4	37303.0	66717.8	29314.7	208009.9	10616.3	31514.3
七台河	265916.3	105859.6	200873.1	84568.3	115509.4	5069.1	23554.0
牡丹江	35542.3	3081.6	5472.3	2390.6	26760.1	2681.3	4043.9
黑河	77139.2	4466.5	5616.4	1149.9	27010.3	215.8	929.6
绥化	928062.7	293559.1	512967.1	217688.3	523962.6	46946.0	133390.6
大兴安岭	24106.5	8531.3	9679.3	1148.0	11644.6	4419.2	1761.8

1-B-29 续表

地区	个人资本	港澳台资本	外商资本	营业收入	营业成本	销售费用	管理费用
全省	**176651.7**	**1320.0**	**136541.5**	**3283152.2**	**2935784.9**	**66552.4**	**151030.8**
哈尔滨	25768.5	1320.0		255985.8	223972.4	3543.9	17334.0
齐齐哈尔	15904.6		13152.4	273905.3	229194.1	14511.7	17735.4
鸡西	2327.4			11044.8	8394.5	792.6	1327.4
鹤岗	175.2			125080.5	109203.9	5653.6	4355.2
双鸭山	650.0			33738.7	29857.7	1461.0	437.2
大庆	27303.6			1467897.0	1339548.1	18288.9	57612.4
伊春			11089.1	19434.6	15820.3	57.2	400.3
佳木斯	9798.0			69671.3	63936.4	1425.5	10715.6
七台河	6669.5			101086.4	79653.9	427.2	10033.0
牡丹江	9799.5			20094.9	17141.2	576.1	1341.6
黑河	508.0		26500.0	11041.6	12785.4	410.0	3427.7
绥化	77747.4		85800.0	890252.8	803519.7	19180.4	25724.5
大兴安岭				3918.5	2757.3	224.3	586.5

化学制品制造业主要经济指标

单位：万元

产成品	负债合计	流动负债合计	应付账款	所有者权益合计	实收资本	国家资本	集体资本	法人资本
168385.9	**3298247.1**	**2433995.0**	**508915.4**	**1277396.5**	**1173410.7**	**185778.5**	**282030.6**	**391088.3**
25675.1	176360.3	165204.0	58002.2	161918.6	89088.2	4088.2	11800.0	46111.5
14458.7	464127.1	405037.3	33168.6	-146091.2	85506.9			56449.9
338.6	4470.4	4470.4	4084.2	2914.4	2339.4			12.0
5356.2	332095.7	257870.7	11445.9	26258.3	105507.0	103560.0		1771.8
3608.0	17632.2	11832.2	3338.7	4346.0	6650.0			6000.0
47766.5	699826.2	629746.5	275891.8	554509.6	226527.3	48257.4	13329.0	137637.2
103.7	9235.2	3234.2	587.7	15237.9	11089.1			
6800.4	645128.4	174209.5	11465.8	276908.0	284069.5	16052.9	255085.6	3133.0
19728.6	109843.3	55499.1	12381.7	156073.0	125330.1			118660.6
1110.1	22639.9	19545.1	678.0	12902.3	9841.0			41.5
527.1	69639.0	67243.8	7678.2	7500.1	27008.0			
42600.2	743241.4	636931.2	89219.1	184821.0	191364.4	13820.0	1816.0	12181.0
312.7	4008.0	3171.0	973.5	20098.5	9089.8			9089.8

单位：万元

财务费用	利息收入	利息支出	投资收益（损失以“-”号记）	营业利润	利润总额	亏损企业亏损额	平均用工人数（人）
76739.5	**1970.7**	**76145.0**	**-3023.0**	**32693.3**	**36255.6**	**89352.5**	**27008**
985.2	590.6	1384.7	183.5	8740.4	9876.6	4101.8	2038
20804.7	813.9	18818.1	411.0	-9992.0	-11293.8	16569.4	2596
0.1	-0.3	0.4		461.3	501.1		199
10826.0	10.2	10721.0	106.5	-5440.7	-6559.1	7385.9	455
471.7	1.6	473.4		1440.7	1495.6		118
10808.1	-907.4	13138.9	2252.0	38243.0	37258.4	3281.7	10799
299.1	16.9	323.4		2669.9	2667.1		18
719.1	6.7	294.3	300.0	-8005.8	-3993.6	4531.1	2747
2766.0	8.8	725.1	-488.7	5717.2	5735.7	7570.1	1712
289.2	1.4	295.7		702.0	769.5	14.3	233
497.8	6.5	460.0		-6079.4	-5100.5	5587.5	384
28272.0	1421.8	29509.5	-5787.3	3938.9	4252.9	40310.7	5565
0.5		0.5		297.8	645.7		144

1-B-30 按地区分组的医药

地区	资产总计	固定资产净额	固定资产原价	累计折旧	流动资产合计	应收账款	存货
全省	**5548551.7**	**1146911.8**	**2275239.9**	**1059439.7**	**3347427.5**	**753121.8**	**649362.6**
哈尔滨	3679352.1	774595.9	1665961.4	830484.3	2122766.5	511260.2	434813.7
齐齐哈尔	44884.9	36466.2	41227.2	4760.9	7540.0	2102.6	3764.0
鸡西	707551.3	42651.9	65992.8	23255.2	577325.9	54601.5	71371.9
鹤岗	12412.6	1727.0	2668.6	941.6	9533.1	5931.0	919.8
双鸭山	4914.4	1395.0	1603.4	208.4	3311.0	125.1	
大庆	156410.3	28458.8	42334.3	13875.4	88130.0	35030.4	11068.7
伊春	80362.1	24890.1	67294.5	42404.5	48134.5	7036.5	17360.0
佳木斯	64216.9	18369.5	36256.9	17887.2	40197.0	17095.1	10147.6
七台河							
牡丹江	302102.8	69965.4	120598.8	49278.2	173481.3	67051.6	22445.7
黑河	36768.7	11117.9	11735.0	617.1	20374.1	166.1	19977.7
绥化	411415.0	127031.4	200352.2	70373.0	224571.7	52145.5	42050.9
大兴安岭	48160.6	10242.7	19214.8	5353.9	32062.4	576.2	15442.6

1-B-30 续表

地区	个人资本	港澳台资本	外商资本	营业收入	营业成本	销售费用	管理费用
全省	**315631.8**	**1750.0**	**168300.0**	**3272589.7**	**1652545.3**	**822251.7**	**382799.5**
哈尔滨	145102.6	1750.0	168300.0	2457870.3	1258819.5	647160.3	299539.1
齐齐哈尔				35141.5	21564.7	5956.6	3538.7
鸡西	17736.0			126457.0	28303.9	29350.3	11661.6
鹤岗	1253.8			2619.3	2237.5	21.4	285.5
双鸭山	2000.0			35378.1	33653.1		25.6
大庆	17350.9			126245.7	101607.9	8532.1	5434.9
伊春	12949.0			56828.9	36778.1	8310.2	3766.1
佳木斯	819.8			61582.7	20986.2	20874.1	5435.2
七台河							
牡丹江	18027.2			107759.5	30650.8	25377.2	12969.8
黑河				2300.4	1166.2	133.1	
绥化	84524.0			239093.3	105355.9	67943.6	39027.2
大兴安岭	15868.5			21313.0	11421.5	8592.8	1115.8

制造业主要经济指标

单位：万元

产成品	负债合计	流动负债合计	应付账款	所有者权益合计	实收资本	国家资本	集体资本	法人资本
150226.3	**2326665.0**	**2104339.6**	**450729.3**	**3221885.9**	**1061869.5**	**189286.7**	**17370.7**	**369530.4**
107744.3	1708975.5	1545411.1	360886.7	1970376.3	719875.9	188797.0	10000.0	205926.4
	8973.9	1523.9	98.5	35911.0				
2426.0	229390.9	204595.5	26177.2	478160.4	89736.0			72000.0
295.3	4056.0	3838.5	3825.9	8356.6	2928.0			1674.2
	6.6	6.6		4907.8	2000.0			
3265.5	35078.5	31474.5	3176.0	121331.7	20350.9			3000.0
6525.7	37087.1	26471.4	9111.8	43274.9	22278.5		3500.0	5829.5
3142.8	22483.0	21348.1	2853.8	41733.8	15275.6	489.7	1839.7	12126.4
4404.4	66260.1	63640.6	2705.6	235842.6	70038.2			52011.0
388.2	12537.7	12537.7		24231.0	2000.0			2000.0
14380.4	182369.6	174560.9	34887.1	229045.2	101381.0		2031.0	14826.0
7653.7	19446.1	18930.8	7006.7	28714.6	16005.4			136.9

单位：万元

财务费用	利息收入	利息支出	投资收益（损失以“-”号记）	营业利润	利润总额	亏损企业亏损额	平均用工人数（人）
15495.4	**7857.5**	**22488.7**	**20364.0**	**392890.8**	**408690.0**	**29604.8**	**37284**
7414.9	6646.8	15136.7	17670.2	234836.8	247000.7	23975.0	26957
1250.7				2443.8	2449.4		294
3943.9	870.6	4075.5	1.8	57676.3	57834.4	74.0	1345
				-19.3	-18.7	18.7	120
				1669.5	1669.5		50
440.1		191.4		9411.0	9757.8	15.0	755
140.5	-3.9	143.9		7240.4	7570.4		1320
290.6	-7.6	309.9		12892.6	13870.8		1194
1047.6	211.4	1231.8	2553.7	43344.7	43572.2	1018.9	1453
333.1		333.1		668.0	668.0		120
285.6	140.2	718.0	138.3	23434.2	24721.8	4019.7	3397
348.4		348.4		-707.2	-406.3	483.5	279

1-B-31 按地区分组的化学

地区	资产总计	固定资产净额	固定资产原价	累计折旧	流动资产合计	应收账款	存货
全省	**27279.2**	**8795.6**	**16780.0**	**7984.4**	**9707.1**	**1404.2**	**1854.2**
哈尔滨							
齐齐哈尔							
鸡西							
鹤岗							
双鸭山							
大庆							
伊春							
佳木斯	3444.7	633.7	1301.3	667.6	2481.1	948.6	1121.5
七台河							
牡丹江							
黑河							
绥化	23834.5	8161.9	15478.7	7316.8	7226.0	455.6	732.7
大兴安岭							

1-B-31 续表

地区	个人资本	港澳台资本	外商资本	营业收入	营业成本	销售费用	管理费用
全省	**5800.0**			**6579.5**	**5234.1**	**199.2**	**807.4**
哈尔滨							
齐齐哈尔							
鸡西							
鹤岗							
双鸭山							
大庆							
伊春							
佳木斯	500.0			4571.7	3470.3	177.5	536.6
七台河							
牡丹江							
黑河							
绥化	5300.0			2007.8	1763.8	21.7	270.8
大兴安岭							

纤维制造业主要经济指标

单位：万元

产成品	负债合计	流动负债合计	应付账款	所有者权益合计	实收资本	国家资本	集体资本	法人资本
934.7	**5856.5**	**5504.2**	**140.4**	**21422.7**	**5800.0**			
411.6	1350.1	1013.5	48.6	2094.6	500.0			
523.1	4506.4	4490.7	91.8	19328.1	5300.0			

单位：万元

财务费用	利息收入	利息支出	投资收益（损失以“-”号记）	营业利润	利润总额	亏损企业亏损额	平均用工人数（人）
4.6		**4.6**		**289.3**	**276.8**	**53.4**	**178**
2.6		2.6		339.8	330.2		88
2.0		2.0		-50.5	-53.4	53.4	90

1-B-32 按地区分组的橡胶和

地　区	资产总计	固定资产净　额	固定资产原　价	累计折旧	流动资产合　计		
						应收账款	存货
全　省	**1879277.1**	**229239.5**	**523235.0**	**286033.4**	**1269271.3**	**199877.8**	**432951.7**
哈尔滨	1504613.6	119349.9	243189.5	120925.4	1062435.4	133549.1	361311.3
齐齐哈尔	15570.2	4488.0	6110.5	1622.5	7604.2	1261.5	3693.6
鸡　西	5790.3	1362.9	2535.4	1172.5	3983.0	238.3	3464.6
鹤　岗							
双鸭山	3655.7	883.7	1581.6	697.9	2462.9	912.6	896.3
大　庆	42077.8	6950.0	19006.7	11773.0	28240.4	5158.0	10851.9
伊　春	1394.8	72.9	73.2	0.3	1321.9	948.2	174.7
佳木斯	15367.5	4836.8	7805.0	2886.5	7620.6	2362.0	1487.1
七台河	24434.1	11571.8	15880.6	4308.9	11694.1	139.2	1508.9
牡丹江	218358.7	72677.8	207255.4	131617.5	111434.8	46869.7	38652.3
黑　河	11569.3	1643.7	4433.5	2789.9	9588.4	2143.7	2053.3
绥　化	36445.1	5402.0	15363.6	8239.0	22885.6	6295.5	8857.7
大兴安岭							

1-B-32 续表

地　区	个人资本	港澳台资本	外商资本	营业收入	营业成本	销售费用	管理费用
全　省	**79412.7**		**124562.1**	**1175680.1**	**1042525.8**	**24684.5**	**60772.7**
哈尔滨	32970.2		83660.0	891185.1	784983.5	14593.9	43238.8
齐齐哈尔	600.0			7918.5	7188.6	295.0	377.4
鸡　西	158.0			4091.1	3678.1	19.9	348.0
鹤　岗							
双鸭山	950.0			2194.1	1675.3	87.7	284.3
大　庆	5400.0			39693.6	36118.7	2558.7	7048.4
伊　春				1572.8	1231.0	24.1	66.6
佳木斯	5933.8			12523.4	11645.2	389.2	1083.9
七台河				2763.2	2747.7	41.1	308.2
牡丹江	24314.0		40902.1	173874.2	158555.2	4640.3	5828.4
黑　河	5786.7			16956.0	15362.7	679.8	634.0
绥　化	3300.0			22908.1	19339.8	1354.8	1554.7
大兴安岭							

塑料制品业主要经济指标

单位：万元

产成品	负债合计	流动负债合计	应付账款	所有者权益合计	实收资本	国家资本	集体资本	法人资本
49963.8	**1237370.5**	**1125854.9**	**232406.4**	**641906.2**	**242632.5**	**7987.5**	**1700.0**	**28970.1**
17446.6	952080.6	865411.4	94772.3	552532.7	129058.2	1940.9		10487.1
885.3	13123.9	13123.9	978.6	2446.3	1100.0	500.0		
195.8	2979.7	2704.9	-50.3	2810.6	158.0			
716.5	828.5	812.6	556.8	2827.2	950.0			
5884.4	27069.9	25624.3	1284.1	15007.7	17988.1	5288.0		7300.0
152.5	1136.2	1136.2		258.6	258.6	258.6		
315.3	9521.5	9521.5	1565.4	5846.0	5933.8			
1194.4	20439.7	19274.1	10481.5	3994.4	4950.0			4950.0
17413.6	182858.7	162999.8	111355.3	35499.8	65316.1			100.0
856.5	5710.7	5710.6	4265.9	5858.6	5786.7			
4902.9	21621.1	19535.6	7196.8	14824.3	11133.0		1700.0	6133.0

单位：万元

财务费用	利息收入	利息支出	投资收益(损失以"-"号记)	营业利润	利润总额	亏损企业亏损额	平均用工人数(人)
15364.8	**-2162.6**	**12025.4**	**8963.1**	**38169.1**	**38372.6**	**9816.4**	**8706**
13728.1	-2205.9	10604.7	8963.1	43024.7	42329.1	171.5	2687
75.3		68.5		-40.9	-39.9	51.2	222
127.3	0.3	52.5		-107.7	-119.4	119.4	200
6.0	0.1	6.1		136.5	136.5		50
444.8	1.2	394.5		-6898.5	-7030.8	7213.7	1417
1.5	1.5			249.5	249.5		81
68.5	0.1	42.9		-705.3	-200.1	400.6	287
341.7		328.6		-743.0	-715.4	715.4	35
373.0	24.1	358.9		2711.4	3086.5	871.3	2883
	2.9	4.5		235.3	265.3	18.2	78
198.6	13.1	164.2		307.1	411.3	255.1	766

1-B-33 按地区分组的非金属矿物

地　　区	资产总计	固定资产净额	固定资产原价	累计折旧	流动资产合计	应收账款	存货
全　　省	**4771479.8**	**1508601.1**	**2535429.1**	**997468.9**	**2530479.6**	**903309.7**	**408061.9**
哈尔滨	1896214.4	516859.3	902991.3	377441.0	1069891.1	463024.3	132291.3
齐齐哈尔	310329.9	142738.9	225368.1	77842.3	126177.8	43706.1	32741.0
鸡　　西	389023.4	149730.2	216861.3	65894.6	170230.2	62913.8	39945.7
鹤　　岗	129581.9	47619.7	77709.2	30089.3	55169.5	19843.1	29979.7
双鸭山	146861.7	47094.6	82554.0	33722.9	84048.8	29096.3	13746.4
大　　庆	307332.3	96844.3	169254.5	70935.7	169539.1	58481.4	43849.5
伊　　春	215835.0	97290.0	205301.4	107163.1	70637.3	47021.9	10160.3
佳木斯	396054.2	195513.9	289445.1	91987.9	167168.8	51746.3	39845.5
七台河	66550.8	29560.8	40316.6	9804.0	21828.7	9312.5	3597.1
牡丹江	336108.4	75598.2	140041.3	57426.7	217372.1	62922.7	16945.7
黑　　河	321306.5	57905.7	101465.1	43360.5	201760.3	28233.9	11597.1
绥　　化	163837.4	45611.6	75584.2	29497.9	93111.7	24968.1	27470.2
大兴安岭	92443.9	6233.9	8537.0	2303.0	83544.2	2039.3	5892.4

1-B-33　续表

地　　区	个人资本	港澳台资本	外商资本	营业收入	营业成本	销售费用	管理费用
全　　省	**257686.5**	**2763.6**	**17680.4**	**1988538.3**	**1688751.7**	**85279.0**	**148077.9**
哈尔滨	84207.2	1000.0		783175.1	667208.1	44156.5	64779.1
齐齐哈尔	44424.6			160294.5	142415.8	6233.8	10593.5
鸡　　西	36433.7	1763.6		187628.3	146899.6	5546.6	14820.9
鹤　　岗	4970.6			82681.7	74699.5	3647.6	4983.6
双鸭山	14375.0			74771.0	55954.9	3755.9	6787.8
大　　庆	18638.4		17430.0	198985.6	179435.4	5495.6	9416.6
伊　　春	5891.2			52826.2	39495.2	1236.5	3751.4
佳木斯	13702.0			140000.0	115194.4	5240.0	15418.2
七台河	19201.6			24996.9	22391.9	474.6	1970.5
牡丹江	4600.0			110107.9	86443.5	3571.8	7631.2
黑　　河	1770.0		250.4	51367.0	42178.4	1156.6	3599.2
绥　　化	9472.2			113842.1	109493.0	4436.7	3645.0
大兴安岭				7862.0	6942.0	326.8	680.9

制品业主要经济指标

单位：万元

产成品	负债合计	流动负债合计	应付账款	所有者权益合计	实收资本	国家资本	集体资本	法人资本
142768.6	**3222794.6**	**2950320.0**	**891051.0**	**1548682.6**	**1180461.5**	**190153.4**	**62587.4**	**649590.2**
46390.0	1193960.0	1109088.1	431034.2	702253.2	513051.2	74897.9	36539.7	316406.4
19152.4	253725.3	238537.9	66670.3	56604.1	87256.3	9701.1		33130.6
16194.8	252830.6	215074.1	59546.4	136192.4	95855.0		16067.7	41590.0
7681.7	105157.8	102362.8	30037.1	24424.1	30009.9	7807.3	8880.0	8352.0
3801.5	47936.9	44656.9	9112.4	98924.9	16674.5	2299.5		
19229.5	158735.3	150545.4	38980.3	148596.7	99063.6	13348.0		49647.2
2640.6	142323.5	112283.6	10207.7	73511.5	19891.2			14000.0
7764.5	315241.2	272232.3	51965.9	80813.1	154771.6	46269.6		94800.0
1813.1	34721.3	31182.5	13642.7	31829.5	32964.6			13763.0
4421.1	219614.8	218302.3	49973.1	116493.5	79980.0	33830.0		41550.0
3669.9	284003.8	250779.2	44492.7	37302.5	21300.4	1100.0	1000.0	17180.0
4841.5	124290.0	124020.8	48953.4	39547.3	28643.2	900.0	100.0	18171.0
5168.0	90254.1	81254.1	36434.8	2189.8	1000.0			1000.0

单位：万元

财务费用	利息收入	利息支出	投资收益（损失以“-”号记）	营业利润	利润总额	亏损企业亏损额	平均用工人数（人）
48990.5	**491.4**	**43667.0**	**-2396.9**	**-7998.1**	**12620.9**	**78778.4**	**23399**
14897.5	210.3	13431.0	3893.2	-11080.0	-2285.2	26938.6	8284
4570.5	32.9	2918.7	15.9	-4980.6	-5519.8	11097.4	3262
2857.9	162.9	3168.1		14460.1	15795.3	2347.8	2585
1936.8	-2.2	1838.3		-3098.0	-2221.6	4445.4	878
1077.6	59.4	1029.3	-6324.7	-1040.3	1254.6	10657.9	858
3809.7	11.6	3382.2		-2994.6	-1811.0	6540.3	1670
4953.9	-1.1	4889.8		1864.1	4411.0		776
4374.5	-4.5	4281.8		-3671.5	-2926.1	5249.4	1709
306.6	-0.1	123.6		-433.8	1056.2	562.6	500
2965.4	37.5	2981.6		9684.5	10523.1	2106.2	1507
3754.6	-4.4	2522.5		610.2	1323.2	1725.0	589
1024.8	-10.9	800.1	18.7	-4675.1	-4416.3	4545.3	686
2460.7		2300.0		-2643.1	-2562.5	2562.5	95

1-B-34 按地区分组的黑色金属冶炼和

地区	资产总计	固定资产净额	固定资产原价	累计折旧	流动资产合计	应收账款	存货
全省	**3442565.8**	**860048.7**	**1192069.9**	**332020.9**	**1379912.5**	**262050.2**	**401362.7**
哈尔滨	158705.2	27682.7	41101.3	13418.5	101401.1	8742.5	34865.5
齐齐哈尔	791977.4	170617.5	200307.7	29690.2	196336.9	57651.9	56231.2
鸡西	12240.8	4768.6	6987.9	2219.2	7472.2	671.7	694.7
鹤岗							
双鸭山	1112988.5	301414.7	563553.9	262139.2	320377.8	43060.7	97002.4
大庆	44503.7	16093.2	21063.7	4970.5	18631.5	4554.2	8633.6
伊春	1322150.2	339472.0	359055.4	19583.3	735693.0	147369.2	203935.3
佳木斯							
七台河							
牡丹江							
黑河							
绥化							
大兴安岭							

1-B-34 续表

地区	个人资本	港澳台资本	外商资本	营业收入	营业成本	销售费用	管理费用
全省	**127289.0**			**2987810.1**	**2667304.6**	**113232.4**	**50889.6**
哈尔滨	5000.0			498867.6	473947.8	3999.3	6779.2
齐齐哈尔				423270.1	383376.4	21210.7	10007.8
鸡西	5000.0			4104.7	3678.0	68.6	213.7
鹤岗							
双鸭山				1048967.4	917458.4	45993.0	20720.1
大庆	17288.0			42067.3	38462.1	2442.5	1161.4
伊春	100001.0			970533.0	850381.9	39518.3	12007.4
佳木斯							
七台河							
牡丹江							
黑河							
绥化							
大兴安岭							

压延加工业主要经济指标

单位：万元

产成品	负债合计	流动负债合计	应付账款	所有者权益合计	实收资本	国家资本	集体资本	法人资本
159191.6	**2893500.7**	**2248502.8**	**803391.6**	**549065.4**	**453617.0**	**2471.4**		**323856.5**
7863.2	122101.7	118526.8	56818.4	36603.8	21328.0	2471.4		13856.5
16274.4	529270.3	146990.6	80306.3	262707.1	150000.0			150000.0
561.5	7467.8	7467.8	3317.2	4773.0	5000.0			
21787.1	624695.1	527244.8	171780.8	488293.4	160000.0			160000.0
3717.1	31972.6	5757.7	401.3	12531.1	17288.0			
108988.3	1577993.2	1442515.1	490767.6	-255843.0	100001.0			

单位：万元

财务费用	利息收入	利息支出	投资收益（损失以“-”号记）	营业利润	利润总额	亏损企业亏损额	平均用工人数（人）
43221.8	**483.0**	**39937.6**	**-1130.6**	**109130.4**	**114651.3**	**513.4**	**14412**
376.9	166.1	425.1	70.0	12404.8	12662.4		2411
9761.7		7950.3		5809.2	10474.8		4173
98.1		98.0		-64.8	-66.9	66.9	25
23275.1	313.5	21918.1	-1215.5	34439.9	32247.1		3451
370.6	3.9	219.7		-417.0	-403.4	446.5	91
9339.4	-0.5	9326.4	14.9	56958.3	59737.3		4261

1-B-35 按地区分组的有色金属冶炼和

地　区	资产总计	固定资产净　额	固定资产原　价	累计折旧	流动资产合　计	应收账款	存货
全　省	**635102.7**	**360930.3**	**564161.2**	**103763.5**	**185775.0**	**21603.5**	**76735.1**
哈尔滨	619172.2	359412.8	556226.9	98248.1	172386.4	17613.9	70036.8
齐齐哈尔							
鸡　西							
鹤　岗							
双鸭山							
大　庆							
伊　春							
佳木斯							
七台河							
牡丹江	9707.8	605.1	3118.2	2513.2	9081.2	2528.0	4211.2
黑　河	6222.7	912.4	4816.1	3002.2	4307.4	1461.6	2487.1
绥　化							
大兴安岭							

1-B-35 续表

地　区	个人资本	港澳台资本	外商资本	营业收入	营业成本	销售费用	管理费用
全　省	**5193.6**			**363362.4**	**318980.5**	**7023.7**	**25253.2**
哈尔滨	3423.6			341651.0	298948.2	6358.6	24184.1
齐齐哈尔							
鸡　西							
鹤　岗							
双鸭山							
大　庆							
伊　春							
佳木斯							
七台河							
牡丹江	270.0			6463.5	5219.1	170.9	782.6
黑　河	1500.0			15247.9	14813.2	494.2	286.5
绥　化							
大兴安岭							

压延加工业主要经济指标

单位：万元

产成品	负债合计	流动负债合计	应付账款	所有者权益合计	实收资本	国家资本	集体资本	法人资本
17003.5	**453455.4**	**344765.1**	**18808.8**	**181647.4**	**270123.6**	**261000.0**		**3930.0**
15169.7	442596.2	333905.9	16175.6	176576.0	266823.6	261000.0		2400.0
1395.0	5427.5	5427.5	641.8	4280.4	1800.0			1530.0
438.8	5431.7	5431.7	1991.4	791.0	1500.0			

单位：万元

财务费用	利息收入	利息支出	投资收益(损失以“–”号记)	营业利润	利润总额	亏损企业亏损额	平均用工人数(人)
15898.4	**150.2**	**14975.9**	**1390.1**	**3446.2**	**4006.3**	**1299.1**	**4090**
15693.3	148.0	14768.7	1390.1	3857.0	4337.5	915.7	3702
187.1	1.4	188.2		51.2	52.2		145
18.0	0.8	19.0		-462.0	-383.4	383.4	243

1-B-36 按地区分组的金属

地　区	资产总计	固定资产净额	固定资产原价	累计折旧	流动资产合计	应收账款	存货
全　省	**940567.6**	**228261.5**	**365969.6**	**133454.3**	**617129.0**	**199579.9**	**156554.0**
哈尔滨	611731.8	177417.0	268062.1	90637.2	361004.6	89877.8	96745.0
齐齐哈尔	85738.7	23286.3	43703.2	17775.0	50197.1	13303.6	18188.9
鸡　西	5682.8	123.6	215.5	91.9	5467.3	204.9	53.7
鹤　岗							
双鸭山	1024.0	184.3	319.9	135.6	839.7	814.1	
大　庆	187802.2	16839.8	36627.4	18183.6	164840.4	89514.2	31104.0
伊　春							
佳木斯	1355.2	214.7	224.1	9.4	1140.5	-470.6	53.3
七台河							
牡丹江	10114.7	1675.8	3979.7	2303.9	7363.3	3098.5	232.3
黑　河	25758.3	2039.9	4094.4	2054.5	22020.4	1541.2	9366.5
绥　化	11359.9	6480.1	8743.3	2263.2	4255.7	1696.2	810.3
大兴安岭							

1-B-36 续表

地　区	个人资本	港澳台资本	外商资本	营业收入	营业成本	销售费用	管理费用
全　省	**60801.4**	**1152.6**	**9290.0**	**632835.5**	**550669.7**	**15698.6**	**39767.7**
哈尔滨	26787.3		9290.0	347366.3	301849.1	10889.1	24449.0
齐齐哈尔	8454.0	1152.6		77220.3	63495.0	1457.8	4735.5
鸡　西	5000.0			2804.6	2685.0		58.5
鹤　岗							
双鸭山				829.2	816.3		4.8
大　庆	14110.1			142029.2	122367.6	3136.4	9578.4
伊　春							
佳木斯				2982.2	2913.1		52.4
七台河							
牡丹江	500.0			4787.4	4173.9	15.4	378.8
黑　河	4100.0			48926.7	46943.2	179.5	254.9
绥　化	1850.0			5889.6	5426.5	20.4	255.4
大兴安岭							

制品业主要经济指标

单位：万元

产成品	负债合计	流动负债合计	应付账款	所有者权益合计	实收资本	国家资本	集体资本	法人资本
55202.5	**552923.2**	**431673.1**	**161322.0**	**387642.4**	**249157.0**	**99610.6**	**6346.0**	**71956.3**
31256.1	357294.1	242074.6	70000.0	254437.0	185495.5	98503.2	3816.5	47098.5
11655.5	65539.3	65120.3	34814.7	20199.4	15290.7	1107.4	1740.5	2836.2
0.5	586.7	586.7	204.9	5096.1	5000.0			
	455.8	455.8	454.8	568.1	500.0			500.0
11263.7	101990.9	98236.6	48744.6	85810.2	31870.7		789.0	16971.6
3.1	1352.5	1352.5	1352.5	2.6	0.1			
183.5	4401.2	4401.2	438.4	5713.5	2450.0			1950.0
659.9	15456.1	14868.6	4143.4	10302.2	5600.0			1500.0
180.2	5846.6	4576.8	1168.7	5513.3	2950.0			1100.0

单位：万元

财务费用	利息收入	利息支出	投资收益（损失以"–"号记）	营业利润	利润总额	亏损企业亏损额	平均用工人数（人）
4521.5	**619.9**	**4643.4**	**1304.9**	**21052.1**	**29356.3**	**4257.6**	**8052**
1999.0	585.7	2187.7	1243.2	10471.2	16011.8	4021.0	4379
921.9	5.5	866.4	61.7	6320.3	6516.3		1877
33.2	0.2			23.4	18.6		30
5.8		5.8		-2.6	-2.6	2.6	5
1098.4	29.2	1124.1		2857.5	5160.4	136.8	1187
0.2	0.1			4.5	2.5		4
158.7	0.1	156.9		7.5	255.7		198
160.4	-1.3	158.2		1334.4	1355.8		55
143.9	0.4	144.3		35.9	37.8	97.2	317

1-B-37 按地区分组的通用设备

地　　区	资产总计	固定资产净　　额	固定资产原　　价	累计折旧	流动资产合　　计	应收账款	存货
全　　省	**6228252.0**	**652329.5**	**1544453.4**	**877078.1**	**4738497.2**	**1316667.5**	**1308145.1**
哈 尔 滨	5373309.7	472046.9	1140480.5	658083.1	4224463.9	1191906.1	1124898.6
齐齐哈尔	487588.9	135524.4	318061.9	179328.0	287178.9	76009.2	111348.3
鸡　　西							
鹤　　岗							
双 鸭 山	24042.8	5929.0	8999.4	2045.9	13771.9	2936.5	1756.4
大　　庆	164162.5	1680.9	3980.7	1838.5	83185.0	11112.5	30080.0
伊　　春	3602.7	254.6	1520.5	1265.9	3148.0	570.1	2510.9
佳 木 斯	9654.8	1022.1	2569.2	1547.1	8048.1	2275.8	1641.7
七 台 河							
牡 丹 江	122116.8	18059.3	47948.1	29888.8	96623.5	28037.6	28764.7
黑　　河	24687.5	8262.7	9427.3	1164.6	15835.2	2382.5	3973.6
绥　　化	19086.3	9549.6	11465.8	1916.2	6242.7	1437.2	3170.9
大兴安岭							

1-B-37 续表

地　　区	个人资本	港澳台资本	外商资本	营业收入	营业成本	销售费用	管理费用
全　　省	**230992.0**		**3728.2**	**2391279.2**	**1983652.2**	**78437.6**	**251324.6**
哈 尔 滨	183921.1			2045622.6	1674789.2	66049.3	210076.0
齐齐哈尔	18043.8			145077.7	137198.2	7237.4	28779.7
鸡　　西							
鹤　　岗							
双 鸭 山	2100.0			17697.9	15018.0	291.3	1442.7
大　　庆	6751.0			44368.1	41040.9	806.1	2661.9
伊　　春	1000.0			4201.3	4129.8		94.4
佳 木 斯	2000.0			4830.5	4469.1	90.5	235.0
七 台 河							
牡 丹 江			3728.2	105687.1	85790.9	3563.9	6930.2
黑　　河	8000.0			11252.2	11111.4	48.6	187.1
绥　　化	9176.1			12541.8	10104.7	350.5	917.6
大兴安岭							

制造业主要经济指标

单位：万元

产成品	负债合计	流动负债合计	应付账款	所有者权益合计	实收资本	国家资本	集体资本	法人资本
270166.9	**4359095.0**	**4178929.0**	**1236016.7**	**1869155.9**	**994886.7**	**318928.9**	**31979.4**	**409258.2**
218578.3	3768040.1	3609534.2	1089265.5	1605268.7	763145.1	244606.5	23380.0	311237.5
31669.1	363733.8	353311.8	69794.6	123855.1	162371.3	74322.4	6253.9	63751.2
1064.6	15435.8	9124.0	3638.2	8607.0	2170.5			70.5
7.1	131601.5	131601.5	45202.0	32560.8	26795.0			20044.0
1176.7	1881.3	1881.3	135.8	1721.4	1000.0			
546.5	8278.9	8278.9	1054.9	1375.8	2000.0			
15706.5	47400.7	42684.3	26183.3	74716.2	20228.7		2345.5	14155.0
	16833.9	16833.9	1.3	7853.6	8000.0			
1418.1	5889.0	5679.1	741.1	13197.3	9176.1			

单位：万元

财务费用	利息收入	利息支出	投资收益(损失以"–"号记)	营业利润	利润总额	亏损企业亏损额	平均用工人数(人)
21495.3	**13215.3**	**30457.9**	**25689.2**	**19289.3**	**76355.3**	**56176.4**	**29267**
15113.3	13092.5	24070.9	25615.8	37525.3	87703.3	29999.0	21504
5990.7	74.3	5886.4	42.2	-28560.8	-21585.4	24173.9	5591
27.3	0.1			881.4	885.3		353
-4.7	-41.3	26.7	31.2	-252.6	-623.0	1580.6	237
0.3				-29.5	31.5		80
-8.9	-9.3			34.9	-16.4	42.7	105
134.5	168.3	193.0		9039.0	9090.7	380.2	1081
-69.3	-69.3			-2.2	1.3		30
312.1		280.9		653.8	868.0		286

1-B-38 按地区分组的专用设备

地区	资产总计	固定资产净额	固定资产原价	累计折旧	流动资产合计	应收账款	存货
全省	**6438545.8**	**1332960.8**	**2154109.8**	**783141.1**	**4362188.0**	**1593415.0**	**903184.8**
哈尔滨	677997.3	156669.1	255886.8	98783.6	433343.8	165450.2	140119.5
齐齐哈尔	4523133.9	974770.5	1482280.1	498550.0	3040571.9	1073391.3	533120.1
鸡西	73104.8	14897.6	28837.4	13939.7	56501.1	16067.7	28277.0
鹤岗	26056.4	5024.0	13642.4	8618.4	19554.4	1178.3	16858.7
双鸭山	20531.6	4637.6	12983.9	8346.3	15465.8	10910.3	4298.4
大庆	674100.8	94883.8	220617.1	98674.4	533253.0	249967.3	112640.9
伊春							
佳木斯	122765.3	29413.1	59511.0	29849.8	76798.2	8984.2	24218.6
七台河	27731.2	6114.3	8372.0	2257.7	16966.3	3870.6	5033.0
牡丹江	201242.7	37308.4	56444.7	19136.4	102034.5	31151.4	16909.9
黑河							
绥化	91881.8	9242.4	15534.4	4984.8	67699.0	32443.7	21708.7
大兴安岭							

1-B-38 续表

地区	个人资本	港澳台资本	外商资本	营业收入	营业成本	销售费用	管理费用
全省	**211031.2**	**914.3**	**89980.5**	**2430675.3**	**2023446.8**	**58698.6**	**200145.2**
哈尔滨	78155.1	914.3	70335.4	314593.8	249201.3	12754.8	41926.9
齐齐哈尔	6419.0			1435550.4	1219214.2	20688.9	99839.0
鸡西	2520.0			27938.7	23031.5	192.2	2741.2
鹤岗				7406.1	6378.0	39.3	1098.2
双鸭山				18472.5	16026.5	64.3	2043.8
大庆	66709.4		1254.3	385971.1	318507.1	14843.2	31968.6
伊春							
佳木斯	18696.4		18390.8	133030.8	101492.0	3117.1	9295.7
七台河	1330.7			5748.4	5962.4	135.1	886.8
牡丹江	24920.6			43573.0	34820.3	4192.9	6745.9
黑河							
绥化	12280.0			58390.5	48813.5	2670.8	3599.1
大兴安岭							

制造业主要经济指标

单位：万元

产成品	负债合计	流动负债合计	应付账款	所有者权益合计	实收资本	国家资本	集体资本	法人资本
184761.3	**3904777.7**	**3177512.1**	**1137144.2**	**2533765.2**	**1162964.7**	**549863.4**	**4000.0**	**307175.3**
36656.0	369591.9	359021.4	96087.4	308404.6	200784.2	5450.0	2100.0	43829.4
65693.1	2759558.0	2075119.0	765430.7	1763575.8	523077.4	516658.4		
18983.9	58953.8	58729.2	27430.4	14151.0	24374.9	21554.9	300.0	
10506.6	29580.4	29580.4	4966.7	-3524.0	3000.1	3000.1		
1120.5	19716.6	19712.9	4718.8	814.9	6000.0	3000.0		3000.0
36807.9	364387.1	355956.9	183230.7	309712.0	308085.8		1600.0	238522.1
6852.1	60266.6	54039.1	14052.5	62498.5	38265.7			1178.5
1919.3	15963.1	15963.1	5552.0	11768.1	1330.7			
4881.9	172448.1	155448.0	15184.6	28794.6	34597.4			9676.8
1340.0	54312.1	53942.1	20490.4	37569.7	23448.5	200.0		10968.5

单位：万元

财务费用	利息收入	利息支出	投资收益（损失以“-”号记）	营业利润	利润总额	亏损企业亏损额	平均用工人数（人）
59208.6	**10549.6**	**64753.2**	**17067.5**	**48405.3**	**68482.5**	**32556.0**	**25259**
5182.0	100.4	2645.9	42.1	-72.7	1864.7	9667.4	4881
46514.6	9848.5	54810.7	15138.6	21625.5	37292.9	4023.6	9653
214.9		212.0		1645.1	1869.7	114.6	1016
13.5		12.7		-329.7	51.3		394
55.3	0.5	18.8		37.0	209.1	254.2	516
1585.0	529.5	2220.1	1128.9	12425.3	13629.3	3004.1	5566
990.5	10.2	358.7	779.8	18437.5	18490.1	5761.1	1302
-226.3		-226.3	-72.0	-1087.6	-670.6	670.6	269
4543.1	69.1	4604.2	50.1	-6620.1	-6731.4	8672.8	1121
336.0	-8.6	96.4		2345.0	2477.4	387.6	541

1-B-39 按地区分组的汽车

地区	资产总计	固定资产净额	固定资产原价	累计折旧	流动资产合计	应收账款	存货
全省	**3713424.3**	**811636.0**	**1916874.0**	**887442.7**	**2255537.5**	**751065.8**	**341882.4**
哈尔滨	1157445.1	173205.9	997292.5	606446.6	644165.6	87173.1	115163.3
齐齐哈尔	94503.5	213.5	732.8	519.4	58341.8	6677.1	2375.9
鸡西							
鹤岗							
双鸭山							
大庆	2417891.8	624243.0	898505.0	274106.7	1524892.5	644653.0	217666.4
伊春							
佳木斯	9217.1	3705.9	9843.7	6137.7	4953.6	2692.9	1555.6
七台河							
牡丹江	33922.8	10265.2	10496.5	231.3	22743.5	9869.7	4749.2
黑河							
绥化	444.0	2.5	3.5	1.0	440.5		372.0
大兴安岭							

1-B-39 续表

地区	个人资本	港澳台资本	外商资本	营业收入	营业成本	销售费用	管理费用
全省	**22253.0**	**1750.0**	**101025.7**	**3315327.2**	**2841802.3**	**28813.4**	**106271.1**
哈尔滨	11617.0	1750.0	17699.7	476053.0	434443.5	12944.3	62978.9
齐齐哈尔				1136.7	1135.6	26.1	1640.2
鸡西							
鹤岗							
双鸭山							
大庆	2290.0		83326.0	2803526.5	2375595.9	15070.0	39980.2
伊春							
佳木斯	640.0			4312.1	3388.8	312.3	548.3
七台河							
牡丹江	7506.0			24759.3	21921.3	460.7	967.3
黑河							
绥化	200.0			5539.6	5317.2		156.2
大兴安岭							

制造业主要经济指标

单位：万元

产成品	负债合计	流动负债合计	应付账款	所有者权益合计	实收资本	国家资本	集体资本	法人资本
47813.1	**2883792.5**	**2634109.8**	**1299972.2**	**829631.4**	**521409.1**	**240903.9**	**7292.0**	**148184.5**
45021.4	1472464.9	1314800.6	232403.7	-315020.0	311174.1	237663.9	6092.0	36351.5
	90154.7	78947.2	5494.4	4348.7	28507.0			28507.0
1443.0	1296601.4	1217918.7	1048956.0	1121290.4	168942.0			83326.0
973.9	5023.0	3098.8	208.7	4194.1	5080.0	3240.0	1200.0	
2.8	19344.5	19344.5	12909.4	14578.2	7506.0			
372.0	204.0			240.0	200.0			

单位：万元

财务费用	利息收入	利息支出	投资收益（损失以"–"号记）	营业利润	利润总额	亏损企业亏损额	平均用工人数（人）
6247.0	**4404.0**	**10082.3**	**267638.4**	**515935.3**	**538393.8**	**27388.0**	**14160**
2375.9	3926.1	7899.8	1966.1	-27460.7	-18427.2	24164.3	7241
1407.9		1407.9		-3073.2	-3027.3	3027.3	278
2381.3	467.8	691.0	265544.8	545006.4	558124.0		6282
83.6	0.2	83.6		-8.3	131.1	173.4	133
-1.8	9.9		127.5	1423.9	1546.0	23.0	176
0.1				47.2	47.2		50

1-B-40 按地区分组的铁路、船舶、航空航天和

地区	资产总计	固定资产净额	固定资产原价	累计折旧	流动资产合计	应收账款	存货
全省	**1610195.5**	**346446.7**	**660429.6**	**305544.3**	**919478.3**	**421463.6**	**200520.8**
哈尔滨	682426.6	158288.8	266765.1	107217.7	429534.0	181794.6	116344.7
齐齐哈尔	823962.5	151852.4	314755.5	159981.4	439655.3	226478.6	68532.3
鸡西							
鹤岗							
双鸭山							
大庆							
伊春							
佳木斯	26305.5	343.7	8846.5	4244.5	21706.2	2604.2	2559.1
七台河							
牡丹江	71874.6	34591.7	68256.8	33665.1	26483.0	10422.7	12730.6
黑河	5626.3	1370.1	1805.7	435.6	2099.8	163.5	354.1
绥化							
大兴安岭							

1-B-40 续表

地区				营业收入	营业成本	销售费用	管理费用
	个人资本	港澳台资本	外商资本				
全省	**45996.3**	**33049.5**	**219.0**	**1017842.1**	**807013.1**	**22140.6**	**128742.5**
哈尔滨	31218.3	33049.5		323722.9	219959.5	9686.0	50768.3
齐齐哈尔	14691.2		219.0	621996.7	522716.2	11199.8	70893.5
鸡西							
鹤岗							
双鸭山							
大庆							
伊春							
佳木斯	86.8			18530.5	15724.0	0.2	1171.2
七台河							
牡丹江				48641.2	44447.9	978.3	5496.9
黑河				4950.8	4165.5	276.3	412.6
绥化							
大兴安岭							

其他运输设备制造业主要经济指标

单位：万元

产成品	负债合计	流动负债合计	应付账款	所有者权益合计	实收资本	国家资本	集体资本	法人资本
26364.7	**877871.6**	**710790.0**	**436481.8**	**732323.5**	**611675.8**	**377322.5**		**155088.5**
22602.2	370814.6	238045.4	108069.1	311611.7	248218.4	91729.1		92221.5
1531.1	468331.0	434882.1	311739.9	355631.4	310727.7	284414.9		11402.6
	5881.5	5878.3	705.0	20424.0	2228.7	1178.5		963.4
1877.3	32522.9	31662.6	15967.8	39351.7	50000.0			50000.0
354.1	321.6	321.6		5304.7	501.0			501.0

单位：万元

财务费用	利息收入	利息支出	投资收益（损失以“–”号记）	营业利润	利润总额	亏损企业亏损额	平均用工人数（人）
12967.9	**1187.1**	**13010.5**	**90.2**	**28846.9**	**38357.2**	**4927.7**	**14272**
7043.8	276.6	6990.3	128.0	26947.6	32440.1	1086.3	5591
5589.7	900.4	5504.3	-37.8	4018.9	7983.1	137.1	6798
-124.0	1.0	0.5		1583.6	1549.4		224
455.9	7.8	514.0		-3792.1	-3704.3	3704.3	1589
2.5	1.3	1.4		88.9	88.9		70

1-B-41 按地区分组的电气机械和

地　区	资产总计						
		固定资产净额	固定资产原价	累计折旧	流动资产合计		
						应收账款	存货
全　省	**3638952.2**	**409603.8**	**898162.5**	**481850.0**	**2533395.1**	**628412.8**	**522297.2**
哈尔滨	3076587.2	331550.8	728667.4	394377.4	2096995.7	476191.5	412286.6
齐齐哈尔	21447.0	2286.0	7330.6	3270.3	15751.3	7138.8	3623.1
鸡　西	4459.2	298.0	2170.3	1872.3	4161.2	2992.9	716.8
鹤　岗							
双鸭山							
大　庆	78404.0	6965.4	12767.1	5775.7	65398.4	32813.3	18790.6
伊　春							
佳木斯	400112.6	55724.5	124439.4	66546.1	310914.3	89702.5	80849.9
七台河	9251.5	3463.6	4958.9	1495.3	4934.2	1164.8	2554.4
牡丹江	8492.9	891.1	2046.9	1155.6	7572.7	1949.8	1209.9
黑　河	18435.4	5192.1	11462.4	6270.2	12497.3	10329.9	869.9
绥　化	21762.4	3232.3	4319.5	1087.1	15170.0	6129.3	1396.0
大兴安岭							

1-B-41 续表

地　区				营业收入	营业成本	销售费用	管理费用
	个人资本	港澳台资本	外商资本				
全　省	**164926.0**	**27127.3**	**64019.0**	**1447030.7**	**1170312.5**	**58630.6**	**118472.5**
哈尔滨	116710.2	27127.3	64019.0	1031616.5	857359.2	31977.6	90490.7
齐齐哈尔	8333.0			22306.4	16876.2	1367.2	1988.2
鸡　西	1746.0			2005.9	1687.1	85.2	214.1
鹤　岗							
双鸭山							
大　庆	500.0			74999.1	62268.2	3654.2	3093.7
伊　春							
佳木斯	19766.8			276285.2	195958.1	21123.0	17690.5
七台河	6200.0			4378.9	3633.0	115.2	706.4
牡丹江	100.0			9035.2	7080.6	201.8	1698.0
黑　河				4153.8	4239.1	28.0	1664.8
绥　化	11570.0			22249.7	21211.0	78.4	926.1
大兴安岭							

器材制造业主要经济指标

单位：万元

产成品	负债合计	流动负债合计	应付账款	所有者权益合计	实收资本	国家资本	集体资本	法人资本
151641.2	**1980763.2**	**1836633.6**	**572124.8**	**1658188.4**	**616598.9**	**132047.8**	**19265.5**	**209213.3**
95816.8	1703315.7	1583790.4	445590.2	1373271.3	475090.6	98816.7	13563.2	154854.2
1674.8	7609.0	7605.3	3148.1	13838.0	10257.5		1924.5	
527.9	1956.9	1956.9	1205.7	2502.3	2010.0			264.0
9159.5	49672.6	49672.6	25285.4	28731.2	21688.9	500.0	3481.5	17207.4
41660.7	179906.5	157893.1	80488.9	220206.1	69624.8	18274.0	296.3	31287.7
1272.6	3909.0	3909.0	965.0	5342.5	6200.0			
332.0	5289.7	4785.5	2101.8	3203.1	6057.1	5957.1		
342.9	18686.5	16603.5	7752.9	-251.1	13500.0	8500.0		5000.0
854.0	10417.3	10417.3	5586.8	11345.0	12170.0			600.0

单位：亿元

财务费用	利息收入	利息支出	投资收益（损失以“-”号记）	营业利润	利润总额	亏损企业亏损额	平均用工人数（人）
15911.3	**9448.1**	**18074.4**	**25034.0**	**78059.5**	**58840.5**	**10951.4**	**17907**
14451.2	8830.4	16866.7	17786.6	29722.1	25384.1	7403.2	13163
536.0	9.0	28.4		1361.1	1444.9	89.0	477
0.2				13.6	7.5		37
183.1	0.1	16.8	84.7	5244.8	4834.3	774.6	488
378.7	611.1	914.3	7162.7	44236.1	29343.2		3184
124.3		45.0		-243.2	-148.8	385.1	133
39.5	2.0			-53.6	175.1		266
199.9	-3.5	203.2		-2115.4	-2115.7	2115.7	50
-1.6	-1.0			-106.0	-84.1	183.8	109

1-B-42 按地区分组的计算机、通信和

地区	资产总计	固定资产净额	固定资产原价	累计折旧	流动资产合计	应收账款	存货
全省	**940089.1**	**108073.4**	**189961.7**	**77050.3**	**457798.0**	**196199.5**	**108904.1**
哈尔滨	940089.1	108073.4	189961.7	77050.3	457798.0	196199.5	108904.1
齐齐哈尔							
鸡西							
鹤岗							
双鸭山							
大庆							
伊春							
佳木斯							
七台河							
牡丹江							
黑河							
绥化							
大兴安岭							

1-B-42 续表

地区	个人资本	港澳台资本	外商资本	营业收入	营业成本	销售费用	管理费用
全省	**129285.3**			**246488.4**	**189477.2**	**9953.6**	**37141.3**
哈尔滨	129285.3			246488.4	189477.2	9953.6	37141.3
齐齐哈尔							
鸡西							
鹤岗							
双鸭山							
大庆							
伊春							
佳木斯							
七台河							
牡丹江							
黑河							
绥化							
大兴安岭							

其他电子设备制造业主要经济指标

单位：万元

产成品	负债合计	流动负债合计	应付账款	所有者权益合计	实收资本	国家资本	集体资本	法人资本
64767.3	**502137.9**	**375981.2**	**105549.2**	**437951.1**	**228625.9**	**9408.0**		**89932.6**
64767.3	502137.9	375981.2	105549.2	437951.1	228625.9	9408.0		89932.6

单位：万元

财务费用	利息收入	利息支出	投资收益(损失以“-”号记)	营业利润	利润总额	亏损企业亏损额	平均用工人数(人)
12892.0	**22.3**	**3581.7**	**-835.0**	**-98110.9**	**-15000.3**	**34802.7**	**3350**
12892.0	22.3	3581.7	-835.0	-98110.9	-15000.3	34802.7	3350

1-B-43 按地区分组的仪器仪表

地　区	资产总计	固定资产净额	固定资产原价	累计折旧	流动资产合计	应收账款	存货
全　省	**534676.9**	**52332.7**	**123808.8**	**70400.0**	**372310.3**	**119207.0**	**100584.3**
哈尔滨	450524.5	38337.8	101435.6	63079.2	313628.5	93644.0	84067.3
齐齐哈尔	2792.0	1013.0	2904.9	834.4	721.5		401.5
鸡　西							
鹤　岗							
双鸭山							
大　庆	30932.0	2820.7	4020.4	1199.8	27699.7	16457.3	9193.9
伊　春							
佳木斯							
七台河							
牡丹江							
黑　河							
绥　化	50428.4	10161.2	15447.9	5286.6	30260.6	9105.7	6921.6
大兴安岭							

1-B-43 续表

地　区	个人资本	港澳台资本	外商资本	营业收入	营业成本	销售费用	管理费用
全　省	**66344.8**		**18927.9**	**320261.1**	**240604.8**	**16690.7**	**47889.5**
哈尔滨	62243.8		18927.9	238302.3	172100.0	13387.8	41459.4
齐齐哈尔	2696.0			14095.8	10446.1	968.2	1002.0
鸡　西							
鹤　岗							
双鸭山							
大　庆	1405.0			18859.2	16258.3	673.2	1034.5
伊　春							
佳木斯							
七台河							
牡丹江							
黑　河							
绥　化				49003.8	41800.4	1661.5	4393.6
大兴安岭							

制造业主要经济指标

单位：万元

产成品	负债合计	流动负债合计	应付账款	所有者权益合计	实收资本	国家资本	集体资本	法人资本
39479.9	**326388.9**	**292253.6**	**97788.5**	**208288.0**	**154650.4**	**10387.7**	**630.2**	**58359.8**
33617.6	257174.2	237565.9	66687.5	193350.3	144872.4	10387.7	630.2	52682.8
353.6	96.0	96.0		2696.0	2696.0			
5508.7	22935.6	22935.6	20488.0	7996.4	5482.0			4077.0
	46183.1	31656.1	10613.0	4245.3	1600.0			1600.0

单位：万元

财务费用	利息收入	利息支出	投资收益（损失以“–”号记）	营业利润	利润总额	亏损企业亏损额	平均用工人数（人）
4443.0	**3257.1**	**7079.4**	**1004.4**	**16260.6**	**18766.2**	**7244.4**	**5598**
2907.8	3241.6	6181.4	977.4	14458.6	16817.2	7244.4	3424
623.1				956.1	956.1		178
68.6	0.8	69.2	27.0	790.9	714.1		212
843.5	14.7	828.8		55.0	278.8		1784

1-B-44 按地区分组的其他

地区	资产总计	固定资产净额	固定资产原价	累计折旧	流动资产合计	应收账款	存货
全省	**46787.7**	**9403.1**	**14777.8**	**5374.6**	**29917.6**	**16240.7**	**7047.3**
哈尔滨	46787.7	9403.1	14777.8	5374.6	29917.6	16240.7	7047.3
齐齐哈尔							
鸡西							
鹤岗							
双鸭山							
大庆							
伊春							
佳木斯							
七台河							
牡丹江							
黑河							
绥化							
大兴安岭							

1-B-44 续表

地区	个人资本	港澳台资本	外商资本	营业收入	营业成本	销售费用	管理费用
全省	**11937.5**			**21629.2**	**14653.9**	**648.8**	**2886.9**
哈尔滨	11937.5			21629.2	14653.9	648.8	2886.9
齐齐哈尔							
鸡西							
鹤岗							
双鸭山							
大庆							
伊春							
佳木斯							
七台河							
牡丹江							
黑河							
绥化							
大兴安岭							

制造业主要经济指标

单位：万元

产成品	负债合计	流动负债合计	应付账款	所有者权益合计	实收资本	国家资本	集体资本	法人资本
2575.6	**19743.1**	**19743.1**	**3989.6**	**27044.4**	**15050.0**	**3000.0**		**112.5**
2575.6	19743.1	19743.1	3989.6	27044.4	15050.0	3000.0		112.5

单位：万元

财务费用	利息收入	利息支出	投资收益（损失以“-”号记）	营业利润	利润总额	亏损企业亏损额	平均用工人数（人）
382.4	**3.1**	**426.1**		**2693.5**	**2727.9**		**279**
382.4	3.1	426.1		2693.5	2727.9		279

1-B-45 按地区分组的废弃资源

地区	资产总计	固定资产净额	固定资产原价	累计折旧	流动资产合计	应收账款	存货
全省	**160338.1**	**21397.7**	**28465.8**	**7068.2**	**91404.9**	**52446.2**	**12046.4**
哈尔滨	103847.9	11548.8	13617.6	2069.0	49655.1	26711.4	8323.4
齐齐哈尔							
鸡西							
鹤岗							
双鸭山							
大庆							
伊春							
佳木斯	13833.4	4159.7	4826.5	666.8	7536.1	185.1	401.0
七台河							
牡丹江							
黑河							
绥化	42656.8	5689.2	10021.7	4332.4	34213.7	25549.7	3322.0
大兴安岭							

1-B-45 续表

地区	个人资本	港澳台资本	外商资本	营业收入	营业成本	销售费用	管理费用
全省	**10000.0**			**201858.9**	**187073.1**	**8405.3**	**2411.9**
哈尔滨	10000.0			161317.0	155330.3	7829.0	1412.4
齐齐哈尔							
鸡西							
鹤岗							
双鸭山							
大庆							
伊春							
佳木斯				2080.0	1760.2	42.8	265.4
七台河							
牡丹江							
黑河							
绥化				38461.9	29982.6	533.5	734.1
大兴安岭							

综合利用业主要经济指标

单位：万元

产成品	负债合计	流动负债合计	应付账款	所有者权益合计	实收资本	国家资本	集体资本	法人资本
1072.0	**104145.5**	**98277.2**	**10642.6**	**56192.6**	**30780.2**	**2942.4**	**10000.0**	**7837.8**
24.1	73746.6	73481.5	9672.9	30101.3	19660.2	2942.4		6717.8
156.0	8737.2	4522.2	62.4	5096.2	620.0			620.0
891.9	21661.7	20273.5	907.3	20995.1	10500.0		10000.0	500.0

单位：万元

财务费用	利息收入	利息支出	投资收益（损失以"–"号记）	营业利润	利润总额	亏损企业亏损额	平均用工人数（人）
1405.6	**19.3**	**981.5**		**-2206.2**	**9977.2**	**357.6**	**667**
655.9	30.6	277.5		-5524.8	5730.5	284.1	305
104.1		104.1		-92.5	-73.5	73.5	45
645.6	-11.3	599.9		3411.1	4320.2		317

1-B-46 按地区分组的金属制品、机械和

地 区	资产总计	固定资产净额	固定资产原价	累计折旧	流动资产合计	应收账款	存货
全 省	**33790.8**	**2747.8**	**8928.6**	**4969.9**	**30898.2**	**12400.3**	**0.8**
哈尔滨	3359.6	512.8	1873.3	1360.5	2717.0	1577.5	
齐齐哈尔							
鸡 西							
鹤 岗							
双鸭山							
大 庆	28036.2	2235.0	7012.0	3566.1	25786.2	9249.2	0.8
伊 春							
佳木斯	2395.0		43.3	43.3	2395.0	1573.6	
七台河							
牡丹江							
黑 河							
绥 化							
大兴安岭							

1-B-46 续表

地 区	个人资本	港澳台资本	外商资本	营业收入	营业成本	销售费用	管理费用
全 省	**3505.0**			**28268.1**	**26775.2**	**60.9**	**991.2**
哈尔滨	1500.0			1990.0	1749.7	21.4	118.6
齐齐哈尔							
鸡 西							
鹤 岗							
双鸭山							
大 庆	2005.0			23313.9	22203.5	39.5	867.9
伊 春							
佳木斯				2964.2	2822.0		4.7
七台河							
牡丹江							
黑 河							
绥 化							
大兴安岭							

设备修理业主要经济指标

单位：万元

产成品	负债合计	流动负债合计	应付账款	所有者权益合计	实收资本	国家资本	集体资本	法人资本
	24355.7	**23557.5**	**20153.5**	**9435.0**	**4565.0**			**1060.0**
	853.7	853.7	752.0	2505.9	1500.0			
	22066.8	21268.6	19325.4	5969.3	2065.0			60.0
	1435.2	1435.2	76.1	959.8	1000.0			1000.0

单位：万元

财务费用	利息收入	利息支出	投资收益（损失以“−”号记）	营业利润	利润总额	亏损企业亏损额	平均用工人数（人）
26.7	**-1.6**	**29.3**		**251.4**	**618.3**		**285**
-1.2	-1.7			86.7	86.7		11
27.7		29.0		27.4	394.3		260
0.2	0.1	0.3		137.3	137.3		14

1-B-47 按地区分组的电力、热力、燃气及

地区	资产总计						
		固定资产净额	固定资产原价	累计折旧	流动资产合计		
						应收账款	存货
全省	**31617586.8**	**17295323.7**	**31083602.2**	**13330777.4**	**7221867.8**	**1403755.0**	**562344.1**
哈尔滨	15295459.0	7226854.8	13554524.2	6242709.5	2823166.7	373783.4	209924.8
齐齐哈尔	2459006.1	1832223.1	2753397.8	886096.9	456089.5	137809.8	31608.2
鸡西	1110254.4	733183.3	1333267.4	575840.9	249977.0	62275.7	28321.1
鹤岗	909458.1	530593.0	1131673.1	601079.8	317450.5	77367.8	20956.0
双鸭山	1521776.0	881671.5	1642907.5	711117.9	463370.1	58307.3	28373.8
大庆	3058045.3	1582269.4	2275397.8	691091.5	1253399.2	301583.4	36407.1
伊春	763067.5	484546.4	698024.2	209734.9	220845.4	55105.7	23544.4
佳木斯	1778606.1	1211032.6	2073671.8	832817.0	314472.8	110195.8	38010.7
七台河	875303.9	528674.8	1243282.7	714607.9	275452.7	68924.6	33364.6
牡丹江	1532092.7	874521.0	2132891.6	1051992.0	236762.3	57609.3	49095.7
黑河	650360.1	366880.8	733116.7	366177.9	172057.6	8174.0	16938.3
绥化	1517894.1	996971.4	1411446.0	393411.5	382226.0	57546.4	39672.1
大兴安岭	146263.5	45901.6	100001.4	54099.7	56598.0	35071.8	6127.3

1-B-47 续表

地区				营业收入	营业成本	销售费用	管理费用
	个人资本	港澳台资本	外商资本				
全省	**419402.2**	**115168.0**	**139514.9**	**11545517.3**	**11089865.2**	**94181.3**	**338108.5**
哈尔滨	149762.5	28800.9	47681.5	6187717.3	6152661.5	56285.4	131872.3
齐齐哈尔	57802.9	7928.4	17186.4	835627.1	767487.8	12264.0	29977.2
鸡西	18191.6			405506.2	356971.8	2302.7	24382.8
鹤岗	9250.0	18733.2	4138.5	400350.5	380734.0	1348.3	24176.3
双鸭山	11858.6		4089.2	457461.0	479124.7	285.0	10502.8
大庆	38651.7		2000.0	748996.2	670345.7	9109.0	32809.1
伊春	9293.5		20378.5	199497.2	169294.9	520.0	3938.0
佳木斯	17730.0	27036.5	21005.0	548259.1	475307.0	3189.7	21681.5
七台河	10721.4		10000.0	375024.6	349911.1	316.7	7272.6
牡丹江	29850.0		13035.8	503736.6	454599.3	4266.7	17741.8
黑河	10250.0			241608.6	206539.2	1433.4	19549.4
绥化	31340.0	32669.0		600409.7	582519.7	2838.3	12725.0
大兴安岭	24700.0			41323.2	44368.5	22.1	1479.7

水生产和供应业主要经济指标

单位：万元

产成品	负债合计	流动负债合计	应付账款	所有者权益合计	实收资本	国家资本	集体资本	法人资本
27127.5	**22827398.0**	**12212614.7**	**2803595.3**	**8790185.9**	**6395103.5**	**4269897.6**	**144308.6**	**1303812.0**
6060.8	10693019.3	5704329.5	1441208.2	4602439.4	3176706.3	2666629.0	19236.0	261596.3
3806.0	1591551.1	816907.7	201448.7	867454.1	317690.3	90060.1	24964.5	119748.0
143.5	749310.3	299921.0	69968.6	360943.8	323258.7	213874.2	2797.2	88395.7
2155.0	771234.2	525059.0	121056.4	138223.8	213282.3	176332.9	827.8	4000.0
1557.2	1340857.0	906454.3	80769.8	180918.7	283499.4	195051.3		72500.2
5911.9	2272554.3	982781.6	249396.5	785491.0	566460.6	310501.9		215307.0
1612.8	549549.3	227187.2	34527.7	213517.9	194904.3	129432.3	4500.0	31300.0
1343.3	1276789.2	660186.5	87073.2	501816.9	343587.3	166587.6	56209.1	55019.0
1175.7	507587.6	288082.3	45141.9	367716.1	280182.3	10034.3	3000.0	246426.6
11.0	1191607.8	807795.6	156935.8	340484.8	317830.5	182399.4	31974.0	60571.3
807.6	490363.7	347719.8	67477.7	159996.2	131584.0	27271.1	800.0	93262.9
2542.7	1280068.8	540252.9	188139.8	237825.1	205613.7	90219.7		51385.0
	112905.4	105937.3	60451.0	33358.1	40503.8	11503.8		4300.0

单位：万元

财务费用	利息收入	利息支出	投资收益（损失以"–"号记）	营业利润	利润总额	亏损企业亏损额	平均用工人数（人）
456376.9	**13819.6**	**424481.4**	**52108.3**	**-406715.3**	**-130491.9**	**593379.3**	**126767**
173431.5	4421.0	173663.6	46314.9	-259010.5	-108156.8	253867.1	54898
42917.6	422.9	40061.9	273.7	-20092.9	-10030.5	43230.6	11879
19468.6	216.3	18390.6	973.2	381.6	140.3	22604.3	6699
15169.2	153.8	14364.8		-23478.5	-14765.2	23817.5	5342
28409.6	611.0	23174.4	-164.1	-89203.7	-78038.2	87115.4	5801
43203.2	4608.8	29397.1	746.2	-11227.8	46316.2	33411.3	9850
16922.0	1347.4	14843.0	34.6	10886.4	12761.8	3247.5	1082
29885.4	382.1	28423.2	230.0	16384.1	23869.0	31772.3	6875
14058.3	0.5	13078.6	826.8	1848.9	12120.9	5792.0	2871
36785.9	150.8	35635.4	9.5	-12208.7	-4700.7	49667.5	7383
11847.3	502.7	11510.2	2859.1	3820.3	5783.7	7001.3	4962
24247.3	1007.2	21906.7	4.4	-20060.6	-12363.6	27984.8	8062
31.0	-4.9	31.9		-4753.9	-3428.8	3867.7	1063

1-B-48 按地区分组的电力、热力生产和

地　区	资产总计	固定资产净　额	固定资产原　价	累计折旧	流动资产合　计	应收账款	存货
全　省	**28421636.5**	**16560212.6**	**29739275.0**	**12743554.4**	**5681660.3**	**1281412.7**	**515107.3**
哈尔滨	13335344.0	6915189.6	12870466.7	5871233.9	1826394.5	339328.1	193748.6
齐齐哈尔	2280490.1	1729203.1	2581840.2	817559.3	397237.3	130415.4	28400.3
鸡　西	1041770.1	703735.3	1289603.8	561625.3	212544.2	58491.7	28155.2
鹤　岗	853235.8	501926.3	1096373.2	594446.6	299861.2	74233.4	20018.1
双鸭山	1352994.0	818397.4	1574280.0	705764.6	382210.5	50356.1	22699.4
大　庆	2723117.2	1496720.8	2131451.2	633206.0	1026966.6	290498.5	30065.8
伊　春	763067.5	484546.4	698024.2	209734.9	220845.4	55105.7	23544.4
佳木斯	1674091.9	1207511.3	2048032.9	830725.2	288758.7	101596.9	33731.2
七台河	741196.2	481363.2	1163597.3	682234.1	214786.0	37652.8	29592.0
牡丹江	1386102.8	841881.1	2087299.4	1039577.6	212330.9	45225.8	44344.3
黑　河	631432.1	353231.1	709214.6	355925.6	168802.6	7820.2	16309.6
绥　化	1492531.3	980605.4	1389090.1	387421.6	374324.4	55616.3	38371.1
大兴安岭	146263.5	45901.6	100001.4	54099.7	56598.0	35071.8	6127.3

1-B-48 续表

地　区	个人资本	港澳台资本	外商资本	营业收入	营业成本	销售费用	管理费用
全　省	**374145.3**	**59705.5**	**129514.9**	**10740421.7**	**10468206.6**	**19646.1**	**251083.6**
哈尔滨	121744.5		47681.5	5761924.1	5847196.7	5714.8	81788.7
齐齐哈尔	45554.1		17186.4	756706.7	709870.7	5966.1	22412.5
鸡　西	18191.6			400338.2	353551.8	930.7	22578.8
鹤　岗	9250.0		4138.5	372867.3	357280.5	861.3	22338.1
双鸭山	11858.6		4089.2	447252.4	470792.9	60.7	6153.3
大　庆	33681.6		2000.0	613628.4	541517.5	888.6	22678.5
伊　春	9293.5		20378.5	199497.2	169294.9	520.0	3938.0
佳木斯	17730.0	27036.5	21005.0	518258.8	452994.9	643.1	19498.6
七台河	10721.4			342313.0	319465.1	21.9	3787.9
牡丹江	29850.0		13035.8	463258.4	427855.9	1556.0	14749.3
黑　河	10250.0			235445.6	201623.6	570.2	18602.1
绥　化	31320.0	32669.0		587608.4	572393.6	1890.6	11078.1
大兴安岭	24700.0			41323.2	44368.5	22.1	1479.7

供应业主要经济指标

单位：万元

产成品	负债合计	流动负债合计	应付账款	所有者权益合计	实收资本	国家资本	集体资本	法人资本
17868.8	**20658207.3**	**11065778.7**	**2618570.9**	**7763426.0**	**5797978.9**	**3997215.4**	**125308.6**	**1112089.0**
4631.4	9257496.2	5128124.8	1350856.2	4077847.2	2950982.3	2551723.9	19236.0	210596.3
967.5	1473739.1	746832.6	189615.8	806750.2	262324.1	85274.7	24964.5	89344.4
143.5	709116.3	273850.4	63445.1	332653.5	302973.6	193589.1	2797.2	88395.7
1248.5	743694.3	502546.3	108300.3	109541.3	189618.9	171402.7	827.8	4000.0
1357.9	1161576.2	731663.6	67379.4	191417.5	268295.0	195051.3		57295.8
4135.8	2149718.7	900443.8	233399.6	573398.5	434275.5	200071.9		198522.0
1612.8	549549.3	227187.2	34527.7	213517.9	194904.3	129432.3	4500.0	31300.0
1343.3	1222530.4	614112.8	83520.5	451561.5	304587.3	166587.6	56209.1	16019.0
	420042.7	216022.1	24437.3	321153.3	244386.8	1238.8	3000.0	229426.6
11.0	1106640.8	744183.3	148974.7	279462.0	283230.5	182399.4	12974.0	44971.3
807.6	480408.1	341400.6	67088.2	151023.9	126945.0	22632.1	800.0	93262.9
1609.5	1270789.8	533473.9	186575.1	221741.1	194951.8	86307.8		44655.0
	112905.4	105937.3	60451.0	33358.1	40503.8	11503.8		4300.0

单位：万元

财务费用	利息收入	利息支出	投资收益（损失以“-”号记）	营业利润	利润总额	亏损企业亏损额	平均用工人数（人）
426299.6	**12875.9**	**397923.7**	**52011.5**	**-408446.9**	**-154534.1**	**562614.4**	**106860**
157044.3	2648.7	156150.8	46277.8	-276649.6	-124423.9	242098.8	46454
39654.6	276.8	37098.0	255.1	-23253.9	-13124.0	43073.8	9902
19421.6	216.3	18390.6	973.2	1891.6	1667.2	21077.4	5969
14936.5	149.0	14119.6		-24866.1	-16497.9	22056.5	4479
24073.5	612.4	22310.2	-164.1	-81903.6	-70846.8	79636.6	5557
42832.3	5563.1	28719.6	705.1	2538.8	47765.5	26806.6	5841
16922.0	1347.4	14843.0	34.6	10886.4	12761.8	3247.5	1082
28888.3	378.6	27418.4	230.0	14772.6	20818.9	31710.1	5987
12906.2	27.5	12949.2	826.8	4834.7	7960.6	5239.4	2071
33671.0	155.9	32525.5	9.5	-16501.4	-11309.7	49667.5	6330
11853.0	497.9	11510.2	2859.1	4463.9	6341.1	6443.2	4579
24065.3	1007.2	21856.7	4.4	-19906.4	-12218.1	27689.3	7546
31.0	-4.9	31.9		-4753.9	-3428.8	3867.7	1063

1-B-49 按地区分组的燃气生产和

地　区	资产总计	固定资产净额	固定资产原价	累计折旧	流动资产合计		
						应收账款	存货
全　省	**999379.6**	**380032.0**	**674194.6**	**273086.3**	**444304.2**	**80230.8**	**39726.2**
哈尔滨	369908.5	111428.0	264496.8	153068.6	155159.1	31682.6	12203.7
齐齐哈尔	64563.9	46766.4	79114.8	32348.4	14096.3	4062.3	2950.3
鸡　西							
鹤　岗	33060.5	20799.0	24571.7	3772.7	8015.7	651.5	906.5
双鸭山	138483.8	63230.3	68552.8	5322.4	71750.4	8.2	5546.8
大　庆	207343.2	66848.9	115500.0	48138.6	127360.6	7976.2	5781.5
伊　春							
佳木斯	53095.3		21331.6	1306.0	19599.3	7810.8	3856.5
七台河	73108.3	35471.0	52503.2	17032.2	30466.7	19768.6	3580.2
牡丹江	46053.9	27117.1	37469.5	9814.5	13072.1	6963.4	3947.9
黑　河							
绥　化	13762.2	8371.3	10654.2	2282.9	4784.0	1307.2	952.8
大兴安岭							

1-B-49　续表

地　区	个人资本	港澳台资本	外商资本	营业收入	营业成本	销售费用	管理费用
全　省	**39745.9**	**50870.7**		**582820.0**	**455099.2**	**56721.1**	**38531.6**
哈尔滨	22518.0	28800.9		306385.1	227982.7	45045.7	17156.9
齐齐哈尔	12237.8	7928.4		60126.7	46165.9	5057.7	5091.5
鸡　西							
鹤　岗		14141.4		19274.3	15226.6	13.1	513.7
双鸭山				6665.4	5990.1	224.3	4195.5
大　庆	4970.1			120527.2	103027.3	4495.2	6838.7
伊　春							
佳木斯				20698.2	16741.4	1036.8	1064.7
七台河				22991.0	18219.2	27.7	1768.7
牡丹江				17804.1	14100.8	765.6	1320.1
黑　河							
绥　化	20.0			8348.0	7645.2	55.0	581.8
大兴安岭							

供应业主要经济指标

单位：万元

产成品	负债合计	流动负债合计	应付账款	所有者权益合计	实收资本	国家资本	集体资本	法人资本
8965.4	**607877.6**	**567024.0**	**97010.6**	**391502.3**	**304709.7**	**145173.7**	**4000.0**	**64919.4**
1263.7	210669.8	199196.9	33549.5	159238.8	95022.6	41703.7		2000.0
2838.5	40420.6	39120.6	9075.7	24143.2	22206.2	2040.0		
906.5	14871.8	13071.8	8653.4	18188.8	14141.4			
71.7	157293.5	157293.4	10698.9	-18809.7	7404.4			7404.4
1776.1	65099.6	64601.8	8169.0	142243.6	123185.1	101430.0		16785.0
	29766.2	22370.2	3155.5	23329.1	15000.0			15000.0
1175.7	49454.4	39982.7	18923.2	23653.9	17000.0			17000.0
	31593.6	25178.5	3772.6	14460.3	4000.0		4000.0	
933.2	8708.1	6208.1	1012.8	5054.3	6750.0			6730.0

单位：万元

财务费用	利息收入	利息支出	投资收益(损失以“-”号记)	营业利润	利润总额	亏损企业亏损额	平均用工人数(人)
6134.3	**493.9**	**2677.5**	**97.5**	**30950.1**	**32938.7**	**12090.6**	**7223**
-18.5	1350.5	537.6	37.8	23456.8	20760.5	4030.3	3522
1287.1	47.1	1149.3	18.6	2077.5	2072.1	156.8	1020
243.3	2.2	245.2		3223.3	3223.3		74
3471.7	-1.0			-7418.6	-7478.8	7478.8	211
-223.1	-903.7	566.0	41.1	4883.0	5025.8	129.6	1415
-5.0				1735.8	3112.3		400
1189.3	-1.2	129.4		1601.1	3434.4		210
7.5				1545.0	2934.2		271
182.0		50.0		-153.8	-145.1	295.1	100

1-B-50 按地区分组的水的生产和

地 区	资产总计	固定资产净额	固定资产原价	累计折旧	流动资产合计	应收账款	存货
全 省	**2196570.7**	**355079.1**	**670132.6**	**314136.7**	**1095903.3**	**42111.5**	**7510.6**
哈尔滨	1590206.5	200237.2	419560.7	218407.0	841613.1	2772.7	3972.5
齐齐哈尔	113952.1	56253.6	92442.8	36189.2	44755.9	3332.1	257.6
鸡 西	68484.3	29448.0	43663.6	14215.6	37432.8	3784.0	165.9
鹤 岗	23161.8	7867.7	10728.2	2860.5	9573.6	2482.9	31.4
双鸭山	30298.2	43.8	74.7	30.9	9409.2	7943.0	127.6
大 庆	127584.9	18699.7	28446.6	9746.9	99072.0	3108.7	559.8
伊 春							
佳木斯	51418.9	3521.3	4307.3	785.8	6114.8	788.1	423.0
七台河	60999.4	11840.6	27182.2	15341.6	30200.0	11503.2	192.4
牡丹江	99936.0	5522.8	8122.7	2599.9	11359.3	5420.1	803.5
黑 河	18928.0	13649.7	23902.1	10252.3	3255.0	353.8	628.7
绥 化	11600.6	7994.7	11701.7	3707.0	3117.6	622.9	348.2
大兴安岭							

1-B-50 续表

地 区	个人资本	港澳台资本	外商资本	营业收入	营业成本	销售费用	管理费用
全 省	**5511.0**	**4591.8**	**10000.0**	**222275.6**	**166559.4**	**17814.1**	**48493.3**
哈尔滨	5500.0			119408.1	77482.1	5524.9	32926.7
齐齐哈尔	11.0			18793.7	11451.2	1240.2	2473.2
鸡 西				5168.0	3420.0	1372.0	1804.0
鹤 岗		4591.8		8208.9	8226.9	473.9	1324.5
双鸭山				3543.2	2341.7		154.0
大 庆				14840.6	25800.9	3725.2	3291.9
伊 春							
佳木斯				9302.1	5570.7	1509.8	1118.2
七台河			10000.0	9720.6	12226.8	267.1	1716.0
牡丹江				22674.1	12642.6	1945.1	1672.4
黑 河				6163.0	4915.6	863.2	947.3
绥 化				4453.3	2480.9	892.7	1065.1
大兴安岭							

供应业主要经济指标

单位：万元

产成品	负债合计	流动负债合计	应付账款	所有者权益合计	实收资本	国家资本	集体资本	法人资本
293.3	**1561313.1**	**579812.0**	**88013.8**	**635257.6**	**292414.9**	**127508.5**	**15000.0**	**126803.6**
165.7	1224853.3	377007.8	56802.5	365353.4	130701.4	73201.4		49000.0
	77391.4	30954.5	2757.2	36560.7	33160.0	2745.4		30403.6
	40194.0	26070.6	6523.5	28290.3	20285.1	20285.1		
	12668.1	9440.9	4102.7	10493.7	9522.0	4930.2		
127.6	21987.3	17497.3	2691.5	8310.9	7800.0			7800.0
	57736.0	17736.0	7827.9	69848.9	9000.0	9000.0		
	24492.6	23703.5	397.2	26926.3	24000.0			24000.0
	38090.5	32077.5	1781.4	22908.9	18795.5	8795.5		
	53373.4	38433.8	4188.5	46562.5	30600.0		15000.0	15600.0
	9955.6	6319.2	389.5	8972.3	4639.0	4639.0		
	570.9	570.9	551.9	11029.7	3911.9	3911.9		

单位：万元

财务费用	利息收入	利息支出	投资收益（损失以“-”号记）	营业利润	利润总额	亏损企业亏损额	平均用工人数（人）
23943.0	**449.8**	**23880.2**	**-0.7**	**-29218.5**	**-8896.5**	**18674.3**	**12684**
16405.7	421.8	16975.2	-0.7	-5817.7	-4493.4	7738.0	4922
1975.9	99.0	1814.6		1083.5	1021.4		957
47.0				-1510.0	-1526.9	1526.9	730
-10.6	2.6			-1835.7	-1490.6	1761.0	789
864.4	-0.4	864.2		118.5	287.4		33
594.0	-50.6	111.5		-18649.6	-6475.1	6475.1	2594
1002.1	3.5	1004.8		-124.3	-62.2	62.2	488
-37.2	-25.8			-4586.9	725.9	552.6	590
3107.4	-5.1	3109.9		2747.7	3674.8		782
-5.7	4.8			-643.6	-557.4	558.1	383
				-0.4	-0.4	0.4	416

第2篇

主要工业产品产量篇

2-1　主要工业产品产量

产品名称	计量单位	产品产量
铁矿石原矿	吨	3370982.0
铜金属含量	吨	59964.0
铅金属含量	吨	2238.0
锌金属含量	吨	9993.5
#钼精矿折合量(折纯钼45%)	吨	37112.0
天然石墨	吨	492286.0
小麦粉	吨	467665.6
大米	吨	10309918.2
饲料	吨	4030509.7
#配合饲料	吨	1336115.4
#混合饲料	吨	819925.6
食用植物油	吨	560088.6
成品糖	吨	79132.9
鲜、冷藏肉	吨	1082353.0
淀粉及淀粉制品	吨	4770599.7
方便面	吨	128430.4
乳制品	吨	1604016.1
#液体乳	吨	1232669.6
#固体及半固体乳制品	吨	371346.5
#婴幼儿配方乳粉	吨	176222.4
罐头	吨	106911.0
酱油	吨	52018.7
食醋	吨	18706.0
冷冻饮品	吨	54446.8
发酵酒精(折96度，商品量)	千升	1057703.3
白酒(折65度，商品量)	千升	150550.7
啤酒	千升	1850085.6
果酒及配制酒	千升	14.9
饮料	吨	3113439.5
#碳酸型饮料(汽水)	吨	468197.3
#包装饮用水	吨	1517912.8
卷烟	万支	3795000.0
纱	吨	19802.2
布	万米	587.8
亚麻纱	吨	16919.0
亚麻布(含亚麻≥55%)	万米	2034.0
服装	万件	76.0
#梭织服装	万件	55.8
#针织服装	万件	20.2
成品革	平方米	25740732.1
#轻革	平方米	93799.0

2-1 续表 1

产品名称	计量单位	产品产量
毛皮服装	万件	76.5
人造板	立方米	857166.7
#胶合板	立方米	806315.7
实木木地板	平方米	893998.4
复合木地板	平方米	236588.0
家具	件	1840824.0
#木质家具	件	1338989.0
#金属家具	件	78932.0
#软体家具	件	46091.0
机制纸及纸板(外购原纸加工除外)	吨	400547.9
#卫生用纸原纸	吨	8960.0
#包装用纸及纸板	吨	15324.0
纸制品	吨	831133.9
#瓦楞纸箱	吨	773707.9
硫酸(折100%)	吨	48486.0
盐酸(氯化氢，含量31%)	吨	143039.0
磷酸(含量85%)	吨	8483.4
烧碱(折100%)	吨	284311.0
#离子膜法烧碱(折100%)	吨	213477.0
纯碱(碳酸钠)	吨	37398.3
碳化钙(电石，折300升/千克)	吨	20666.0
己烷	吨	20142.0
乙烯	吨	1058088.0
丙烯	吨	649208.0
变性燃料乙醇	千升	388802.4
纯苯	吨	181816.1
甲醛	吨	27500.0
精甲醇	吨	386964.4
冰乙酸(冰醋酸)	吨	1632.1
合成氨(无水氨)	吨	394673.0
农用氮、磷、钾化学肥料(折纯)	吨	359786.0
#氮肥(折含氮100%)	吨	356900.0
#尿素(折含氮100%)	吨	331318.0
#磷肥(折五氧化二磷100%)	吨	1200.0
复合肥、复混合肥	吨	1035268.0
#钾肥(折氧化钾100%)	吨	1686.0
化学农药原药(折有效成分100%)	吨	5568.7
涂料	吨	113980.1
初级形态塑料	吨	2017254.0
#低密度聚乙烯树脂(LDPE)	吨	238895.0
#高密度聚乙烯树脂(HDPE)	吨	229355.0

2-1　续表 2

产品名称	计量单位	产品产量
#线型低密度聚乙烯树脂(LLDPE)	吨	562004.0
#聚丙烯树脂	吨	629494.0
#聚氯乙烯树脂	吨	171960.0
#聚苯乙烯树脂	吨	32324.0
#ABS树脂	吨	101319.0
合成橡胶	吨	136848.0
合成纤维单体	吨	168092.0
合成纤维聚合物	吨	151087.0
石墨烯	吨	5.0
化学试剂	吨	149330.7
橡胶助剂	吨	31075.4
化学药品原药	吨	1375.0
中成药	吨	33179.0
兽用药品	吨	7892.0
化学纤维	吨	52007.0
#合成纤维	吨	51828.0
#腈纶纤维	吨	51828.0
#高性能化学纤维	吨	179.0
橡胶轮胎外胎	条	4601918.0
#子午线轮胎外胎	条	4601918.0
塑料制品	吨	184824.7
#塑料薄膜	吨	6167.6
#农用薄膜	吨	2678.0
硅酸盐水泥熟料	吨	9007058.7
水泥	吨	20619215.3
商品混凝土	立方米	11800634.4
水泥混凝土排水管	千米	371.5
水泥混凝土压力管	千米	8.5
水泥混凝土电杆	根	89339.0
预应力混凝土桩	米	3289542.2
混凝土轨枕及铁道用混凝土制品	根	337339.0
水泥混凝土预制构件	立方米	580016.0
砖	万块	12734.0
建筑防水卷材及制品	平方米	2235603.9
#沥青和改性沥青防水卷材	平方米	2235603.9
隔热、隔音人造矿物材料及其制品	吨	11675.0
平板玻璃	重量箱	3945186.0
钢化玻璃	平方米	478502.0
夹层玻璃	平方米	29900.0
中空玻璃	平方米	729192.0
日用玻璃制品	吨	80000.0

2-1 续表 3

产品名称	计量单位	产品产量
玻璃包装容器	吨	292692.3
纤维增强塑料制品	吨	240395.2
瓷质砖	平方米	10235859.0
日用陶瓷制品	件	2352857.0
石墨及碳素制品	吨	344381.8
生铁	吨	6956792.9
粗钢	吨	7743133.3
钢材	吨	5617612.3
#棒材	吨	997698.0
#钢筋	吨	3635463.6
#线材(盘条)	吨	51029.0
#中厚宽钢带	吨	150963.0
#无缝钢管	吨	749909.4
#焊接钢管	吨	28702.3
#其他钢材	吨	3847.0
用外购钢材再加工生产钢材	吨	38563.4
铝合金	吨	30862.5
铝材	吨	144588.3
钢结构	吨	233138.0
金属门窗及类似制品	吨	2405.0
金属切削工具	万件	2430.9
金属集装箱	立方米	32000.0
金属压力容器	吨	5159.6
金属包装容器	吨	40818.9
金属丝	吨	313700.0
钢绞线	吨	3416.0
铸铁件	吨	5190.5
铸钢件	吨	31299.2
锻件	吨	130173.0
电站锅炉	蒸发量吨	73577.0
工业锅炉	蒸发量吨	10291.6
锅炉用辅助设备及装置	台	2662.0
发动机	千瓦	17957817.5
#汽车用发动机	千瓦	12416600.0
#船舶用发动机	千瓦	530.0
汽轮机	千瓦	10027150.0
#电站用汽轮机	千瓦	10027000.0
燃气轮机	千瓦	116771.0
水轮机	千瓦	296.0
风力发动机(风车)	千瓦	64500.0

2-1　续表 4

产品名称	计量单位	产品产量
金属切削机床	台	550.0
#数控金属切削机床	台	399.0
金属成形机床	台	7.0
电焊机	台	19857.0
起重机	吨	2530.0
工业车辆	台	502.0
#输送机械(输送机和提升机)	吨	1482.0
电梯、自动扶梯及升降机	台	107.0
泵	台	812.0
气体压缩机	台	1249055.0
#空调压缩机	台	1249055.0
阀门	吨	5629.5
液压元件	件	300.0
滚动轴承	万套	6774.3
#球轴承	万套	154.0
齿轮	吨	229333.2
齿轮传动装置(齿轮箱)	台(套)	55952.0
工业电炉	台	17.0
风机	台	2.0
气体分离及液化设备	台	18.0
液体过滤、净化机械	台	15600.0
工商用制冷、空调设备	台(套)	317.0
包装专用设备	台	382.0
金属紧固件	吨	3542.0
矿山专用设备	吨	13586.0
石油钻探、开采专用设备	台(套)	26509.0
建筑工程用机械	台	150.0
冶金专用设备	吨	116066.0
炼油、化工生产专用设备	吨	81732.3
塑料加工专用设备	台	
模具	套	1221.0
食品制造机械	台	158.0
农产品加工专用设备	台	183.0
制药专用设备	台	1020.0
电工机械专用设备	台	389.0
大型拖拉机	台	703.0
中型拖拉机	台	6063.0
机械化农业及园艺机具	台	8628.0
环境污染防治专用设备	台(套)	93.0
工业机器人	套	339.0

2-1 续表 5

产品名称	计量单位	产品产量
金属处理机械	台	368.0
服务机器人	套	165.0
汽车	辆	162914.0
#基本型乘用车(轿车)	辆	70884.0
#运动型多用途乘用车(SUV)	辆	92030.0
#新能源汽车	辆	5604.0
改装汽车	辆	390.0
铁路货车	辆	10322.0
城市轨道车辆	辆	60.0
民用钢质船舶	载重吨	1664.0
航空、航天设备，相关专用设备	台	40765.0
发电机组(发电设备)	千瓦	14203600.0
#水轮发电机组	千瓦	2262600.0
#汽轮发电机组	千瓦	11925000.0
电动机	千瓦	8525857.0
#直流电动机	千瓦	74109.0
#交流电动机	千瓦	8199205.0
变压器	千伏安	4340502.0
#高压开关板	面	955.0
#低压开关板	面	527.0
高压开关设备(11万伏以上)	台	5120.0
配电或电器控制设备	台(套、面)	10817.0
绝缘电线	吨	3737.2
电力电缆	千米	114178.8
锂离子电池	只(自然只)	8863293.0
蓄电池	千伏安时	502400.0
#铅酸蓄电池	千伏安时	502400.0
灯具及照明装置	套(台、个)	170107.0
传感器	万只	85.0
集成电路	万块	29098.0
工业自动调节仪表与控制系统	台(套)	8130.0
#工业自动控制系统	台(套)	4275.0
#可编程控制系统(PLC系统)	台(套)	3994.0
电工仪器仪表	台	2315352.0
#电能表	台	1139357.0
环境监测专用仪器仪表	台	428.0
汽车仪器仪表	台	3538505.0
光学仪器	台(个)	247.0
熔炼用废钢	吨	629661.0
熔炼用废铁	吨	52319.0

第3篇

规模以上工业企业科技情况篇

A. 企业R&D及相关活动主要指标

3-A-1 企业R&D及相关活动主要指标

主要指标	单位	总计	大型	中型	小微型
基本情况					
有R&D活动的企业	个	329	35	49	245
有研发机构的企业	个	100	28	17	55
有新产品销售的企业	个	234	29	29	176
R&D人员情况					
R&D人员合计	人	22885	15680	3016	4189
#女性	人	6237	4142	927	1168
#研究人员	人	10685	7978	1173	1534
#全时人员	人	15651	10198	2259	3194
R&D人员折合全时当量	人年	13110	8560	1818	2732
R&D经费情况					
R&D经费内部支出	万元	605680.1	441379.3	89630.8	74670.0
按支出用途分					
1.日常性支出	万元	576721.2	422535.0	83392.2	70794.0
#人员劳务费	万元	192897.2	148605.0	21212.5	23079.7
2.资产性支出	万元	28958.9	18844.3	6238.6	3876.0
#仪器和设备	万元	27493.8	17427.7	6208.5	3857.6
按资金来源分					
政府资金	万元	39292.1	36816.1	1088.5	1387.5
企业资金	万元	563518.3	403509.8	87453.1	72555.4
国外资金	万元	678.6	659.7		
其他资金	万元	2191.1	393.7	1089.2	708.2
R&D经费外部支出	万元	43482.1	35661.8	4461.0	3359.3
#对境内研究机构支出	万元	4264.3	1759.8	990.4	1514.1
对境内高等学校支出	万元	5314.8	4651.8	397.7	265.3
对境外支出	万元	461.5		461.5	
R&D项目情况					
项目数	项	2631	1191	496	944
参加项目人员	人	20122	13639	2678	3805
项目人员折合全时当量	人年	11635	7497	1645	2493
项目经费内部支出	万元	536107.3	383892.5	84154.1	68060.7

3-A-1　续表

主要指标	单位	总计	大型	中型	小微型
企业办研发机构情况					
机构数	个	121	41	23	57
机构人员数	人	11641	8916	1282	1443
#博士	人	308	274	11	23
硕士	人	2368	2023	157	188
机构经费支出	万元	319051.4	246038.7	40644.3	32368.4
仪器和设备原价	万元	328568.0	242050.3	52690.9	33826.8
#进口	万元	67503.7	61673.7	5622.2	207.8
新产品开发及生产情况					
新产品开发项目数	项	3036	1039	660	1337
新产品开发经费支出	万元	532983.0	319242.5	107708.3	106032.2
新产品销售收入	万元	5613764.4	4338643.1	570909.3	704212.0
#新产品出口	万元	181944.2	159180.1	9736.6	13027.5
自主知识产权及相关情况					
专利申请数	件	2764	1580	353	831
#发明专利	件	1232	672	197	363
有效发明专利数	件	4708	2442	691	1575
#境外授权	件	51	37	5	9
拥有注册商标数	件	5741	2683	590	2468
#境外注册	件	40	22	6	12
形成国家或行业标准数	项	117	56	12	49
政府相关政策落实情况					
来自政府部门的研究开发经费	万元	41494.8	37011.6	1210.4	3272.8
研究开发费用加计扣除减免税	万元	50923.9	33590.6	8043.4	9289.9
高新技术企业减免税	万元	56429.8	21844.9	26253.9	8331.0
技术获取和技术改造情况					
引进技术经费支出	万元	5707.7	5556.6	145.0	6.1
消化吸收经费支出	万元	1124.0	778.5	345.5	
购买国内技术经费支出	万元	141566.0	138398.0	100.0	3068.0
技术改造经费支出	万元	310157.3	292490.8	10002.8	7663.7

3-A-2 分登记注册类型企业R&D

主要指标	单位	内资企业	国有企业	集体企业	股份合作企业
基本情况					
有R&D活动的企业	个	308	3		1
有研发机构的企业	个	92	2		
有新产品销售的企业	个	224	4		
R&D人员情况					
R&D人员合计	人	21280	535		6
#女性	人	5728	185		2
#研究人员	人	9938	148		2
#全时人员	人	14487	281		5
R&D人员折合全时当量	人年	12309	230		2
R&D经费情况					
R&D经费内部支出	万元	546014.8	2363.9		25.6
按支出用途分					
1.日常性支出	万元	523495.4	2035.4		25.6
#人员劳务费	万元	179155.3	711.4		4.8
2.资产性支出	万元	22519.4	328.5		
#仪器和设备	万元	21094.1	326.9		
按资金来源分					
政府资金	万元	39093.9	29.5		
企业资金	万元	504101.6	1940.7		25.6
国外资金	万元	628.2			
其他资金	万元	2191.1	393.7		
R&D经费外部支出	万元	42351.2	3.2		
#对境内研究机构支出	万元	3743.1			
对境内高等学校支出	万元	5314.1			
对境外支出	万元	461.5			
R&D项目情况					
项目数	项	2395	66		1
参加项目人员	人	18722	469		5
项目人员折合全时当量	人年	10920	210		1
项目经费内部支出	万元	479517.9	1800.9		25.6

及相关活动主要指标

联营企业	有限责任公司	股份有限公司	私营企业	其他企业	港澳台商投资企业	外　商投资企业
	139	51	114		9	12
	52	20	18		3	5
	109	33	78		3	7
	15860	2312	2567		397	1208
	4047	785	709		145	364
	7892	970	926		148	599
	10479	1892	1830		348	816
	8839	1628	1610		236	565
	413653.4	50890.2	79081.7		33249.7	26415.6
	396228.3	48868.8	76337.3		33107.0	20118.8
	141309.2	17715.6	19414.3		3517.8	10224.1
	17425.1	2021.4	2744.4		142.7	6296.8
	16193.2	1841.5	2732.5		142.7	6257.0
	37140.4	1122.0	802.0		58.0	140.2
	374608.5	49519.1	78007.7		33191.7	26225.0
	414.1	195.2	18.9			50.4
	1490.4	53.9	253.1			
	35665.2	4745.8	1937.0		260.3	870.6
	2271.4	341.9	1129.8		42.5	478.7
	5134.1	88.8	91.2			0.7
	461.5					
	1440	408	480		121	115
	13798	2115	2335		359	1041
	7765	1484	1459		215	501
	352929.1	48520.1	76242.2		31526.8	25062.6

3-A-2 续表

主要指标	单位	内资企业	国有企业	集体企业	股份合作企业
企业办研发机构情况					
机构数	个	107	3		
机构人员数	人	10705	251		
#博士	人	296	8		
硕士	人	2212	34		
机构经费支出	万元	282462.7	1350.8		
仪器和设备原价	万元	283686.4	7071.2		
#进口	万元	61917.7	3032.7		
新产品开发及生产情况					
新产品开发项目数	项	2771	80		
新产品开发经费支出	万元	471964.4	3214.1		
新产品销售收入	万元	5323019.8	33012.3		
#新产品出口	万元	173850.2	504.3		
自主知识产权及相关情况					
专利申请数	件	2672	43		
#发明专利	件	1206	16		
有效发明专利数	件	4385	22		
#境外授权	件	50			
拥有注册商标数	件	2536	83	14	1
#境外注册	件	27	5		
形成国家或行业标准数	项	117	2		
政府相关政策落实情况					
来自政府部门的研究开发经费	万元	41022.1	29.5		
研究开发费用加计扣除减免税	万元	48635.8			
高新技术企业减免税	万元	44172.2			
技术获取和技术改造情况					
引进技术经费支出	万元	5556.0			
消化吸收经费支出	万元	1124.0			
购买国内技术经费支出	万元	140831.0			
技术改造经费支出	万元	308824.8	117.2		

联营企业	有限责任公司	股份有限公司	私营企业	其他企业	港澳台商投资企业	外商投资企业
	64	20	20		3	11
	8245	1672	537		323	613
	269	8	11		6	6
	1861	259	58		26	130
	229620.3	42899.4	8592.2		16178.5	20410.2
	209101.7	62536.6	4976.9		11485.7	33395.9
	54567.3	4262.4	55.3		3830.3	1755.7
	1491	551	649		134	131
	311703.3	64478.0	92569.0		34565.2	26453.4
	4185562.4	831609.7	272835.4		163030.7	127713.9
	158766.9	7060.1	7518.9			8094.0
	1998	315	316		11	81
	944	94	152		5	21
	3025	703	635		77	246
	33	13	4			1
	1245	575	618		1002	2203
	13	9				13
	79	9	27			
	38114.8	1324.9	1552.9		303.4	169.3
	37199.1	7832.9	3603.8		1096.1	1192.0
	19277.8	10744.0	14150.4		3820.2	8437.4
	5537.6	18.4				151.7
	1090.5	33.5				
	118978.2	21852.8				735.0
	295207.2	11867.8	1632.6			1332.5

3-A-3 制造业企业R&D

主要指标	单位	制造业合计	农副食品加工业	食品制造业	酒、饮料和精制茶制造业	烟草制品业	纺织业
基本情况							
有R&D活动的企业	个	315	21	15	3	1	
有研发机构的企业	个	94	4	4	1	1	
有新产品销售的企业	个	231	16	11	4	1	1
R&D人员情况							
R&D人员合计	人	15433	232	339	50	34	
#女性	人	4313	105	124	26	9	
#研究人员	人	6517	73	151	27	16	
#全时人员	人	11286	164	178	44	21	
R&D人员折合全时当量	人年	8881	151	157	30	32	
R&D经费情况							
R&D经费内部支出	万元	397868.6	5229.7	14397.9	722.9	2410.9	
按支出用途分							
1.日常性支出	万元	375892.9	4757.7	14252.2	357.0	1788.0	
#人员劳务费	万元	114099.3	1155.6	1315.5	203.6	642.0	
2.资产性支出	万元	21975.7	472.0	145.7	365.9	622.9	
#仪器和设备	万元	21057.0	461.3	144.9	365.6	622.9	
按资金来源分							
政府资金	万元	29687.4	33.9	222.0	40.0		
企业资金	万元	365333.1	5195.8	14138.7	682.9	2410.9	
国外资金	万元	678.6					
其他资金	万元	2169.5		37.2			
R&D经费外部支出	万元	17306.7	117.9	71.0	111.3		
#对境内研究机构支出	万元	3944.6	1.4				
对境内高等学校支出	万元	1669.5	106.5	71.0	111.3		
对境外支出	万元	461.5					
R&D项目情况							
项目数	项	2043	52	43	3	11	
参加项目人员	人	14066	194	312	32	32	
项目人员折合全时当量	人年	8170	127	143	22	30	
项目经费内部支出	万元	367657.9	4912.3	14070.0	290.0	2298.4	

及相关活动主要指标

纺织服装、服饰业	皮革、毛皮、羽毛及其制品和制鞋业	木材加工和木、竹、藤、棕、草制品业	家具制造业	造纸及纸制品业	印刷和记录媒介复制业	文教、工美、体育和娱乐用品制造业	石油、煤炭及其他燃料加工业	化学原料和化学制品制造业	医药制造业
		2	2	2	3	1	6	22	51
				1		1	2	8	16
		1	1	3	1	1	3	15	16
		68	22	28	25	10	179	484	2431
		42	5	20	7	3	45	133	1261
		10	8	13	3	3	76	156	1061
		51	15	19	21	5	112	356	1783
		61	10	16	8	6	107	317	1483
		1436.0	364.0	798.9	1038.6	104.8	10043.0	17176.3	37943.8
		1333.8	364.0	778.8	1038.3	83.0	9439.3	16927.0	35309.1
		467.3	161.1	182.4	73.7	7.1	2761.8	4269.3	15346.2
		102.2		20.1	0.3	21.8	603.7	249.3	2634.7
		97.8		20.1	0.3	20.0	602.3	249.3	2595.0
							52.0	20.0	815.1
		1436.0	364.0	798.9	1038.6	104.8	9795.8	17156.3	37078.3
							195.2		50.4
		10.1		3.1			0.3	14.2	10464.4
								7.4	2927.2
				3.1			0.1		293.8
									133.6
		10	2	8	7	1	17	75	544
		62	21	25	21	10	166	450	2125
		57	9	14	7	6	99	292	1321
		1431.3	75.1	556.1	1001.4	103.0	9632.3	16865.7	35941.8

3-A-3 续表 1

主要指标	单位	制造业合计	农副食品加工业	食品制造业	酒、饮料和精制茶制造业	烟草制品业	纺织业
企业办研发机构情况							
机构数	个	112	4	4	3	1	
机构人员数	人	7226	98	101	35	61	
#博士	人	89	2	1	2	1	
硕士	人	1373	20	4	2	23	
机构经费支出	万元	179726.9	3106.4	593.3	2.2	2880.0	
仪器和设备原价	万元	253915.6	4047.5	390.5	934.4	11026.2	
#进口	万元	39166.3	207.8		289.8	7699.2	
新产品开发及生产情况							
新产品开发项目数	项	2901	81	63	7	14	1
新产品开发经费支出	万元	489849.7	7149.8	15310.3	821.0	2870.1	200.0
新产品销售收入	万元	5584650.8	73754.6	30011.7	4438.4	194109.6	2000.0
#新产品出口	万元	181624.2	1200.0				2000.0
自主知识产权及相关情况							
专利申请数	件	2294	56	7	1	5	1
#发明专利	件	1004	30	2	1	1	1
有效发明专利数	件	3947	63	53	12	3	
#境外授权	件	50					
拥有注册商标数	件	5731	341	844	312	170	3
#境外注册	件	39		11	1	1	
形成国家或行业标准数	项	106	6	1	1		1
政府相关政策落实情况							
来自政府部门的研究开发经费	万元	31858.2	263.9	42.0	105.0		70.0
研究开发费用加计扣除减免税	万元	42603.2	327.8	79.3			
高新技术企业减免税	万元	56058.7	1169.9	89.6			
技术获取和技术改造情况							
引进技术经费支出	万元	5707.7					
消化吸收经费支出	万元	1124.0					
购买国内技术经费支出	万元	135852.3	10.0	10.0	100.0		
技术改造经费支出	万元	150971.1	183.0	318.0	200.0		

纺织服装、服饰业	皮革、毛皮、羽毛及其制品和制鞋业	木材加工和木、竹、藤、棕、草制品业	家具制造业	造纸及纸制品业	印刷和记录媒介复制业	文教、工美、体育和娱乐用品制造业	石油、煤炭及其他燃料加工业	化学原料和化学制品制造业	医药制造业
				1		1	2	8	22
				51		5	37	257	1201
				1			1	5	12
				9			13	31	216
				1097.2		62.4	1740.9	10017.7	35155.1
				4821.2		20.0	3184.1	10530.0	23827.6
				2721.9				1600.3	668.6
		12	4	19	4	1	31	104	709
		1893.5	585.1	2497.6	394.0	106.0	10316.8	19188.6	44960.8
		4788.6	6712.8	104921.6	192.0	200.0	371213.7	116021.5	237918.3
				22627.0		50.0			563.3
		7	7	3	6		73	51	236
		2	7	3	6		12	26	153
		53	34	54	34		173	147	657
				18			1		14
1		13	4	47	2	3	30	327	3196
								2	12
				1				8	14
			16.0				52.0	20.0	1251.6
							324.6	470.9	4585.5
					3.7		425.6	524.5	32392.6
		12.3							151.7
		33.5							
							22233.3		1183.0
				1346.6			5479.5	2084.8	2104.7

3-A-3 续表 2

主要指标	单位	化学纤维制造业	橡胶和塑料制品业	非金属矿物制品业	黑色金属冶炼和压延加工业	有色金属冶炼和压延加工业	金属制品业
基本情况							
有R&D活动的企业	个	1	11	17	2	5	10
有研发机构的企业	个		5	2	1	1	4
有新产品销售的企业	个	1	7	12	3	4	6
R&D人员情况							
R&D人员合计	人	27	441	298	678	722	250
#女性	人	6	108	66	123	167	44
#研究人员	人	6	142	107	232	322	84
#全时人员	人	15	294	221	169	194	123
R&D人员折合全时当量	人年	18	253	191	215	354	158
R&D经费情况							
R&D经费内部支出	万元	209.2	22881.6	5144.8	45013.3	32380.6	2756.7
按支出用途分							
1.日常性支出	万元	200.9	22659.0	5088.7	44731.9	22698.1	1877.8
#人员劳务费	万元	67.1	3046.0	1550.2	7466.2	3400.7	685.6
2.资产性支出	万元	8.3	222.6	56.1	281.4	9682.5	878.9
#仪器和设备	万元	8.3	222.6	54.2	280.2	9682.5	878.9
按资金来源分							
政府资金	万元		199.2	129.7	50.3	16945.1	50.0
企业资金	万元	209.2	22682.4	5015.1	44963.0	15435.5	2706.7
国外资金	万元						
其他资金	万元						
R&D经费外部支出	万元			65.1		522.0	325.7
#对境内研究机构支出	万元			3.0			
对境内高等学校支出	万元			62.1		253.3	
对境外支出	万元						195.2
R&D项目情况							
项目数	项	6	118	53	37	70	49
参加项目人员	人	26	387	257	658	696	231
项目人员折合全时当量	人年	17	222	172	211	341	147
项目经费内部支出	万元	209.2	21274.7	4409.4	45011.8	29396.0	2600.5

通用设备制造业	专用设备制造业	汽车制造业	铁路、船舶、航空航天和其他运输设备制造业	电气机械和器材制造业	计算机、通信和其他电子设备制造业	仪器仪表制造业	其他制造业	废弃资源综合利用业	金属制品、机械和设备修理业
35	36	8	18	20	7	14	2		
13	7	4	5	6	1	6	1		
38	30	8	16	16	7	7	1	1	
2217	2351	554	1126	2002	315	515	35		
509	574	100	193	457	85	92	9		
946	984	265	520	903	133	257	19		
1688	2038	487	841	1685	284	456	22		
1027	920	427	793	1519	270	328	28		
50286.8	47254.3	13210.6	23212.0	47980.0	4552.7	10808.2	511.0		
49503.1	46447.6	12796.7	22495.9	45760.4	4376.2	10322.0	506.4		
11160.3	16011.1	7248.9	10754.4	20792.8	1924.9	3274.0	131.5		
783.7	806.7	413.9	716.1	2219.6	176.5	486.2	4.6		
761.8	165.3	266.3	713.1	2214.6	176.5	448.6	4.6		
1265.2	1888.2	97.7	3020.6	4795.5		15.4	47.5		
47200.3	45366.1	13112.9	20115.8	42968.6	4514.3	10378.7	463.5		
18.9						414.1			
1802.4			75.6	215.9	38.4				
2941.3	184.0	528.4	923.2	538.3	5.5	480.9			
278.9	135.8		50.0	182.1		358.8			
403.3	7.9	8.0	286.7	62.4					
132.7									
292	161	49	146	195	33	50	11		
2052	2091	528	1035	1864	276	484	31		
965	822	407	730	1432	240	310	25		
47283.3	45846.0	12284.3	15861.8	43593.0	3466.9	8733.1	510.5		

3-A-3 续表 3

主要指标	单位	化学纤维制造业	橡胶和塑料制品业	非金属矿物制品业	黑色金属冶炼和压延加工业	有色金属冶炼和压延加工业	金属制品业
企业办研发机构情况							
机构数	个		5	2	2	1	4
机构人员数	人		305	50	231	156	178
#博士	人		6			2	
硕士	人		24	4	5	19	2
机构经费支出	万元		15484.6	494.0	239.3	10123.0	1301.3
仪器和设备原价	万元		12189.7	427.1	1324.3	4982.5	4073.0
#进口	万元		3830.3		538.8	1372.5	283.1
新产品开发及生产情况							
新产品开发项目数	项	6	119	65	42	75	63
新产品开发经费支出	万元	209.2	25482.2	5326.8	50894.4	33651.5	3890.6
新产品销售收入	万元	1210.5	163864.1	58851.3	978009.7	113308.8	74893.5
#新产品出口	万元		4751.0	6159.6	1661.4		3353.0
自主知识产权及相关情况							
专利申请数	件		31	54	10	64	48
#发明专利	件		6	18	9	37	35
有效发明专利数	件	6	65	144	18	137	84
#境外授权	件			3			
拥有注册商标数	件	1	36	53	3	11	11
#境外注册	件			1		2	
形成国家或行业标准数	项		1		3	6	
政府相关政策落实情况							
来自政府部门的研究开发经费	万元		62.5	71.7	50.3	16945.1	5.0
研究开发费用加计扣除减免税	万元	25.7	1068.9	224.9	38.6	2429.1	484.9
高新技术企业减免税	万元	20.3	3493.2	313.7	3203.4	30.4	604.1
技术获取和技术改造情况							
引进技术经费支出	万元				1980.7	2600.0	
消化吸收经费支出	万元						
购买国内技术经费支出	万元				107880.5	4100.0	
技术改造经费支出	万元		1063.2	146.0	109943.1	4790.0	26.9

通用设备制造业	专用设备制造业	汽车制造业	铁路、船舶、航空航天和其他运输设备制造业	电气机械和器材制造业	计算机、通信和其他电子设备制造业	仪器仪表制造业	其他制造业	废弃资源综合利用业	金属制品、机械和设备修理业
20	7	4	5	6	1	8	1		
1843	627	529	448	620	16	358	19		
19	14		3	10		5	5		
387	178	62	188	145	1	35	5		
56961.0	8336.5	11769.2	9117.1	5735.3	215.4	4979.5	315.5		
59891.7	25693.6	33066.8	20819.1	28735.3	46.1	3876.9	8.0		
4196.4	55.3	2626.0	9781.0	2658.3		637.0			
570	210	71	190	228	89	107	15	1	
104208.7	35419.4	19274.2	27670.8	48492.4	13574.5	14553.1	623.3	285.0	
1069697.9	771108.2	213506.2	594487.3	284188.3	39808.4	74291.3	42.5	1100.0	
18917.6	9955.9	3207.6	104296.9	186.4	220.1	2474.4			
595	262	120	175	339	62	80	1		
233	99	26	93	135	45	24			
566	510	48	508	374	57	143	4		
			8		4	2			
73	59	16	82	29	4	56	4		
	4					5			
17	10		16	10		11			
1966.1	2852.2	100.0	3097.8	4795.5	1.0	43.0	47.5		
6332.0	1254.0	240.2	15890.5	5242.8	2890.6	625.6	67.3		
5714.4	632.6	257.8	6154.4	136.8	486.6	375.6	29.5		
956.9	6.1								
1090.5									
			25.5			310.0			
2100.4	2.7	5409.0	9086.1	4067.8		2319.3		300.0	

B. 基本情况

3-B-1 分登记注册类型企业基本情况

单位：个

登记注册类型	有R&D活动的企业	有研发机构的企业	有新产品销售的企业
总　计	**329**	**100**	**234**
内资企业	**308**	**92**	**224**
国有企业	3	2	4
集体企业			
股份合作企业	1		
联营企业			
集体联营企业			
有限责任公司	139	52	109
国有独资公司	13	6	9
其他有限责任公司	126	46	100
股份有限公司	51	20	33
私营企业	114	18	78
私营独资企业			
私营合伙企业			
私营有限责任公司	93	14	69
私营股份有限公司	21	4	9
其他企业			
港、澳、台商投资企业	**9**	**3**	**3**
合资经营企业	5	2	2
合作经营企业			
港、澳、台商独资经营企业	4	1	1
港、澳、台商投资股份有限公司			
其他港、澳、台投资企业			
外商投资企业	**12**	**5**	**7**
中外合资经营企业	7	2	4
中外合作经营企业			
外资企业	4	2	2
外商投资股份有限公司	1	1	1
其他外商投资企业			

3-B-2　分登记注册类型大中型企业基本情况

单位：个

登记注册类型	有R&D活动的企业	有研发机构的企业	有新产品销售的企业
总　计	**84**	**45**	**58**
内资企业	**75**	**39**	**52**
国有企业	3	2	3
集体企业			
股份合作企业			
有限责任公司	44	26	32
国有独资公司	10	6	7
其他有限责任公司	34	20	25
股份有限公司	17	9	11
私营企业	11	2	6
私营独资企业			
私营合伙企业			
私营有限责任公司	9	1	4
私营股份有限公司	2	1	2
港、澳、台商投资企业	**4**	**2**	**2**
合资经营企业	1	1	1
合作经营企业			
港、澳、台商独资经营企业	3	1	1
港、澳、台商投资股份有限公司			
其他港、澳、台投资企业			
外商投资企业	**5**	**4**	**4**
中外合资经营企业	3	2	2
中外合作经营企业			
外资企业	1	1	1
外商投资股份有限公司	1	1	1
其他外商投资企业			

3-B-3 分行业企业基本情况

单位：个

行　业	有R&D活动的企业	有研发机构的企业	有新产品销售的企业
总　计	**329**	**100**	**234**
采矿业	**8**	**4**	**2**
煤炭开采和洗选业	2	1	
石油和天然气开采业	1	1	1
黑色金属矿采选业			
有色金属矿采选业	1		
非金属矿采选业	2		
开采专业及辅助性活动	2	2	1
其他采矿业			
制造业	**315**	**94**	**231**
农副食品加工业	21	4	16
食品制造业	15	4	11
酒、饮料和精制茶制造业	3	1	4
烟草制品业	1	1	1
纺织业			1
纺织服装、服饰业			
皮革、毛皮、羽毛及其制品和制鞋业			
木材加工和木、竹、藤、棕、草制品业	2		1
家具制造业	2		1
造纸和纸制品业	2	1	3
印刷和记录媒介复制业	3		1
文教、工美、体育和娱乐用品制造业	1	1	1
石油、煤炭及其他燃料加工业	6	2	3
化学原料和化学制品制造业	22	8	15
医药制造业	51	16	16
化学纤维制造业	1		1
橡胶和塑料制品业	11	5	7
非金属矿物制品业	17	2	12
黑色金属冶炼和压延加工业	2	1	3
有色金属冶炼和压延加工业	5	1	4
金属制品业	10	4	6
通用设备制造业	35	13	38
专用设备制造业	36	7	30
汽车制造业	8	4	8
铁路、船舶、航空航天和其他运输设备制造业	18	5	16
电气机械和器材制造业	20	6	16
计算机、通信和其他电子设备制造业	7	1	7
仪器仪表制造业	14	6	7
其他制造业	2	1	1
废弃资源综合利用业			1
金属制品、机械和设备修理业			
电力、热力、燃气及水生产和供应业	**6**	**2**	**1**
电力、热力生产和供应业	3	2	
燃气生产和供应业	2		
水的生产和供应业	1		1

3-B-4　分行业大中型企业基本情况

单位：个

行　　业	有R&D活动的企业	有研发机构的企业	有新产品销售的企业
总　计	**84**	**45**	**58**
采矿业	**4**	**2**	**1**
煤炭开采和洗选业	2	1	
石油和天然气开采业	1	1	1
黑色金属矿采选业			
有色金属矿采选业	1		
非金属矿采选业			
开采专业及辅助性活动			
其他采矿业			
制造业	**76**	**41**	**57**
农副食品加工业	3		
食品制造业	2	1	2
酒、饮料和精制茶制造业	1	1	1
烟草制品业	1	1	1
纺织业			1
纺织服装、服饰业			
皮革、毛皮、羽毛及其制品和制鞋业			
木材加工和木、竹、藤、棕、草制品业	1		1
家具制造业			
造纸和纸制品业	1	1	1
印刷和记录媒介复制业			
文教、工美、体育和娱乐用品制造业			
石油、煤炭及其他燃料加工业	5	2	3
化学原料和化学制品制造业	5	3	2
医药制造业	18	6	5
化学纤维制造业			
橡胶和塑料制品业	1	1	2
非金属矿物制品业	2	1	1
黑色金属冶炼和压延加工业	2	1	3
有色金属冶炼和压延加工业	1	1	1
金属制品业	2	2	2
通用设备制造业	9	6	10
专用设备制造业	6	5	5
汽车制造业	2	2	2
铁路、船舶、航空航天和其他运输设备制造业	4	2	5
电气机械和器材制造业	6	4	6
计算机、通信和其他电子设备制造业	2		1
仪器仪表制造业	2	1	2
其他制造业			
废弃资源综合利用业			
金属制品、机械和设备修理业			
电力、热力、燃气及水生产和供应业	**4**	**2**	
电力、热力生产和供应业	3	2	
燃气生产和供应业			
水的生产和供应业	1		

3-B-5 分行业内资企业基本情况

单位：个

行业	有R&D活动的企业	有研发机构的企业	有新产品销售的企业
总 计	**308**	**92**	**224**
采矿业	**7**	**4**	**2**
煤炭开采和洗选业	2	1	
石油和天然气开采业	1	1	1
黑色金属矿采选业			
有色金属矿采选业	1		
非金属矿采选业	1		
开采专业及辅助性活动	2	2	1
其他采矿业			
制造业	**296**	**86**	**221**
农副食品加工业	20	4	16
食品制造业	12	3	9
酒、饮料和精制茶制造业	3	1	4
烟草制品业	1	1	1
纺织业			1
纺织服装、服饰业			
皮革、毛皮、羽毛及其制品和制鞋业			
木材加工和木、竹、藤、棕、草制品业	2		1
家具制造业	2		1
造纸和纸制品业	2	1	3
印刷和记录媒介复制业	3		1
文教、工美、体育和娱乐用品制造业	1	1	1
石油、煤炭及其他燃料加工业	6	2	3
化学原料和化学制品制造业	20	7	14
医药制造业	46	13	15
化学纤维制造业	1		1
橡胶和塑料制品业	10	4	5
非金属矿物制品业	14	1	12
黑色金属冶炼和压延加工业	2	1	3
有色金属冶炼和压延加工业	5	1	4
金属制品业	9	4	4
通用设备制造业	35	13	38
专用设备制造业	36	7	30
汽车制造业	7	3	7
铁路、船舶、航空航天和其他运输设备制造业	17	5	15
电气机械和器材制造业	20	6	16
计算机、通信和其他电子设备制造业	7	1	7
仪器仪表制造业	13	6	7
其他制造业	2	1	1
废弃资源综合利用业			1
金属制品、机械和设备修理业			
电力、热力、燃气及水生产和供应业	**5**	**2**	**1**
电力、热力生产和供应业	2	2	
燃气生产和供应业	2		
水的生产和供应业	1		1

3-B-6　分行业港澳台商投资企业基本情况

单位：个

行　　业	有R&D活动的企业	有研发机构的企业	有新产品销售的企业
总　计	**9**	**3**	**3**
采矿业			
煤炭开采和洗选业			
石油和天然气开采业			
黑色金属矿采选业			
有色金属矿采选业			
非金属矿采选业			
开采专业及辅助性活动			
其他采矿业			
制造业	**9**	**3**	**3**
农副食品加工业	1		
食品制造业	1		
酒、饮料和精制茶制造业			
烟草制品业			
纺织业			
纺织服装、服饰业			
皮革、毛皮、羽毛及其制品和制鞋业			
木材加工和木、竹、藤、棕、草制品业			
家具制造业			
造纸和纸制品业			
印刷和记录媒介复制业			
文教、工美、体育和娱乐用品制造业			
石油、煤炭及其他燃料加工业			
化学原料和化学制品制造业	1		1
医药制造业	3	2	
化学纤维制造业			
橡胶和塑料制品业	1	1	1
非金属矿物制品业	2		
黑色金属冶炼和压延加工业			
有色金属冶炼和压延加工业			
金属制品业			1
通用设备制造业			
专用设备制造业			
汽车制造业			
铁路、船舶、航空航天和其他运输设备制造业			
电气机械和器材制造业			
计算机、通信和其他电子设备制造业			
仪器仪表制造业			
其他制造业			
废弃资源综合利用业			
金属制品、机械和设备修理业			
电力、热力、燃气及水生产和供应业			
电力、热力生产和供应业			
燃气生产和供应业			
水的生产和供应业			

3-B-7 分行业外商投资企业基本情况

单位：个

行　业	有R&D活动的企业	有研发机构的企业	有新产品销售的企业
总　计	**12**	**5**	**7**
采矿业	**1**		
煤炭开采和洗选业			
石油和天然气开采业			
黑色金属矿采选业			
有色金属矿采选业			
非金属矿采选业	1		
开采专业及辅助性活动			
其他采矿业			
制造业	**10**	**5**	**7**
农副食品加工业			
食品制造业	2	1	2
酒、饮料和精制茶制造业			
烟草制品业			
纺织业			
纺织服装、服饰业			
皮革、毛皮、羽毛及其制品和制鞋业			
木材加工和木、竹、藤、棕、草制品业			
家具制造业			
造纸和纸制品业			
印刷和记录媒介复制业			
文教、工美、体育和娱乐用品制造业			
石油、煤炭及其他燃料加工业			
化学原料和化学制品制造业	1	1	
医药制造业	2	1	1
化学纤维制造业			
橡胶和塑料制品业			1
非金属矿物制品业	1	1	
黑色金属冶炼和压延加工业			
有色金属冶炼和压延加工业			
金属制品业	1		1
通用设备制造业			
专用设备制造业			
汽车制造业	1	1	1
铁路、船舶、航空航天和其他运输设备制造业	1		1
电气机械和器材制造业			
计算机、通信和其他电子设备制造业			
仪器仪表制造业	1		
其他制造业			
废弃资源综合利用业			
金属制品、机械和设备修理业			
电力、热力、燃气及水生产和供应业	**1**		
电力、热力生产和供应业	1		
燃气生产和供应业			
水的生产和供应业			

C. 企业R&D人员情况

3-C-1　分登记注册类型企业R&D人员情况

登记注册类型	R&D人员合计（人）	#女性	#研究人员	#全时人员	R&D人员折合全时当量（人年）
总　计	**22885**	**6237**	**10685**	**15651**	**13110**
内资企业	**21280**	**5728**	**9938**	**14487**	**12309**
国有企业	535	185	148	281	230
集体企业					
股份合作企业	6	2	2	5	2
联营企业					
集体联营企业					
有限责任公司	15860	4047	7892	10479	8839
国有独资公司	3010	730	1332	1981	1141
其他有限责任公司	12850	3317	6560	8498	7698
股份有限公司	2312	785	970	1892	1628
私营企业	2567	709	926	1830	1610
私营独资企业					
私营合伙企业					
私营有限责任公司	2142	629	774	1549	1380
私营股份有限公司	425	80	152	281	230
其他企业					
港、澳、台商投资企业	**397**	**145**	**148**	**348**	**236**
合资经营企业	116	65	43	100	92
合作经营企业					
港、澳、台商独资经营企业	281	80	105	248	144
港、澳、台商投资股份有限公司					
其他港、澳、台投资企业					
外商投资企业	**1208**	**364**	**599**	**816**	**565**
中外合资经营企业	1017	316	513	717	478
中外合作经营企业					
外资企业	72	15	18	62	60
外商投资股份有限公司	119	33	68	37	27
其他外商投资企业					

3-C-2 分登记注册类型大中型企业R&D人员情况

登记注册类型	R&D人员合计(人)	#女性	#研究人员	#全时人员	R&D人员折合全时当量(人年)
总　计	**18696**	**5069**	**9151**	**12457**	**10378**
内资企业	**17243**	**4613**	**8452**	**11422**	**9688**
国有企业	535	185	148	281	230
集体企业					
股份合作企业					
有限责任公司	14208	3585	7263	9275	7716
国有独资公司	2903	688	1284	1888	1099
其他有限责任公司	11305	2897	5979	7387	6617
股份有限公司	1553	559	653	1237	1105
私营企业	947	284	388	629	637
私营独资企业					
私营合伙企业					
私营有限责任公司	901	279	364	605	611
私营股份有限公司	46	5	24	24	26
港、澳、台商投资企业	**330**	**122**	**132**	**292**	**189**
合资经营企业	68	49	33	61	60
合作经营企业					
港、澳、台商独资经营企业	262	73	99	231	129
港、澳、台商投资股份有限公司					
其他港、澳、台投资企业					
外商投资企业	**1123**	**334**	**567**	**743**	**502**
中外合资经营企业	962	289	494	668	438
中外合作经营企业					
外资企业	42	12	5	38	36
外商投资股份有限公司	119	33	68	37	27
其他外商投资企业					

3-C-3　分行业企业R&D人员情况

行　　业	R&D人员合计（人）	#女性	#研究人员	#全时人员	R&D人员折合全时当量（人年）
总　计	**22885**	**6237**	**10685**	**15651**	**13110**
采矿业	**6918**	**1855**	**3913**	**4271**	**3793**
煤炭开采和洗选业	325	33	167	59	142
石油和天然气开采业	6549	1817	3733	4175	3626
黑色金属矿采选业					
有色金属矿采选业	3	1	2	3	1
非金属矿采选业	14	2	5	10	3
开采专业及辅助性活动	27	2	6	24	20
其他采矿业					
制造业	**15433**	**4313**	**6517**	**11286**	**8881**
农副食品加工业	232	105	73	164	151
食品制造业	339	124	151	178	157
酒、饮料和精制茶制造业	50	26	27	44	30
烟草制品业	34	9	16	21	32
纺织业					
纺织服装、服饰业					
皮革、毛皮、羽毛及其制品和制鞋业					
木材加工和木、竹、藤、棕、草制品业	68	42	10	51	61
家具制造业	22	5	8	15	10
造纸和纸制品业	28	20	13	19	16
印刷和记录媒介复制业	25	7	3	21	8
文教、工美、体育和娱乐用品制造业	10	3	3	5	6
石油、煤炭及其他燃料加工业	179	45	76	112	107
化学原料和化学制品制造业	484	133	156	356	317
医药制造业	2431	1261	1061	1783	1483
化学纤维制造业	27	6	6	15	18
橡胶和塑料制品业	441	108	142	294	253
非金属矿物制品业	298	66	107	221	191
黑色金属冶炼和压延加工业	678	123	232	169	215
有色金属冶炼和压延加工业	722	167	322	194	354
金属制品业	250	44	84	123	158
通用设备制造业	2217	509	946	1688	1027
专用设备制造业	2351	574	984	2038	920
汽车制造业	554	100	265	487	427
铁路、船舶、航空航天和其他运输设备制造业	1126	193	520	841	793
电气机械和器材制造业	2002	457	903	1685	1519
计算机、通信和其他电子设备制造业	315	85	133	284	270
仪器仪表制造业	515	92	257	456	328
其他制造业	35	9	19	22	28
废弃资源综合利用业					
金属制品、机械和设备修理业					
电力、热力、燃气及水生产和供应业	**534**	**69**	**255**	**94**	**437**
电力、热力生产和供应业	509	62	246	77	421
燃气生产和供应业	16	2	4	11	9
水的生产和供应业	9	5	5	6	7

3-C-4 分行业大中型企业R&D人员情况

行业	R&D人员合计(人)	#女性	#研究人员	#全时人员	R&D人员折合全时当量(人年)
总计	**18696**	**5069**	**9151**	**12457**	**10378**
采矿业	**6877**	**1851**	**3902**	**4237**	**3769**
煤炭开采和洗选业	325	33	167	59	142
石油和天然气开采业	6549	1817	3733	4175	3626
黑色金属矿采选业					
有色金属矿采选业	3	1	2	3	1
非金属矿采选业					
开采专业及辅助性活动					
其他采矿业					
制造业	**11301**	**3151**	**4998**	**8137**	**6181**
农副食品加工业	19	6	8	17	6
食品制造业	135	38	77	46	29
酒、饮料和精制茶制造业	26	9	14	22	8
烟草制品业	34	9	16	21	32
纺织业					
纺织服装、服饰业					
皮革、毛皮、羽毛及其制品和制鞋业					
木材加工和木、竹、藤、棕、草制品业	54	38	2	38	52
家具制造业					
造纸和纸制品业	16	8	9	11	14
印刷和记录媒介复制业					
文教、工美、体育和娱乐用品制造业					
石油、煤炭及其他燃料加工业	175	44	75	111	105
化学原料和化学制品制造业	310	73	105	217	209
医药制造业	1780	885	825	1278	997
化学纤维制造业					
橡胶和塑料制品业	234	65	85	211	125
非金属矿物制品业	63	25	30	56	26
黑色金属冶炼和压延加工业	678	123	232	169	215
有色金属冶炼和压延加工业	676	156	304	157	341
金属制品业	187	32	62	92	115
通用设备制造业	1723	430	737	1288	723
专用设备制造业	1860	494	825	1602	597
汽车制造业	459	90	234	411	381
铁路、船舶、航空航天和其他运输设备制造业	717	111	347	530	541
电气机械和器材制造业	1704	407	793	1454	1322
计算机、通信和其他电子设备制造业	193	65	74	174	183
仪器仪表制造业	258	43	144	232	159
其他制造业					
废弃资源综合利用业					
金属制品、机械和设备修理业					
电力、热力、燃气及水生产和供应业	**518**	**67**	**251**	**83**	**428**
电力、热力生产和供应业	509	62	246	77	421
燃气生产和供应业					
水的生产和供应业	9	5	5	6	7

3-C-5　分行业内资企业R&D人员情况

行　业	R&D人员合计(人)	#女性	#研究人员	#全时人员	R&D人员折合全时当量(人年)
总　计	**21280**	**5728**	**9938**	**14487**	**12309**
采矿业	**6911**	**1854**	**3910**	**4265**	**3791**
煤炭开采和洗选业	325	33	167	59	142
石油和天然气开采业	6549	1817	3733	4175	3626
黑色金属矿采选业					
有色金属矿采选业	3	1	2	3	1
非金属矿采选业	7	1	2	4	2
开采专业及辅助性活动	27	2	6	24	20
其他采矿业					
制造业	**13919**	**3812**	**5779**	**10204**	**8094**
农副食品加工业	220	102	68	153	148
食品制造业	202	85	73	130	128
酒、饮料和精制茶制造业	50	26	27	44	30
烟草制品业	34	9	16	21	32
纺织业					
纺织服装、服饰业					
皮革、毛皮、羽毛及其制品和制鞋业					
木材加工和木、竹、藤、棕、草制品业	68	42	10	51	61
家具制造业	22	5	8	15	10
造纸和纸制品业	28	20	13	19	16
印刷和记录媒介复制业	25	7	3	21	8
文教、工美、体育和娱乐用品制造业	10	3	3	5	6
石油、煤炭及其他燃料加工业	179	45	76	112	107
化学原料和化学制品制造业	438	120	150	315	279
医药制造业	1632	922	626	1263	1152
化学纤维制造业	27	6	6	15	18
橡胶和塑料制品业	207	43	57	83	128
非金属矿物制品业	257	57	100	188	158
黑色金属冶炼和压延加工业	678	123	232	169	215
有色金属冶炼和压延加工业	722	167	322	194	354
金属制品业	242	42	81	116	151
通用设备制造业	2217	509	946	1688	1027
专用设备制造业	2351	574	984	2038	920
汽车制造业	349	73	161	302	229
铁路、船舶、航空航天和其他运输设备制造业	1117	191	516	833	789
电气机械和器材制造业	2002	457	903	1685	1519
计算机、通信和其他电子设备制造业	315	85	133	284	270
仪器仪表制造业	492	90	246	438	309
其他制造业	35	9	19	22	28
废弃资源综合利用业					
金属制品、机械和设备修理业					
电力、热力、燃气及水生产和供应业	**450**	**62**	**249**	**18**	**424**
电力、热力生产和供应业	425	55	240	1	407
燃气生产和供应业	16	2	4	11	9
水的生产和供应业	9	5	5	6	7

3-C-6 分行业港澳台商投资企业R&D人员情况

行业	R&D人员合计(人)	#女性	#研究人员	#全时人员	R&D人员折合全时当量(人年)
总计	**397**	**145**	**148**	**348**	**236**
采矿业					
煤炭开采和洗选业					
石油和天然气开采业					
黑色金属矿采选业					
有色金属矿采选业					
非金属矿采选业					
开采专业及辅助性活动					
其他采矿业					
制造业	**397**	**145**	**148**	**348**	**236**
农副食品加工业	12	3	5	11	3
食品制造业	16	5	9	9	1
酒、饮料和精制茶制造业					
烟草制品业					
纺织业					
纺织服装、服饰业					
皮革、毛皮、羽毛及其制品和制鞋业					
木材加工和木、竹、藤、棕、草制品业					
家具制造业					
造纸和纸制品业					
印刷和记录媒介复制业					
文教、工美、体育和娱乐用品制造业					
石油、煤炭及其他燃料加工业					
化学原料和化学制品制造业	4	1	1	3	2
医药制造业	95	62	42	85	76
化学纤维制造业					
橡胶和塑料制品业	234	65	85	211	125
非金属矿物制品业	36	9	6	29	28
黑色金属冶炼和压延加工业					
有色金属冶炼和压延加工业					
金属制品业					
通用设备制造业					
专用设备制造业					
汽车制造业					
铁路、船舶、航空航天和其他运输设备制造业					
电气机械和器材制造业					
计算机、通信和其他电子设备制造业					
仪器仪表制造业					
其他制造业					
废弃资源综合利用业					
金属制品、机械和设备修理业					
电力、热力、燃气及水生产和供应业					
电力、热力生产和供应业					
燃气生产和供应业					
水的生产和供应业					

3-C-7　分行业外商投资企业R&D人员情况

行　业	R&D人员合计(人)	#女性	#研究人员	#全时人员	R&D人员折合全时当量(人年)
总　计	**1208**	**364**	**599**	**816**	**565**
采矿业	**7**	**1**	**3**	**6**	**1**
煤炭开采和洗选业					
石油和天然气开采业					
黑色金属矿采选业					
有色金属矿采选业					
非金属矿采选业	7	1	3	6	1
开采专业及辅助性活动					
其他采矿业					
制造业	**1117**	**356**	**590**	**734**	**551**
农副食品加工业					
食品制造业	121	34	69	39	28
酒、饮料和精制茶制造业					
烟草制品业					
纺织业					
纺织服装、服饰业					
皮革、毛皮、羽毛及其制品和制鞋业					
木材加工和木、竹、藤、棕、草制品业					
家具制造业					
造纸和纸制品业					
印刷和记录媒介复制业					
文教、工美、体育和娱乐用品制造业					
石油、煤炭及其他燃料加工业					
化学原料和化学制品制造业	42	12	5	38	36
医药制造业	704	277	393	435	254
化学纤维制造业					
橡胶和塑料制品业					
非金属矿物制品业	5		1	4	5
黑色金属冶炼和压延加工业					
有色金属冶炼和压延加工业					
金属制品业	8	2	3	7	7
通用设备制造业					
专用设备制造业					
汽车制造业	205	27	104	185	198
铁路、船舶、航空航天和其他运输设备制造业	9	2	4	8	4
电气机械和器材制造业					
计算机、通信和其他电子设备制造业					
仪器仪表制造业	23	2	11	18	18
其他制造业					
废弃资源综合利用业					
金属制品、机械和设备修理业					
电力、热力、燃气及水生产和供应业	**84**	**7**	**6**	**76**	**13**
电力、热力生产和供应业	84	7	6	76	13
燃气生产和供应业					
水的生产和供应业					

D. 企业R&D经费支出情况

1. 内部支出

3-D-1.1 分登记注册类型企业R&D经费内部支出情况

单位：万元

登记注册类型	R&D经费内部支出	日常性支出	#人员劳务费	资产性支出	#仪器和设备	#政府资金	#企业资金
总　计	**605680.1**	**576721.2**	**192897.2**	**28958.9**	**27493.8**	**39292.1**	**563518.3**
内资企业	**546014.8**	**523495.4**	**179155.3**	**22519.4**	**21094.1**	**39093.9**	**504101.6**
国有企业	2363.9	2035.4	711.4	328.5	326.9	29.5	1940.7
集体企业							
股份合作企业	25.6	25.6	4.8				25.6
联营企业							
集体联营企业							
有限责任公司	413653.4	396228.3	141309.2	17425.1	16193.2	37140.4	374608.5
国有独资公司	81536.5	70834.2	18361.5	10702.3	9762.7	18700.3	61969.0
其他有限责任公司	332116.9	325394.1	122947.7	6722.8	6430.5	18440.1	312639.5
股份有限公司	50890.2	48868.8	17715.6	2021.4	1841.5	1122.0	49519.1
私营企业	79081.7	76337.3	19414.3	2744.4	2732.5	802.0	78007.7
私营独资企业							
私营合伙企业							
私营有限责任公司	73277.5	70872.3	17704.3	2405.2	2393.4	631.3	72411.4
私营股份有限公司	5804.2	5465.0	1710.0	339.2	339.1	170.7	5596.3
其他企业							
港、澳、台商投资企业	**33249.7**	**33107.0**	**3517.8**	**142.7**	**142.7**	**58.0**	**33191.7**
合资经营企业	1832.2	1832.2	677.6			58.0	1774.2
合作经营企业							
港、澳、台商独资经营企业	31417.5	31274.8	2840.2	142.7	142.7		31417.5
港、澳、台商投资股份有限公司							
其他港、澳、台投资企业							
外商投资企业	**26415.6**	**20118.8**	**10224.1**	**6296.8**	**6257.0**	**140.2**	**26225.0**
中外合资经营企业	24225.4	18001.0	9301.2	6224.4	6184.6	140.2	24034.8
中外合作经营企业							
外资企业	1711.3	1638.9	664.1	72.4	72.4		1711.3
外商投资股份有限公司	478.9	478.9	258.8				478.9
其他外商投资企业							

3-D-1.2　分登记注册类型大中型企业R&D经费内部支出情况

单位：万元

登记注册类型	R&D经费内部支出	日常性支出	#人员劳务费	资产性支出	#仪器和设备	#政府资金	#企业资金
总　计	**531010.1**	**505927.2**	**169817.5**	**25082.9**	**23636.2**	**37904.6**	**490962.9**
内资企业	**475386.1**	**456544.6**	**157135.3**	**18841.5**	**17434.6**	**37767.2**	**435526.7**
国有企业	2363.9	2035.4	711.4	328.5	326.9	29.5	1940.7
集体企业							
股份合作企业							
有限责任公司	386152.3	369717.1	131956.9	16435.2	15208.0	36476.2	348388.7
国有独资公司	80677.7	69975.4	17942.8	10702.3	9762.7	18700.3	61110.2
其他有限责任公司	305474.6	299741.7	114014.1	5732.9	5445.3	17775.9	287278.5
股份有限公司	36117.9	34722.6	11795.1	1395.3	1217.2	1021.5	34901.2
私营企业	50752.0	50069.5	12671.9	682.5	682.5	240.0	50296.1
私营独资企业							
私营合伙企业							
私营有限责任公司	50209.4	49528.8	12529.0	680.6	680.6	240.0	49753.5
私营股份有限公司	542.6	540.7	142.9	1.9	1.9		542.6
港、澳、台商投资企业	**31831.8**	**31814.8**	**3109.9**	**17.0**	**17.0**		**31831.8**
合资经营企业	988.1	988.1	369.6				988.1
合作经营企业							
港、澳、台商独资经营企业	30843.7	30826.7	2740.3	17.0	17.0		30843.7
港、澳、台商投资股份有限公司							
其他港、澳、台投资企业							
外商投资企业	**23792.2**	**17567.8**	**9572.3**	**6224.4**	**6184.6**	**137.4**	**23604.4**
中外合资经营企业	22737.9	16513.5	9042.9	6224.4	6184.6	137.4	22550.1
中外合作经营企业							
外资企业	575.4	575.4	270.6				575.4
外商投资股份有限公司	478.9	478.9	258.8				478.9
其他外商投资企业							

3-D-1.3 分行业企业R&D经费内部支出情况

单位：万元

行业	R&D经费内部支出	日常性支出	#人员劳务费	资产性支出	#仪器和设备	#政府资金	#企业资金
总计	**605680.1**	**576721.2**	**192897.2**	**28958.9**	**27493.8**	**39292.1**	**563518.3**
采矿业	**200792.8**	**198705.7**	**78312.0**	**2087.1**	**1541.4**	**9570.5**	**191222.3**
煤炭开采和洗选业	7667.0	7370.6	638.0	296.4			7667.0
石油和天然气开采业	191386.5	189595.8	77320.9	1790.7	1541.4	9570.5	181816.0
黑色金属矿采选业							
有色金属矿采选业	210.3	210.3	72.6				210.3
非金属矿采选业	651.5	651.5	40.0				651.5
开采专业及辅助性活动	877.5	877.5	240.5				877.5
其他采矿业							
制造业	**397868.6**	**375892.9**	**114099.3**	**21975.7**	**21057.0**	**29687.4**	**365333.1**
农副食品加工业	5229.7	4757.7	1155.6	472.0	461.3	33.9	5195.8
食品制造业	14397.9	14252.2	1315.5	145.7	144.9	222.0	14138.7
酒、饮料和精制茶制造业	722.9	357.0	203.6	365.9	365.6	40.0	682.9
烟草制品业	2410.9	1788.0	642.0	622.9	622.9		2410.9
纺织业							
纺织服装、服饰业							
皮革、毛皮、羽毛及其制品和制鞋业							
木材加工和木、竹、藤、棕、草制品业	1436.0	1333.8	467.3	102.2	97.8		1436.0
家具制造业	364.0	364.0	161.1				364.0
造纸和纸制品业	798.9	778.8	182.4	20.1	20.1		798.9
印刷和记录媒介复制业	1038.6	1038.3	73.7	0.3	0.3		1038.6
文教、工美、体育和娱乐用品制造业	104.8	83.0	7.1	21.8	20.0		104.8
石油、煤炭及其他燃料加工业	10043.0	9439.3	2761.8	603.7	602.3	52.0	9795.8
化学原料和化学制品制造业	17176.3	16927.0	4269.3	249.3	249.3	20.0	17156.3
医药制造业	37943.8	35309.1	15346.2	2634.7	2595.0	815.1	37078.3
化学纤维制造业	209.2	200.9	67.1	8.3	8.3		209.2
橡胶和塑料制品业	22881.6	22659.0	3046.0	222.6	222.6	199.2	22682.4
非金属矿物制品业	5144.8	5088.7	1550.2	56.1	54.2	129.7	5015.1
黑色金属冶炼和压延加工业	45013.3	44731.9	7466.2	281.4	280.2	50.3	44963.0
有色金属冶炼和压延加工业	32380.6	22698.1	3400.7	9682.5	9682.5	16945.1	15435.5
金属制品业	2756.7	1877.8	685.6	878.9	878.9	50.0	2706.7
通用设备制造业	50286.8	49503.1	11160.3	783.7	761.8	1265.2	47200.3
专用设备制造业	47254.3	46447.6	16011.1	806.7	165.3	1888.2	45366.1
汽车制造业	13210.6	12796.7	7248.9	413.9	266.3	97.7	13112.9
铁路、船舶、航空航天和其他运输设备制造业	23212.0	22495.9	10754.4	716.1	713.1	3020.6	20115.8
电气机械和器材制造业	47980.0	45760.4	20792.8	2219.6	2214.6	4795.5	42968.6
计算机、通信和其他电子设备制造业	4552.7	4376.2	1924.9	176.5	176.5		4514.3
仪器仪表制造业	10808.2	10322.0	3274.0	486.2	448.6	15.4	10378.7
其他制造业	511.0	506.4	131.5	4.6	4.6	47.5	463.5
废弃资源综合利用业							
金属制品、机械和设备修理业							
电力、热力、燃气及水生产和供应业	**7018.7**	**2122.6**	**485.9**	**4896.1**	**4895.4**	**34.2**	**6962.9**
电力、热力生产和供应业	6563.4	1667.3	327.9	4896.1	4895.4	31.2	6526.1
燃气生产和供应业	427.0	427.0	136.0				411.5
水的生产和供应业	28.3	28.3	22.0			3.0	25.3

3-D-1.4　分行业大中型企业R&D经费内部支出情况

单位：万元

行　　业	R&D经费内部支出	日常性支出	#人员劳务费	资产性支出	#仪器和设备	#政府资金	#企业资金
总　计	**531010.1**	**505927.2**	**169817.5**	**25082.9**	**23636.2**	**37904.6**	**490962.9**
采矿业	**199263.8**	**197176.7**	**78031.5**	**2087.1**	**1541.4**	**9570.5**	**189693.3**
煤炭开采和洗选业	7667.0	7370.6	638.0	296.4			7667.0
石油和天然气开采业	191386.5	189595.8	77320.9	1790.7	1541.4	9570.5	181816.0
黑色金属矿采选业							
有色金属矿采选业	210.3	210.3	72.6				210.3
非金属矿采选业							
开采专业及辅助性活动							
其他采矿业							
制造业	**325154.6**	**307054.9**	**91436.1**	**18099.7**	**17199.4**	**28299.9**	**294718.2**
农副食品加工业	234.7	234.7	73.0				234.7
食品制造业	10927.1	10927.1	353.8				10927.1
酒、饮料和精制茶制造业	555.8	190.2	67.4	365.6	365.6	40.0	515.8
烟草制品业	2410.9	1788.0	642.0	622.9	622.9		2410.9
纺织业							
纺织服装、服饰业							
皮革、毛皮、羽毛及其制品和制鞋业							
木材加工和木、竹、藤、棕、草制品业	1377.8	1275.6	412.0	102.2	97.8		1377.8
家具制造业							
造纸和纸制品业	772.7	752.6	170.2	20.1	20.1		772.7
印刷和记录媒介复制业							
文教、工美、体育和娱乐用品制造业							
石油、煤炭及其他燃料加工业	9998.8	9395.1	2752.7	603.7	602.3	52.0	9751.6
化学原料和化学制品制造业	13472.9	13432.7	3399.9	40.2	40.2		13472.9
医药制造业	25450.7	23525.1	11641.2	1925.6	1885.9	465.2	24935.1
化学纤维制造业							
橡胶和塑料制品业	20225.7	20208.7	2608.7	17.0	17.0		20225.7
非金属矿物制品业	649.0	647.4	232.0	1.6		40.0	609.0
黑色金属冶炼和压延加工业	45013.3	44731.9	7466.2	281.4	280.2	50.3	44963.0
有色金属冶炼和压延加工业	31593.5	21911.0	3253.8	9682.5	9682.5	16945.1	14648.4
金属制品业	725.6	725.6	431.8				725.6
通用设备制造业	44079.4	43335.6	9208.7	743.8	721.9	1254.2	41564.3
专用设备制造业	39906.4	39223.4	13661.4	683.0	41.6	1752.2	38154.2
汽车制造业	11328.4	10914.5	6609.0	413.9	266.3		11328.4
铁路、船舶、航空航天和其他运输设备制造业	16750.4	16257.0	7137.4	493.4	490.4	3000.0	13750.4
电气机械和器材制造业	41946.5	40008.6	19466.7	1937.9	1934.2	4685.5	37045.1
计算机、通信和其他电子设备制造业	2549.5	2419.0	1019.5	130.5	130.5		2549.5
仪器仪表制造业	5185.5	5151.1	828.7	34.4		15.4	4756.0
其他制造业							
废弃资源综合利用业							
金属制品、机械和设备修理业							
电力、热力、燃气及水生产和供应业	**6591.7**	**1695.6**	**349.9**	**4896.1**	**4895.4**	**34.2**	**6551.4**
电力、热力生产和供应业	6563.4	1667.3	327.9	4896.1	4895.4	31.2	6526.1
燃气生产和供应业							
水的生产和供应业	28.3	28.3	22.0			3.0	25.3

3-D-1.5 分行业内资企业R&D经费内部支出情况

单位：万元

行业	R&D经费内部支出	日常性支出	#人员劳务费	资产性支出	#仪器和设备	#政府资金	#企业资金
总计	**546014.8**	**523495.4**	**179155.3**	**22519.4**	**21094.1**	**39093.9**	**504101.6**
采矿业	**200229.3**	**198142.2**	**78291.0**	**2087.1**	**1541.4**	**9570.5**	**190658.8**
煤炭开采和洗选业	7667.0	7370.6	638.0	296.4			7667.0
石油和天然气开采业	191386.5	189595.8	77320.9	1790.7	1541.4	9570.5	181816.0
黑色金属矿采选业							
有色金属矿采选业	210.3	210.3	72.6				210.3
非金属矿采选业	88.0	88.0	19.0				88.0
开采专业及辅助性活动	877.5	877.5	240.5				877.5
其他采矿业							
制造业	**344503.9**	**324076.2**	**100690.6**	**20427.7**	**19548.4**	**29489.2**	**312217.0**
农副食品加工业	5059.9	4587.9	1119.0	472.0	461.3	33.9	5026.0
食品制造业	3242.2	3096.5	949.3	145.7	144.9	222.0	2983.0
酒、饮料和精制茶制造业	722.9	357.0	203.6	365.9	365.6	40.0	682.9
烟草制品业	2410.9	1788.0	642.0	622.9	622.9		2410.9
纺织业							
纺织服装、服饰业							
皮革、毛皮、羽毛及其制品和制鞋业							
木材加工和木、竹、藤、棕、草制品业	1436.0	1333.8	467.3	102.2	97.8		1436.0
家具制造业	364.0	364.0	161.1				364.0
造纸和纸制品业	798.9	778.8	182.4	20.1	20.1		798.9
印刷和记录媒介复制业	1038.6	1038.3	73.7	0.3	0.3		1038.6
文教、工美、体育和娱乐用品制造业	104.8	83.0	7.1	21.8	20.0		104.8
石油、煤炭及其他燃料加工业	10043.0	9439.3	2761.8	603.7	602.3	52.0	9795.8
化学原料和化学制品制造业	16527.5	16278.2	3977.4	249.3	249.3	20.0	16507.5
医药制造业	26278.6	25027.0	10762.9	1251.6	1251.3	677.7	25600.9
化学纤维制造业	209.2	200.9	67.1	8.3	8.3		209.2
橡胶和塑料制品业	2655.9	2450.3	437.3	205.6	205.6	199.2	2456.7
非金属矿物制品业	4463.8	4410.2	1365.6	53.6	51.7	71.7	4392.1
黑色金属冶炼和压延加工业	45013.3	44731.9	7466.2	281.4	280.2	50.3	44963.0
有色金属冶炼和压延加工业	32380.6	22698.1	3400.7	9682.5	9682.5	16945.1	15435.5
金属制品业	2554.4	1675.5	631.8	878.9	878.9	50.0	2504.4
通用设备制造业	50286.8	49503.1	11160.3	783.7	761.8	1265.2	47200.3
专用设备制造业	47254.3	46447.6	16011.1	806.7	165.3	1888.2	45366.1
汽车制造业	5563.2	5224.8	2381.9	338.4	190.8	97.7	5465.5
铁路、船舶、航空航天和其他运输设备制造业	23064.2	22348.1	10694.2	716.1	713.1	3017.8	19970.8
电气机械和器材制造业	47980.0	45760.4	20792.8	2219.6	2214.6	4795.5	42968.6
计算机、通信和其他电子设备制造业	4552.7	4376.2	1924.9	176.5	176.5		4514.3
仪器仪表制造业	9987.2	9570.9	2917.6	416.3	378.7	15.4	9557.7
其他制造业	511.0	506.4	131.5	4.6	4.6	47.5	463.5
废弃资源综合利用业							
金属制品、机械和设备修理业							
电力、热力、燃气及水生产和供应业	**1281.6**	**1277.0**	**173.7**	**4.6**	**4.3**	**34.2**	**1225.8**
电力、热力生产和供应业	826.3	821.7	15.7	4.6	4.3	31.2	789.0
燃气生产和供应业	427.0	427.0	136.0				411.5
水的生产和供应业	28.3	28.3	22.0			3.0	25.3

3-D-1.6　分行业港澳台商投资企业R&D经费内部支出情况

单位：万元

行　业	R&D经费内部支出	日常性支出	#人员劳务费	资产性支出	#仪器和设备	#政府资金	#企业资金
总　计	**33249.7**	**33107.0**	**3517.8**	**142.7**	**142.7**	**58.0**	**33191.7**
采矿业							
煤炭开采和洗选业							
石油和天然气开采业							
黑色金属矿采选业							
有色金属矿采选业							
非金属矿采选业							
开采专业及辅助性活动							
其他采矿业							
制造业	**33249.7**	**33107.0**	**3517.8**	**142.7**	**142.7**	**58.0**	**33191.7**
农副食品加工业	169.8	169.8	36.6				169.8
食品制造业	10448.2	10448.2	95.0				10448.2
酒、饮料和精制茶制造业							
烟草制品业							
纺织业							
纺织服装、服饰业							
皮革、毛皮、羽毛及其制品和制鞋业							
木材加工和木、竹、藤、棕、草制品业							
家具制造业							
造纸和纸制品业							
印刷和记录媒介复制业							
文教、工美、体育和娱乐用品制造业							
石油、煤炭及其他燃料加工业							
化学原料和化学制品制造业	73.4	73.4	21.3				73.4
医药制造业	1737.9	1612.2	596.3	125.7	125.7		1737.9
化学纤维制造业							
橡胶和塑料制品业	20225.7	20208.7	2608.7	17.0	17.0		20225.7
非金属矿物制品业	594.7	594.7	159.9			58.0	536.7
黑色金属冶炼和压延加工业							
有色金属冶炼和压延加工业							
金属制品业							
通用设备制造业							
专用设备制造业							
汽车制造业							
铁路、船舶、航空航天和其他运输设备制造业							
电气机械和器材制造业							
计算机、通信和其他电子设备制造业							
仪器仪表制造业							
其他制造业							
废弃资源综合利用业							
金属制品、机械和设备修理业							
电力、热力、燃气及水生产和供应业							
电力、热力生产和供应业							
燃气生产和供应业							
水的生产和供应业							

3-D-1.7 分行业外商投资企业R&D经费内部支出情况

单位：万元

行业	R&D经费内部支出	日常性支出	#人员劳务费	资产性支出	#仪器和设备	#政府资金	#企业资金
总计	**26415.6**	**20118.8**	**10224.1**	**6296.8**	**6257.0**	**140.2**	**26225.0**
采矿业	**563.5**	**563.5**	**21.0**				**563.5**
煤炭开采和洗选业							
石油和天然气开采业							
黑色金属矿采选业							
有色金属矿采选业							
非金属矿采选业	563.5	563.5	21.0				563.5
开采专业及辅助性活动							
其他采矿业							
制造业	**20115.0**	**18709.7**	**9890.9**	**1405.3**	**1365.9**	**140.2**	**19924.4**
农副食品加工业							
食品制造业	707.5	707.5	271.2				707.5
酒、饮料和精制茶制造业							
烟草制品业							
纺织业							
纺织服装、服饰业							
皮革、毛皮、羽毛及其制品和制鞋业							
木材加工和木、竹、藤、棕、草制品业							
家具制造业							
造纸和纸制品业							
印刷和记录媒介复制业							
文教、工美、体育和娱乐用品制造业							
石油、煤炭及其他燃料加工业							
化学原料和化学制品制造业	575.4	575.4	270.6				575.4
医药制造业	9927.3	8669.9	3987.0	1257.4	1218.0	137.4	9739.5
化学纤维制造业							
橡胶和塑料制品业							
非金属矿物制品业	86.3	83.8	24.7	2.5	2.5		86.3
黑色金属冶炼和压延加工业							
有色金属冶炼和压延加工业							
金属制品业	202.3	202.3	53.8				202.3
通用设备制造业							
专用设备制造业							
汽车制造业	7647.4	7571.9	4867.0	75.5	75.5		7647.4
铁路、船舶、航空航天和其他运输设备制造业	147.8	147.8	60.2			2.8	145.0
电气机械和器材制造业							
计算机、通信和其他电子设备制造业							
仪器仪表制造业	821.0	751.1	356.4	69.9	69.9		821.0
其他制造业							
废弃资源综合利用业							
金属制品、机械和设备修理业							
电力、热力、燃气及水生产和供应业	**5737.1**	**845.6**	**312.2**	**4891.5**	**4891.1**		**5737.1**
电力、热力生产和供应业	5737.1	845.6	312.2	4891.5	4891.1		5737.1
燃气生产和供应业							
水的生产和供应业							

2. 外部支出

3-D-2.1　分登记注册类型企业R&D经费外部支出情况

单位：万元

登记注册类型	R&D经费外部支出	#对境内研究机构支出	#对境内高等学校支出
总　计	**43482.1**	**4264.3**	**5314.8**
内资企业	**42351.2**	**3743.1**	**5314.1**
国有企业	3.2		
集体企业			
股份合作企业			
联营企业			
集体联营企业			
有限责任公司	35665.2	2271.4	5134.1
国有独资公司	721.3	173.4	248.6
其他有限责任公司	34943.9	2098.0	4885.5
股份有限公司	4745.8	341.9	88.8
私营企业	1937.0	1129.8	91.2
私营独资企业			
私营合伙企业			
私营有限责任公司	1806.3	1080.1	10.2
私营股份有限公司	130.7	49.7	81.0
其他企业			
港、澳、台商投资企业	**260.3**	**42.5**	
合资经营企业	217.8		
合作经营企业			
港、澳、台商独资经营企业	42.5	42.5	
港、澳、台商投资股份有限公司			
其他港、澳、台投资企业			
外商投资企业	**870.6**	**478.7**	**0.7**
中外合资经营企业	870.6	478.7	0.7
中外合作经营企业			
外资企业			
外商投资股份有限公司			
其他外商投资企业			

3-D-2.2 分登记注册类型大中型企业R&D经费外部支出情况

单位：万元

登记注册类型	R&D经费外部支出	#对境内研究机构支出	#对境内高等学校支出
总 计	**40122.8**	**2750.2**	**5049.5**
内资企业	**39252.2**	**2271.5**	**5048.8**
国有企业	3.2		
集体企业			
股份合作企业			
有限责任公司	34696.3	1963.6	5027.0
国有独资公司	690.5	142.6	248.6
其他有限责任公司	34005.8	1821.0	4778.4
股份有限公司	4550.0	305.2	21.8
私营企业	2.7	2.7	
私营独资企业			
私营合伙企业			
私营有限责任公司	2.7	2.7	
私营股份有限公司			
港、澳、台商投资企业			
合资经营企业			
合作经营企业			
港、澳、台商独资经营企业			
港、澳、台商投资股份有限公司			
其他港、澳、台投资企业			
外商投资企业	**870.6**	**478.7**	**0.7**
中外合资经营企业	870.6	478.7	0.7
中外合作经营企业			
外资企业			
外商投资股份有限公司			
其他外商投资企业			

3-D-2.3　分行业企业R&D经费外部支出情况

单位：万元

行　业	R&D经费外部支出	#对境内研究机构支出	#对境内高等学校支出
总　计	**43482.1**	**4264.3**	**5314.8**
采矿业	**23596.5**	**319.7**	**2933.3**
煤炭开采和洗选业			
石油和天然气开采业	23596.5	319.7	2933.3
黑色金属矿采选业			
有色金属矿采选业			
非金属矿采选业			
开采专业及辅助性活动			
其他采矿业			
制造业	**17306.7**	**3944.6**	**1669.5**
农副食品加工业	117.9	1.4	106.5
食品制造业	71.0		71.0
酒、饮料和精制茶制造业	111.3		111.3
烟草制品业			
纺织业			
纺织服装、服饰业			
皮革、毛皮、羽毛及其制品和制鞋业			
木材加工和木、竹、藤、棕、草制品业	10.1		
家具制造业			
造纸和纸制品业	3.1		3.1
印刷和记录媒介复制业			
文教、工美、体育和娱乐用品制造业			
石油、煤炭及其他燃料加工业	0.3		0.1
化学原料和化学制品制造业	14.2	7.4	
医药制造业	10464.4	2927.2	293.8
化学纤维制造业			
橡胶和塑料制品业			
非金属矿物制品业	65.1	3.0	62.1
黑色金属冶炼和压延加工业			
有色金属冶炼和压延加工业	522.0		253.3
金属制品业	325.7		
通用设备制造业	2941.3	278.9	403.3
专用设备制造业	184.0	135.8	7.9
汽车制造业	528.4		8.0
铁路、船舶、航空航天和其他运输设备制造业	923.2	50.0	286.7
电气机械和器材制造业	538.3	182.1	62.4
计算机、通信和其他电子设备制造业	5.5		
仪器仪表制造业	480.9	358.8	
其他制造业			
废弃资源综合利用业			
金属制品、机械和设备修理业			
电力、热力、燃气及水生产和供应业	**2578.9**		**712.0**
电力、热力生产和供应业	2578.9		712.0
燃气生产和供应业			
水的生产和供应业			

3-D-2.4 分行业大中型企业R&D经费外部支出情况

单位：万元

行　业	R&D经费外部支出	#对境内研究机构支出	#对境内高等学校支出
总　计	**40122.8**	**2750.2**	**5049.5**
采矿业	**23596.5**	**319.7**	**2933.3**
煤炭开采和洗选业			
石油和天然气开采业	23596.5	319.7	2933.3
黑色金属矿采选业			
有色金属矿采选业			
非金属矿采选业			
开采专业及辅助性活动			
其他采矿业			
制造业	**13947.4**	**2430.5**	**1404.2**
农副食品加工业			
食品制造业			
酒、饮料和精制茶制造业	111.3		111.3
烟草制品业			
纺织业			
纺织服装、服饰业			
皮革、毛皮、羽毛及其制品和制鞋业			
木材加工和木、竹、藤、棕、草制品业	10.1		
家具制造业			
造纸和纸制品业	3.1		3.1
印刷和记录媒介复制业			
文教、工美、体育和娱乐用品制造业			
石油、煤炭及其他燃料加工业	0.3		0.1
化学原料和化学制品制造业			
医药制造业	8419.4	1469.1	286.8
化学纤维制造业			
橡胶和塑料制品业			
非金属矿物制品业			
黑色金属冶炼和压延加工业			
有色金属冶炼和压延加工业	513.5		244.8
金属制品业	202.3		
通用设备制造业	2919.4	277.9	401.6
专用设备制造业	184.0	135.8	7.9
汽车制造业	391.2		
铁路、船舶、航空航天和其他运输设备制造业	296.2	6.8	286.7
电气机械和器材制造业	537.8	182.1	61.9
计算机、通信和其他电子设备制造业			
仪器仪表制造业	358.8	358.8	
其他制造业			
废弃资源综合利用业			
金属制品、机械和设备修理业			
电力、热力、燃气及水生产和供应业	**2578.9**		**712.0**
电力、热力生产和供应业	2578.9		712.0
燃气生产和供应业			
水的生产和供应业			

3-D-2.5　分行业内资企业R&D经费外部支出情况

单位：万元

行　业	R&D经费外部支出	#对境内研究机构支出	#对境内高等学校支出
总　计	**42351.2**	**3743.1**	**5314.1**
采矿业	**23596.5**	**319.7**	**2933.3**
煤炭开采和洗选业			
石油和天然气开采业	23596.5	319.7	2933.3
黑色金属矿采选业			
有色金属矿采选业			
非金属矿采选业			
开采专业及辅助性活动			
其他采矿业			
制造业	**16175.8**	**3423.4**	**1668.8**
农副食品加工业	117.9	1.4	106.5
食品制造业	71.0		71.0
酒、饮料和精制茶制造业	111.3		111.3
烟草制品业			
纺织业			
纺织服装、服饰业			
皮革、毛皮、羽毛及其制品和制鞋业			
木材加工和木、竹、藤、棕、草制品业	10.1		
家具制造业			
造纸和纸制品业	3.1		3.1
印刷和记录媒介复制业			
文教、工美、体育和娱乐用品制造业			
石油、煤炭及其他燃料加工业	0.3		0.1
化学原料和化学制品制造业	14.2	7.4	
医药制造业	9724.7	2406.0	293.1
化学纤维制造业			
橡胶和塑料制品业			
非金属矿物制品业	65.1	3.0	62.1
黑色金属冶炼和压延加工业			
有色金属冶炼和压延加工业	522.0		253.3
金属制品业	325.7		
通用设备制造业	2941.3	278.9	403.3
专用设备制造业	184.0	135.8	7.9
汽车制造业	137.2		8.0
铁路、船舶、航空航天和其他运输设备制造业	923.2	50.0	286.7
电气机械和器材制造业	538.3	182.1	62.4
计算机、通信和其他电子设备制造业	5.5		
仪器仪表制造业	480.9	358.8	
其他制造业			
废弃资源综合利用业			
金属制品、机械和设备修理业			
电力、热力、燃气及水生产和供应业	**2578.9**		**712.0**
电力、热力生产和供应业	2578.9		712.0
燃气生产和供应业			
水的生产和供应业			

3-D-2.6 分行业港澳台商投资企业R&D经费外部支出情况

单位：万元

行　业	R&D经费外部支出	#对境内研究机构支出	#对境内高等学校支出
总　计	**260.3**	**42.5**	
采矿业			
煤炭开采和洗选业			
石油和天然气开采业			
黑色金属矿采选业			
有色金属矿采选业			
非金属矿采选业			
开采专业及辅助性活动			
其他采矿业			
制造业	**260.3**	**42.5**	
农副食品加工业			
食品制造业			
酒、饮料和精制茶制造业			
烟草制品业			
纺织业			
纺织服装、服饰业			
皮革、毛皮、羽毛及其制品和制鞋业			
木材加工和木、竹、藤、棕、草制品业			
家具制造业			
造纸和纸制品业			
印刷和记录媒介复制业			
文教、工美、体育和娱乐用品制造业			
石油、煤炭及其他燃料加工业			
化学原料和化学制品制造业			
医药制造业	260.3	42.5	
化学纤维制造业			
橡胶和塑料制品业			
非金属矿物制品业			
黑色金属冶炼和压延加工业			
有色金属冶炼和压延加工业			
金属制品业			
通用设备制造业			
专用设备制造业			
汽车制造业			
铁路、船舶、航空航天和其他运输设备制造业			
电气机械和器材制造业			
计算机、通信和其他电子设备制造业			
仪器仪表制造业			
其他制造业			
废弃资源综合利用业			
金属制品、机械和设备修理业			
电力、热力、燃气及水生产和供应业			
电力、热力生产和供应业			
燃气生产和供应业			
水的生产和供应业			

3-D-2.7　分行业外商投资企业R&D经费外部支出情况

单位：万元

行　业	R&D经费外部支出	#对境内研究机构支出	#对境内高等学校支出
总　计	**870.6**	**478.7**	**0.7**
采矿业			
煤炭开采和洗选业			
石油和天然气开采业			
黑色金属矿采选业			
有色金属矿采选业			
非金属矿采选业			
开采专业及辅助性活动			
其他采矿业			
制造业	**870.6**	**478.7**	**0.7**
农副食品加工业			
食品制造业			
酒、饮料和精制茶制造业			
烟草制品业			
纺织业			
纺织服装、服饰业			
皮革、毛皮、羽毛及其制品和制鞋业			
木材加工和木、竹、藤、棕、草制品业			
家具制造业			
造纸和纸制品业			
印刷和记录媒介复制业			
文教、工美、体育和娱乐用品制造业			
石油、煤炭及其他燃料加工业			
化学原料和化学制品制造业			
医药制造业	479.4	478.7	0.7
化学纤维制造业			
橡胶和塑料制品业			
非金属矿物制品业			
黑色金属冶炼和压延加工业			
有色金属冶炼和压延加工业			
金属制品业			
通用设备制造业			
专用设备制造业			
汽车制造业	391.2		
铁路、船舶、航空航天和其他运输设备制造业			
电气机械和器材制造业			
计算机、通信和其他电子设备制造业			
仪器仪表制造业			
其他制造业			
废弃资源综合利用业			
金属制品、机械和设备修理业			
电力、热力、燃气及水生产和供应业			
电力、热力生产和供应业			
燃气生产和供应业			
水的生产和供应业			

E. 企业R&D项目情况

3-E-1 分登记注册类型企业全部R&D项目情况

登记注册类型	项目数(项)	参加项目人员(人)	项目人员折合全时当量(人年)	项目经费内部支出(万元)
总 计	**2631**	**20122**	**11635**	**536107.3**
内资企业	**2395**	**18722**	**10920**	**479517.9**
国有企业	66	469	210	1800.9
集体企业				
股份合作企业	1	5	1	25.6
联营企业				
集体联营企业				
有限责任公司	1440	13798	7765	352929.1
国有独资公司	108	2709	1045	74709.7
其他有限责任公司	1332	11089	6720	278219.4
股份有限公司	408	2115	1484	48520.1
私营企业	480	2335	1459	76242.2
私营独资企业				
私营合伙企业				
私营有限责任公司	416	1943	1246	70642.9
私营股份有限公司	64	392	214	5599.3
其他企业				
港、澳、台商投资企业	**121**	**359**	**215**	**31526.8**
合资经营企业	24	112	88	1615.6
合作经营企业				
港、澳、台商独资经营企业	97	247	126	29911.2
港、澳、台商投资股份有限公司				
其他港、澳、台投资企业				
外商投资企业	**115**	**1041**	**501**	**25062.6**
中外合资经营企业	108	864	422	23126.1
中外合作经营企业				
外资企业	5	64	53	1711.0
外商投资股份有限公司	2	113	26	225.5
其他外商投资企业				

3-E-2　分登记注册类型大中型企业全部R&D项目情况

登记注册类型	项目数(项)	参加项目人员(人)	项目人员折合全时当量(人年)	项目经费内部支出(万元)
总　计	**1687**	**16317**	**9142**	**468046.6**
内资企业	**1485**	**15063**	**8533**	**415272.1**
国有企业	66	469	210	1800.9
集体企业				
股份合作企业				
有限责任公司	1107	12303	6734	328258.8
国有独资公司	88	2614	1009	74002.0
其他有限责任公司	1019	9689	5725	254256.8
股份有限公司	243	1419	1009	34832.2
私营企业	69	872	579	50380.2
私营独资企业				
私营合伙企业				
私营有限责任公司	61	829	555	49837.6
私营股份有限公司	8	43	24	542.6
港、澳、台商投资企业	**110**	**296**	**171**	**30325.5**
合资经营企业	14	66	58	988.1
合作经营企业				
港、澳、台商独资经营企业	96	230	113	29337.4
港、澳、台商投资股份有限公司				
其他港、澳、台投资企业				
外商投资企业	**92**	**958**	**439**	**22449.0**
中外合资经营企业	89	810	383	21648.1
中外合作经营企业				
外资企业	1	35	30	575.4
外商投资股份有限公司	2	113	26	225.5
其他外商投资企业				

3-E-3 分行业企业全部R&D项目情况

行业	项目数(项)	参加项目人员(人)	项目人员折合全时当量(人年)	项目经费内部支出(万元)
总计	**2631**	**20122**	**11635**	**536107.3**
采矿业	**523**	**5550**	**3042**	**161431.5**
煤炭开采和洗选业	15	303	136	6662.8
石油和天然气开采业	498	5207	2883	153161.3
黑色金属矿采选业				
有色金属矿采选业	1	2	1	210.3
非金属矿采选业	3	12	3	651.5
开采专业及辅助性活动	6	26	19	745.6
其他采矿业				
制造业	**2043**	**14066**	**8170**	**367657.9**
农副食品加工业	52	194	127	4912.3
食品制造业	43	312	143	14070.0
酒、饮料和精制茶制造业	3	32	22	290.0
烟草制品业	11	32	30	2298.4
纺织业				
纺织服装、服饰业				
皮革、毛皮、羽毛及其制品和制鞋业				
木材加工和木、竹、藤、棕、草制品业	10	62	57	1431.3
家具制造业	2	21	9	75.1
造纸和纸制品业	8	25	14	556.1
印刷和记录媒介复制业	7	21	7	1001.4
文教、工美、体育和娱乐用品制造业	1	10	6	103.0
石油、煤炭及其他燃料加工业	17	166	99	9632.3
化学原料和化学制品制造业	75	450	292	16865.7
医药制造业	544	2125	1321	35941.8
化学纤维制造业	6	26	17	209.2
橡胶和塑料制品业	118	387	222	21274.7
非金属矿物制品业	53	257	172	4409.4
黑色金属冶炼和压延加工业	37	658	211	45011.8
有色金属冶炼和压延加工业	70	696	341	29396.0
金属制品业	49	231	147	2600.5
通用设备制造业	292	2052	965	47283.3
专用设备制造业	161	2091	822	45846.0
汽车制造业	49	528	407	12284.3
铁路、船舶、航空航天和其他运输设备制造业	146	1035	730	15861.8
电气机械和器材制造业	195	1864	1432	43593.0
计算机、通信和其他电子设备制造业	33	276	240	3466.9
仪器仪表制造业	50	484	310	8733.1
其他制造业	11	31	25	510.5
废弃资源综合利用业				
金属制品、机械和设备修理业				
电力、热力、燃气及水生产和供应业	**65**	**506**	**423**	**7017.9**
电力、热力生产和供应业	61	485	410	6562.7
燃气生产和供应业	3	14	8	426.9
水的生产和供应业	1	7	6	28.3

3-E-4　分行业大中型企业全部R&D项目情况

行　　业	项目数(项)	参加项目人　　员(人)	项目人员折合全时当量(人年)	项目经费内部支出(万元)
总　计	**1687**	**16317**	**9142**	**468046.6**
采矿业	**514**	**5512**	**3020**	**160034.4**
煤炭开采和洗选业	15	303	136	6662.8
石油和天然气开采业	498	5207	2883	153161.3
黑色金属矿采选业				
有色金属矿采选业	1	2	1	210.3
非金属矿采选业				
开采专业及辅助性活动				
其他采矿业				
制造业	**1111**	**10313**	**5707**	**301421.2**
农副食品加工业	4	15	5	234.7
食品制造业	3	129	27	10673.7
酒、饮料和精制茶制造业	1	12	4	127.4
烟草制品业	11	32	30	2298.4
纺织业				
纺织服装、服饰业				
皮革、毛皮、羽毛及其制品和制鞋业				
木材加工和木、竹、藤、棕、草制品业	9	52	50	1373.3
家具制造业				
造纸和纸制品业	5	14	12	530.0
印刷和记录媒介复制业				
文教、工美、体育和娱乐用品制造业				
石油、煤炭及其他燃料加工业	16	162	97	9588.1
化学原料和化学制品制造业	20	285	189	13380.8
医药制造业	336	1524	872	24384.9
化学纤维制造业				
橡胶和塑料制品业	93	204	109	18719.4
非金属矿物制品业	6	41	17	327.6
黑色金属冶炼和压延加工业	37	658	211	45011.8
有色金属冶炼和压延加工业	49	653	329	28641.4
金属制品业	29	173	107	569.3
通用设备制造业	211	1590	674	41452.1
专用设备制造业	50	1643	528	39167.3
汽车制造业	34	438	363	10402.1
铁路、船舶、航空航天和其他运输设备制造业	45	665	504	9570.1
电气机械和器材制造业	135	1608	1263	38893.8
计算机、通信和其他电子设备制造业	10	172	163	2549.3
仪器仪表制造业	7	243	152	3525.7
其他制造业				
废弃资源综合利用业				
金属制品、机械和设备修理业				
电力、热力、燃气及水生产和供应业	**62**	**492**	**415**	**6591.0**
电力、热力生产和供应业	61	485	410	6562.7
燃气生产和供应业				
水的生产和供应业	1	7	6	28.3

3-E-5 分行业内资企业全部R&D项目情况

行业	项目数(项)	参加项目人员(人)	项目人员折合全时当量(人年)	项目经费内部支出(万元)
总计	**2395**	**18722**	**10920**	**479517.9**
采矿业	**521**	**5543**	**3041**	**160868.0**
煤炭开采和洗选业	15	303	136	6662.8
石油和天然气开采业	498	5207	2883	153161.3
黑色金属矿采选业				
有色金属矿采选业	1	2	1	210.3
非金属矿采选业	1	5	2	88.0
开采专业及辅助性活动	6	26	19	745.6
其他采矿业				
制造业	**1815**	**12742**	**7467**	**317368.7**
农副食品加工业	50	184	125	4742.5
食品制造业	39	181	115	3167.7
酒、饮料和精制茶制造业	3	32	22	290.0
烟草制品业	11	32	30	2298.4
纺织业				
纺织服装、服饰业				
皮革、毛皮、羽毛及其制品和制鞋业				
木材加工和木、竹、藤、棕、草制品业	10	62	57	1431.3
家具制造业	2	21	9	75.1
造纸和纸制品业	8	25	14	556.1
印刷和记录媒介复制业	7	21	7	1001.4
文教、工美、体育和娱乐用品制造业	1	10	6	103.0
石油、煤炭及其他燃料加工业	17	166	99	9632.3
化学原料和化学制品制造业	73	411	260	16216.9
医药制造业	449	1457	1038	25158.8
化学纤维制造业	6	26	17	209.2
橡胶和塑料制品业	25	183	113	2555.3
非金属矿物制品业	48	218	141	3929.9
黑色金属冶炼和压延加工业	37	658	211	45011.8
有色金属冶炼和压延加工业	70	696	341	29396.0
金属制品业	45	223	140	2398.2
通用设备制造业	292	2052	965	47283.3
专用设备制造业	161	2091	822	45846.0
汽车制造业	37	334	219	4859.1
铁路、船舶、航空航天和其他运输设备制造业	137	1026	725	15723.6
电气机械和器材制造业	195	1864	1432	43593.0
计算机、通信和其他电子设备制造业	33	276	240	3466.9
仪器仪表制造业	48	462	292	7912.4
其他制造业	11	31	25	510.5
废弃资源综合利用业				
金属制品、机械和设备修理业				
电力、热力、燃气及水生产和供应业	**59**	**437**	**412**	**1281.2**
电力、热力生产和供应业	55	416	399	826.0
燃气生产和供应业	3	14	8	426.9
水的生产和供应业	1	7	6	28.3

3-E-6　分行业港澳台商投资企业全部R&D项目情况

行　业	项目数 (项)	参加项目 人　员 (人)	项目人员折合 全时当量 (人年)	项目经费 内部支出 (万元)
总　计	**121**	**359**	**215**	**31526.8**
采矿业				
煤炭开采和洗选业				
石油和天然气开采业				
黑色金属矿采选业				
有色金属矿采选业				
非金属矿采选业				
开采专业及辅助性活动				
其他采矿业				
制造业	**121**	**359**	**215**	**31526.8**
农副食品加工业	2	10	2	169.8
食品制造业	1	16	1	10448.2
酒、饮料和精制茶制造业				
烟草制品业				
纺织业				
纺织服装、服饰业				
皮革、毛皮、羽毛及其制品和制鞋业				
木材加工和木、竹、藤、棕、草制品业				
家具制造业				
造纸和纸制品业				
印刷和记录媒介复制业				
文教、工美、体育和娱乐用品制造业				
石油、煤炭及其他燃料加工业				
化学原料和化学制品制造业	1	4	2	73.4
医药制造业	20	91	73	1722.8
化学纤维制造业				
橡胶和塑料制品业	93	204	109	18719.4
非金属矿物制品业	4	34	27	393.2
黑色金属冶炼和压延加工业				
有色金属冶炼和压延加工业				
金属制品业				
通用设备制造业				
专用设备制造业				
汽车制造业				
铁路、船舶、航空航天和其他运输设备制造业				
电气机械和器材制造业				
计算机、通信和其他电子设备制造业				
仪器仪表制造业				
其他制造业				
废弃资源综合利用业				
金属制品、机械和设备修理业				
电力、热力、燃气及水生产和供应业				
电力、热力生产和供应业				
燃气生产和供应业				
水的生产和供应业				

3-E-7 分行业外商投资企业全部R&D项目情况

行　业	项目数(项)	参加项目人员(人)	项目人员折合全时当量(人年)	项目经费内部支出(万元)
总　计	**115**	**1041**	**501**	**25062.6**
采矿业	**2**	**7**	**1**	**563.5**
煤炭开采和洗选业				
石油和天然气开采业				
黑色金属矿采选业				
有色金属矿采选业				
非金属矿采选业	2	7	1	563.5
开采专业及辅助性活动				
其他采矿业				
制造业	**107**	**965**	**489**	**18762.4**
农副食品加工业				
食品制造业	3	115	27	454.1
酒、饮料和精制茶制造业				
烟草制品业				
纺织业				
纺织服装、服饰业				
皮革、毛皮、羽毛及其制品和制鞋业				
木材加工和木、竹、藤、棕、草制品业				
家具制造业				
造纸和纸制品业				
印刷和记录媒介复制业				
文教、工美、体育和娱乐用品制造业				
石油、煤炭及其他燃料加工业				
化学原料和化学制品制造业	1	35	30	575.4
医药制造业	75	577	210	9060.2
化学纤维制造业				
橡胶和塑料制品业				
非金属矿物制品业	1	5	5	86.3
黑色金属冶炼和压延加工业				
有色金属冶炼和压延加工业				
金属制品业	4	8	7	202.3
通用设备制造业				
专用设备制造业				
汽车制造业	12	194	187	7425.2
铁路、船舶、航空航天和其他运输设备制造业	9	9	4	138.2
电气机械和器材制造业				
计算机、通信和其他电子设备制造业				
仪器仪表制造业	2	22	18	820.7
其他制造业				
废弃资源综合利用业				
金属制品、机械和设备修理业				
电力、热力、燃气及水生产和供应业	**6**	**69**	**11**	**5736.7**
电力、热力生产和供应业	6	69	11	5736.7
燃气生产和供应业				
水的生产和供应业				

F. 企业办研发机构情况

3-F-1　分登记注册类型企业办研发机构情况

登记注册类型	机构数（个）	机构人员数（人）			机构经费支出（万元）	仪器和设备原价（万元）
			#博士	#硕士		
总　计	**121**	**11641**	**308**	**2368**	**319051.4**	**328568.0**
内资企业	**107**	**10705**	**296**	**2212**	**282462.7**	**283686.4**
国有企业	3	251	8	34	1350.8	7071.2
集体企业						
股份合作企业						
联营企业						
集体联营企业						
有限责任公司	64	8245	269	1861	229620.3	209101.7
国有独资公司	6	724	16	231	17967.0	25375.7
其他有限责任公司	58	7521	253	1630	211653.3	183726.0
股份有限公司	20	1672	8	259	42899.4	62536.6
私营企业	20	537	11	58	8592.2	4976.9
私营独资企业						
私营合伙企业						
私营有限责任公司	14	366	9	48	6658.8	4437.3
私营股份有限公司	6	171	2	10	1933.4	539.6
其他企业						
港、澳、台商投资企业	**3**	**323**	**6**	**26**	**16178.5**	**11485.7**
合资经营企业	2	88		5	1302.0	731.7
合作经营企业						
港、澳、台商独资经营企业	1	235	6	21	14876.5	10754.0
港、澳、台商投资股份有限公司						
其他港、澳、台投资企业						
外商投资企业	**11**	**613**	**6**	**130**	**20410.2**	**33395.9**
中外合资经营企业	8	495	5	124	19087.7	29709.1
中外合作经营企业						
外资企业	2	38		3	816.4	3385.5
外商投资股份有限公司	1	80	1	3	506.1	301.3
其他外商投资企业						

3-F-2 分登记注册类型大中型企业办研发机构情况

登记注册类型	机构数(个)	机构人员数(人)	#博士	#硕士	机构经费支出(万元)	仪器和设备原价(万元)
总　计	**64**	**10198**	**285**	**2180**	**286683.0**	**294741.2**
内资企业	**52**	**9287**	**273**	**2028**	**250638.7**	**250701.7**
国有企业	3	251	8	34	1350.8	7071.2
集体企业						
股份合作企业						
有限责任公司	38	7668	261	1798	216142.6	190143.4
国有独资公司	6	724	16	231	17967.0	25375.7
其他有限责任公司	32	6944	245	1567	198175.6	164767.7
股份有限公司	9	1294	4	195	32099.5	53139.4
私营企业	2	74		1	1045.8	347.7
私营独资企业						
私营合伙企业						
私营有限责任公司	1	30		1	212.0	260.0
私营股份有限公司	1	44			833.8	87.7
港、澳、台商投资企业	**2**	**301**	**6**	**23**	**15875.1**	**10910.7**
合资经营企业	1	66		2	998.6	156.7
合作经营企业						
港、澳、台商独资经营企业	1	235	6	21	14876.5	10754.0
港、澳、台商投资股份有限公司						
其他港、澳、台投资企业						
外商投资企业	**10**	**610**	**6**	**129**	**20169.2**	**33128.8**
中外合资经营企业	8	495	5	124	19087.7	29709.1
中外合作经营企业						
外资企业	1	35		2	575.4	3118.4
外商投资股份有限公司	1	80	1	3	506.1	301.3
其他外商投资企业						

3-F-3　分行业企业办研发机构情况

行　　业	机构数（个）	机构人员数（人）	#博士	#硕士	机构经费支出（万元）	仪器和设备原价（万元）
总　计	**121**	**11641**	**308**	**2368**	**319051.4**	**328568.0**
采矿业	**7**	**4012**	**206**	**844**	**136890.0**	**69841.9**
煤炭开采和洗选业	1	186		40	225.0	120.0
石油和天然气开采业	4	3792	206	799	135020.1	63930.1
黑色金属矿采选业						
有色金属矿采选业						
非金属矿采选业						
开采专业及辅助性活动	2	34		5	1644.9	5791.8
其他采矿业						
制造业	**112**	**7226**	**89**	**1373**	**179726.9**	**253915.6**
农副食品加工业	4	98	2	20	3106.4	4047.5
食品制造业	4	101	1	4	593.3	390.5
酒、饮料和精制茶制造业	3	35	2	2	2.2	934.4
烟草制品业	1	61	1	23	2880.0	11026.2
纺织业						
纺织服装、服饰业						
皮革、毛皮、羽毛及其制品和制鞋业						
木材加工和木、竹、藤、棕、草制品业						
家具制造业						
造纸和纸制品业	1	51	1	9	1097.2	4821.2
印刷和记录媒介复制业						
文教、工美、体育和娱乐用品制造业	1	5			62.4	20.0
石油、煤炭及其他燃料加工业	2	37	1	13	1740.9	3184.1
化学原料和化学制品制造业	8	257	5	31	10017.7	10530.0
医药制造业	22	1201	12	216	35155.1	23827.6
化学纤维制造业						
橡胶和塑料制品业	5	305	6	24	15484.6	12189.7
非金属矿物制品业	2	50		4	494.0	427.1
黑色金属冶炼和压延加工业	2	231		5	239.3	1324.3
有色金属冶炼和压延加工业	1	156	2	19	10123.0	4982.5
金属制品业	4	178		2	1301.3	4073.0
通用设备制造业	20	1843	19	387	56961.0	59891.7
专用设备制造业	7	627	14	178	8336.5	25693.6
汽车制造业	4	529		62	11769.2	33066.8
铁路、船舶、航空航天和其他运输设备制造业	5	448	3	188	9117.1	20819.1
电气机械和器材制造业	6	620	10	145	5735.3	28735.3
计算机、通信和其他电子设备制造业	1	16		1	215.4	46.1
仪器仪表制造业	8	358	5	35	4979.5	3876.9
其他制造业	1	19	5	5	315.5	8.0
废弃资源综合利用业						
金属制品、机械和设备修理业						
电力、热力、燃气及水生产和供应业	**2**	**403**	**13**	**151**	**2434.5**	**4810.5**
电力、热力生产和供应业	2	403	13	151	2434.5	4810.5
燃气生产和供应业						
水的生产和供应业						

3-F-4 分行业大中型企业办研发机构情况

行业	机构数（个）	机构人员数（人）	#博士	#硕士	机构经费支出（万元）	仪器和设备原价（万元）
总计	**64**	**10198**	**285**	**2180**	**286683.0**	**294741.2**
采矿业	**5**	**3978**	**206**	**839**	**135245.1**	**64050.1**
煤炭开采和洗选业	1	186		40	225.0	120.0
石油和天然气开采业	4	3792	206	799	135020.1	63930.1
黑色金属矿采选业						
有色金属矿采选业						
非金属矿采选业						
开采专业及辅助性活动						
其他采矿业						
制造业	**57**	**5817**	**66**	**1190**	**149003.4**	**225880.6**
农副食品加工业						
食品制造业	1	80	1	3	506.1	301.3
酒、饮料和精制茶制造业	3	35	2	2	2.2	934.4
烟草制品业	1	61	1	23	2880.0	11026.2
纺织业						
纺织服装、服饰业						
皮革、毛皮、羽毛及其制品和制鞋业						
木材加工和木、竹、藤、棕、草制品业						
家具制造业						
造纸和纸制品业	1	51	1	9	1097.2	4821.2
印刷和记录媒介复制业						
文教、工美、体育和娱乐用品制造业						
石油、煤炭及其他燃料加工业	2	37	1	13	1740.9	3184.1
化学原料和化学制品制造业	3	160	3	28	9136.0	8818.2
医药制造业	12	878	5	160	25855.7	15506.1
化学纤维制造业						
橡胶和塑料制品业	1	235	6	21	14876.5	10754.0
非金属矿物制品业	1	47		3	253.0	160.0
黑色金属冶炼和压延加工业	2	231		5	239.3	1324.3
有色金属冶炼和压延加工业	1	156	2	19	10123.0	4982.5
金属制品业	2	144		2	710.6	3622.4
通用设备制造业	13	1581	18	363	51899.1	57083.8
专用设备制造业	5	619	13	176	8228.5	25522.3
汽车制造业	2	486		59	11627.1	30548.0
铁路、船舶、航空航天和其他运输设备制造业	2	308	3	163	5427.3	17282.0
电气机械和器材制造业	4	547	9	130	3310.4	27674.8
计算机、通信和其他电子设备制造业						
仪器仪表制造业	1	161	1	11	1090.5	2335.0
其他制造业						
废弃资源综合利用业						
金属制品、机械和设备修理业						
电力、热力、燃气及水生产和供应业	**2**	**403**	**13**	**151**	**2434.5**	**4810.5**
电力、热力生产和供应业	2	403	13	151	2434.5	4810.5
燃气生产和供应业						
水的生产和供应业						

3-F-5　分行业内资企业办研发机构情况

行　业	机构数(个)	机构人员数(人)	#博士	#硕士	机构经费支出(万元)	仪器和设备原价(万元)
总　计	**107**	**10705**	**296**	**2212**	**282462.7**	**283686.4**
采矿业	**7**	**4012**	**206**	**844**	**136890.0**	**69841.9**
煤炭开采和洗选业	1	186		40	225.0	120.0
石油和天然气开采业	4	3792	206	799	135020.1	63930.1
黑色金属矿采选业						
有色金属矿采选业						
非金属矿采选业						
开采专业及辅助性活动						
其他采矿业	2	34		5	1644.9	5791.8
制造业	**98**	**6290**	**77**	**1217**	**143138.2**	**209034.0**
农副食品加工业	4	98	2	20	3106.4	4047.5
食品制造业	3	21		1	87.2	89.2
酒、饮料和精制茶制造业	3	35	2	2	2.2	934.4
烟草制品业	1	61	1	23	2880.0	11026.2
纺织业						
纺织服装、服饰业						
皮革、毛皮、羽毛及其制品和制鞋业						
木材加工和木、竹、藤、棕、草制品业						
家具制造业						
造纸和纸制品业	1	51	1	9	1097.2	4821.2
印刷和记录媒介复制业						
文教、工美、体育和娱乐用品制造业	1	5			62.4	20.0
石油、煤炭及其他燃料加工业	2	37	1	13	1740.9	3184.1
化学原料和化学制品制造业	7	222	5	29	9442.3	7411.6
医药制造业	13	853	7	112	25771.4	15232.8
化学纤维制造业						
橡胶和塑料制品业	4	70		3	608.1	1435.7
非金属矿物制品业	1	47		3	253.0	160.0
黑色金属冶炼和压延加工业	2	231		5	239.3	1324.3
有色金属冶炼和压延加工业	1	156	2	19	10123.0	4982.5
金属制品业	4	178		2	1301.3	4073.0
通用设备制造业	20	1843	19	387	56961.0	59891.7
专用设备制造业	7	627	14	178	8336.5	25693.6
汽车制造业	3	294		37	763.2	11220.8
铁路、船舶、航空航天和其他运输设备制造业	5	448	3	188	9117.1	20819.1
电气机械和器材制造业	6	620	10	145	5735.3	28735.3
计算机、通信和其他电子设备制造业	1	16		1	215.4	46.1
仪器仪表制造业	8	358	5	35	4979.5	3876.9
其他制造业	1	19	5	5	315.5	8.0
废弃资源综合利用业						
金属制品、机械和设备修理业						
电力、热力、燃气及水生产和供应业	**2**	**403**	**13**	**151**	**2434.5**	**4810.5**
电力、热力生产和供应业	2	403	13	151	2434.5	4810.5
燃气生产和供应业						
水的生产和供应业						

3-F-6 分行业港澳台商投资企业办研发机构情况

行业	机构数(个)	机构人员数(人)	#博士	#硕士	机构经费支出(万元)	仪器和设备原价(万元)
总计	**3**	**323**	**6**	**26**	**16178.5**	**11485.7**
采矿业						
煤炭开采和洗选业						
石油和天然气开采业						
黑色金属矿采选业						
有色金属矿采选业						
非金属矿采选业						
开采专业及辅助性活动						
其他采矿业						
制造业	**3**	**323**	**6**	**26**	**16178.5**	**11485.7**
农副食品加工业						
食品制造业						
酒、饮料和精制茶制造业						
烟草制品业						
纺织业						
纺织服装、服饰业						
皮革、毛皮、羽毛及其制品和制鞋业						
木材加工和木、竹、藤、棕、草制品业						
家具制造业						
造纸和纸制品业						
印刷和记录媒介复制业						
文教、工美、体育和娱乐用品制造业						
石油、煤炭及其他燃料加工业						
化学原料和化学制品制造业						
医药制造业	2	88		5	1302.0	731.7
化学纤维制造业						
橡胶和塑料制品业	1	235	6	21	14876.5	10754.0
非金属矿物制品业						
黑色金属冶炼和压延加工业						
有色金属冶炼和压延加工业						
金属制品业						
通用设备制造业						
专用设备制造业						
汽车制造业						
铁路、船舶、航空航天和其他运输设备制造业						
电气机械和器材制造业						
计算机、通信和其他电子设备制造业						
仪器仪表制造业						
其他制造业						
废弃资源综合利用业						
金属制品、机械和设备修理业						
电力、热力、燃气及水生产和供应业						
电力、热力生产和供应业						
燃气生产和供应业						
水的生产和供应业						

3-F-7 分行业外商投资企业办研发机构情况

行业	机构数(个)	机构人员数(人)	#博士	#硕士	机构经费支出(万元)	仪器和设备原价(万元)
总计	**11**	**613**	**6**	**130**	**20410.2**	**33395.9**
采矿业						
煤炭开采和洗选业						
石油和天然气开采业						
黑色金属矿采选业						
有色金属矿采选业						
非金属矿采选业						
开采专业及辅助性活动						
其他采矿业						
制造业	**11**	**613**	**6**	**130**	**20410.2**	**33395.9**
农副食品加工业						
食品制造业	1	80	1	3	506.1	301.3
酒、饮料和精制茶制造业						
烟草制品业						
纺织业						
纺织服装、服饰业						
皮革、毛皮、羽毛及其制品和制鞋业						
木材加工和木、竹、藤、棕、草制品业						
家具制造业						
造纸和纸制品业						
印刷和记录媒介复制业						
文教、工美、体育和娱乐用品制造业						
石油、煤炭及其他燃料加工业						
化学原料和化学制品制造业	1	35		2	575.4	3118.4
医药制造业	7	260	5	99	8081.7	7863.1
化学纤维制造业						
橡胶和塑料制品业						
非金属矿物制品业	1	3		1	241.0	267.1
黑色金属冶炼和压延加工业						
有色金属冶炼和压延加工业						
金属制品业						
通用设备制造业						
专用设备制造业						
汽车制造业	1	235		25	11006.0	21846.0
铁路、船舶、航空航天和其他运输设备制造业						
电气机械和器材制造业						
计算机、通信和其他电子设备制造业						
仪器仪表制造业						
其他制造业						
废弃资源综合利用业						
金属制品、机械和设备修理业						
电力、热力、燃气及水生产和供应业						
电力、热力生产和供应业						
燃气生产和供应业						
水的生产和供应业						

G. 企业新产品开发及销售情况

3-G-1 分登记注册类型企业新产品开发及销售情况

单位：万元

登记注册类型	新产品开发项目数(项)	新产品开发经费支出	新产品销售收入	#出口
总 计	**3036**	**532983.0**	**5613764.4**	**181944.2**
内资企业	**2771**	**471964.4**	**5323019.8**	**173850.2**
国有企业	80	3214.1	33012.3	504.3
集体企业				
股份合作企业				
联营企业				
集体联营企业				
有限责任公司	1491	311703.3	4185562.4	158766.9
国有独资公司	113	57431.1	1014639.7	33417.4
其他有限责任公司	1378	254272.2	3170922.7	125349.5
股份有限公司	551	64478.0	831609.7	7060.1
私营企业	649	92569.0	272835.4	7518.9
私营独资企业				
私营合伙企业				
私营有限责任公司	551	85466.7	238273.8	5230.9
私营股份有限公司	98	7102.3	34561.6	2288.0
其他企业				
港、澳、台商投资企业	**134**	**34565.2**	**163030.7**	
合资经营企业	42	2525.2	24238.3	
合作经营企业				
港、澳、台商独资经营企业	92	32040.0	138792.4	
港、澳、台商投资股份有限公司				
其他港、澳、台投资企业				
外商投资企业	**131**	**26453.4**	**127713.9**	**8094.0**
中外合资经营企业	121	23045.6	96401.1	3343.0
中外合作经营企业				
外资企业	6	2732.4	13876.7	4751.0
外商投资股份有限公司	4	675.4	17436.1	
其他外商投资企业				

3-G-2　分登记注册类型大中型企业新产品开发及销售情况

单位：万元

登记注册类型	新产品开发项目数(项)	新产品开发经费支出	新产品销售收入	#出口
总　计	**1699**	**426950.8**	**4909552.4**	**168916.7**
内资企业	**1488**	**370762.7**	**4634976.9**	**164165.7**
国有企业	78	3106.5	32212.3	504.3
集体企业				
股份合作企业				
有限责任公司	978	263782.2	3806050.9	151138.2
国有独资公司	89	56276.0	1008396.7	33417.4
其他有限责任公司	889	207506.2	2797654.2	117720.8
股份有限公司	345	46986.5	749985.8	7060.1
私营企业	87	56887.5	46727.9	5463.1
私营独资企业				
私营合伙企业				
私营有限责任公司	72	55874.8	43674.9	3175.1
私营股份有限公司	15	1012.7	3053.0	2288.0
港、澳、台商投资企业	**105**	**32454.3**	**152879.2**	
合资经营企业	14	988.1	14086.8	
合作经营企业				
港、澳、台商独资经营企业	91	31466.2	138792.4	
港、澳、台商投资股份有限公司				
其他港、澳、台投资企业				
外商投资企业	**106**	**23733.8**	**121696.3**	**4751.0**
中外合资经营企业	101	21594.6	90687.2	
中外合作经营企业				
外资企业	1	1463.8	13573.0	4751.0
外商投资股份有限公司	4	675.4	17436.1	
其他外商投资企业				

3-G-3 分行业企业新产品开发及销售情况

单位：万元

行业	新产品开发项目数(项)	新产品开发经费支出	新产品销售收入	#出口
总计	**3036**	**532983.0**	**5613764.4**	**181944.2**
采矿业	**90**	**36646.2**	**28827.2**	**320.0**
煤炭开采和洗选业	3	527.6		
石油和天然气开采业	79	34652.9	20001.3	320.0
黑色金属矿采选业				
有色金属矿采选业	1	576.1		
非金属矿采选业	1	485.5		
开采专业及辅助性活动	6	404.1	8825.9	
其他采矿业				
制造业	**2901**	**489849.7**	**5584650.8**	**181624.2**
农副食品加工业	81	7149.8	73754.6	1200.0
食品制造业	63	15310.3	30011.7	
酒、饮料和精制茶制造业	7	821.0	4438.4	
烟草制品业	14	2870.1	194109.6	
纺织业	1	200.0	2000.0	2000.0
纺织服装、服饰业				
皮革、毛皮、羽毛及其制品和制鞋业				
木材加工和木、竹、藤、棕、草制品业	12	1893.5	4788.6	
家具制造业	4	585.1	6712.8	
造纸和纸制品业	19	2497.6	104921.6	22627.0
印刷和记录媒介复制业	4	394.0	192.0	
文教、工美、体育和娱乐用品制造业	1	106.0	200.0	50.0
石油、煤炭及其他燃料加工业	31	10316.8	371213.7	
化学原料和化学制品制造业	104	19188.6	116021.5	
医药制造业	709	44960.8	237918.3	563.3
化学纤维制造业	6	209.2	1210.5	
橡胶和塑料制品业	119	25482.2	163864.1	4751.0
非金属矿物制品业	65	5326.8	58851.3	6159.6
黑色金属冶炼和压延加工业	42	50894.4	978009.7	1661.4
有色金属冶炼和压延加工业	75	33651.5	113308.8	
金属制品业	63	3890.6	74893.5	3353.0
通用设备制造业	570	104208.7	1069697.9	18917.6
专用设备制造业	210	35419.4	771108.2	9955.9
汽车制造业	71	19274.2	213506.2	3207.6
铁路、船舶、航空航天和其他运输设备制造业	190	27670.8	594487.3	104296.9
电气机械和器材制造业	228	48492.4	284188.3	186.4
计算机、通信和其他电子设备制造业	89	13574.5	39808.4	220.1
仪器仪表制造业	107	14553.1	74291.3	2474.4
其他制造业	15	623.3	42.5	
废弃资源综合利用业	1	285.0	1100.0	
金属制品、机械和设备修理业				
电力、热力、燃气及水生产和供应业	**45**	**6487.1**	**286.4**	
电力、热力生产和供应业	42	5690.1		
燃气生产和供应业	3	797.0		
水的生产和供应业			286.4	

3-G-4　分行业大中型企业新产品开发及销售情况

单位：万元

行　业	新产品开发项目数(项)	新产品开发经费支出	新产品销售收入	#出口
总　计	**1699**	**426950.8**	**4909552.4**	**168916.7**
采矿业	**82**	**35180.5**	**20001.3**	**320.0**
煤炭开采和洗选业	3	527.6		
石油和天然气开采业	79	34652.9	20001.3	320.0
黑色金属矿采选业				
有色金属矿采选业				
非金属矿采选业				
开采专业及辅助性活动				
其他采矿业				
制造业	**1575**	**386080.2**	**4889551.1**	**168596.7**
农副食品加工业	5	203.2		
食品制造业	5	11123.6	17534.3	
酒、饮料和精制茶制造业	1	555.8	2226.0	
烟草制品业	14	2870.1	194109.6	
纺织业	1	200.0	2000.0	2000.0
纺织服装、服饰业				
皮革、毛皮、羽毛及其制品和制鞋业				
木材加工和木、竹、藤、棕、草制品业	12	1893.5	4788.6	
家具制造业	1	96.6		
造纸和纸制品业	19	2497.6	104395.1	22627.0
印刷和记录媒介复制业				
文教、工美、体育和娱乐用品制造业				
石油、煤炭及其他燃料加工业	30	10301.9	371213.7	
化学原料和化学制品制造业	8	10166.8	79603.9	
医药制造业	450	30228.4	152656.2	91.0
化学纤维制造业				
橡胶和塑料制品业	89	22388.2	152365.4	4751.0
非金属矿物制品业	9	812.2	230.0	
黑色金属冶炼和压延加工业	40	49874.3	978009.7	1661.4
有色金属冶炼和压延加工业	48	31488.7	93770.2	
金属制品业	13	467.0	20942.0	10.0
通用设备制造业	431	90878.2	972684.1	18917.6
专用设备制造业	64	25468.0	705751.1	8518.7
汽车制造业	53	16911.5	167879.0	3207.6
铁路、船舶、航空航天和其他运输设备制造业	64	18881.7	523013.9	104151.6
电气机械和器材制造业	145	41718.8	256994.0	186.4
计算机、通信和其他电子设备制造业	67	11882.5	30925.3	
仪器仪表制造业	6	5171.6	58459.0	2474.4
其他制造业				
废弃资源综合利用业				
金属制品、机械和设备修理业				
电力、热力、燃气及水生产和供应业	**42**	**5690.1**		
电力、热力生产和供应业	42	5690.1		
燃气生产和供应业				
水的生产和供应业				

3-G-5 分行业内资企业新产品开发及销售情况

单位：万元

行业	新产品开发项目数(项)	新产品开发经费支出	新产品销售收入	#出口
总计	**2771**	**471964.4**	**5323019.8**	**173850.2**
采矿业	**89**	**36160.7**	**28827.2**	**320.0**
煤炭开采和洗选业	3	527.6		
石油和天然气开采业	79	34652.9	20001.3	320.0
黑色金属矿采选业				
有色金属矿采选业	1	576.1		
非金属矿采选业				
开采专业及辅助性活动	6	404.1	8825.9	
其他采矿业				
制造业	**2641**	**433807.5**	**5293906.2**	**173530.2**
农副食品加工业	79	7056.2	73754.6	1200.0
食品制造业	57	3958.1	12271.9	
酒、饮料和精制茶制造业	7	821.0	4438.4	
烟草制品业	14	2870.1	194109.6	
纺织业	1	200.0	2000.0	2000.0
纺织服装、服饰业				
皮革、毛皮、羽毛及其制品和制鞋业				
木材加工和木、竹、藤、棕、草制品业	12	1893.5	4788.6	
家具制造业	4	585.1	6712.8	
造纸和纸制品业	19	2497.6	104921.6	22627.0
印刷和记录媒介复制业	4	394.0	192.0	
文教、工美、体育和娱乐用品制造业	1	106.0	200.0	50.0
石油、煤炭及其他燃料加工业	31	10316.8	371213.7	
化学原料和化学制品制造业	102	19038.1	105870.0	
医药制造业	588	34552.6	199681.1	563.3
化学纤维制造业	6	209.2	1210.5	
橡胶和塑料制品业	30	3094.0	11498.7	
非金属矿物制品业	58	4487.9	58851.3	6159.6
黑色金属冶炼和压延加工业	42	50894.4	978009.7	1661.4
有色金属冶炼和压延加工业	75	33651.5	113308.8	
金属制品业	55	3567.8	57030.3	10.0
通用设备制造业	570	104208.7	1069697.9	18917.6
专用设备制造业	210	35419.4	771108.2	9955.9
汽车制造业	57	9755.2	161056.2	3207.6
铁路、船舶、航空航天和其他运输设备制造业	181	27523.0	592549.8	104296.9
电气机械和器材制造业	228	48492.4	284188.3	186.4
计算机、通信和其他电子设备制造业	89	13574.5	39808.4	220.1
仪器仪表制造业	105	13732.1	74291.3	2474.4
其他制造业	15	623.3	42.5	
废弃资源综合利用业	1	285.0	1100.0	
金属制品、机械和设备修理业				
电力、热力、燃气及水生产和供应业	**41**	**1996.2**	**286.4**	
电力、热力生产和供应业	38	1199.2		
燃气生产和供应业	3	797.0		
水的生产和供应业			286.4	

3-G-6　分行业港澳台商投资企业新产品开发及销售情况

单位：万元

行　业	新产品开发项目数(项)	新产品开发经费支出	新产品销售收入	#出口
总　计	**134**	**34565.2**	**163030.7**	
采矿业				
煤炭开采和洗选业				
石油和天然气开采业				
黑色金属矿采选业				
有色金属矿采选业				
非金属矿采选业				
开采专业及辅助性活动				
其他采矿业				
制造业	**134**	**34565.2**	**163030.7**	
农副食品加工业	2	93.6		
食品制造业	1	10448.2		
酒、饮料和精制茶制造业				
烟草制品业				
纺织业				
纺织服装、服饰业				
皮革、毛皮、羽毛及其制品和制鞋业				
木材加工和木、竹、藤、棕、草制品业				
家具制造业				
造纸和纸制品业				
印刷和记录媒介复制业				
文教、工美、体育和娱乐用品制造业				
石油、煤炭及其他燃料加工业				
化学原料和化学制品制造业	2	150.5	10151.5	
医药制造业	34	2249.6		
化学纤维制造业				
橡胶和塑料制品业	88	20924.4	138792.4	
非金属矿物制品业	5	619.9		
黑色金属冶炼和压延加工业				
有色金属冶炼和压延加工业				
金属制品业	2	79.0	14086.8	
通用设备制造业				
专用设备制造业				
汽车制造业				
铁路、船舶、航空航天和其他运输设备制造业				
电气机械和器材制造业				
计算机、通信和其他电子设备制造业				
仪器仪表制造业				
其他制造业				
废弃资源综合利用业				
金属制品、机械和设备修理业				
电力、热力、燃气及水生产和供应业				
电力、热力生产和供应业				
燃气生产和供应业				
水的生产和供应业				

3-G-7 分行业外商投资企业新产品开发及销售情况

单位：万元

行业	新产品开发项目数(项)	新产品开发经费支出	新产品销售收入	#出口
总计	**131**	**26453.4**	**127713.9**	**8094.0**
采矿业	**1**	**485.5**		
煤炭开采和洗选业				
石油和天然气开采业				
黑色金属矿采选业				
有色金属矿采选业				
非金属矿采选业	1	485.5		
开采专业及辅助性活动				
其他采矿业				
制造业	**126**	**21477.0**	**127713.9**	**8094.0**
农副食品加工业				
食品制造业	5	904.0	17739.8	
酒、饮料和精制茶制造业				
烟草制品业				
纺织业				
纺织服装、服饰业				
皮革、毛皮、羽毛及其制品和制鞋业				
木材加工和木、竹、藤、棕、草制品业				
家具制造业				
造纸和纸制品业				
印刷和记录媒介复制业				
文教、工美、体育和娱乐用品制造业				
石油、煤炭及其他燃料加工业				
化学原料和化学制品制造业				
医药制造业	87	8158.6	38237.2	
化学纤维制造业				
橡胶和塑料制品业	1	1463.8	13573.0	4751.0
非金属矿物制品业	2	219.0		
黑色金属冶炼和压延加工业				
有色金属冶炼和压延加工业				
金属制品业	6	243.8	3776.4	3343.0
通用设备制造业				
专用设备制造业				
汽车制造业	14	9519.0	52450.0	
铁路、船舶、航空航天和其他运输设备制造业	9	147.8	1937.5	
电气机械和器材制造业				
计算机、通信和其他电子设备制造业				
仪器仪表制造业	2	821.0		
其他制造业				
废弃资源综合利用业				
金属制品、机械和设备修理业				
电力、热力、燃气及水生产和供应业	**4**	**4490.9**		
电力、热力生产和供应业	4	4490.9		
燃气生产和供应业				
水的生产和供应业				

H. 企业自主知识产权及相关情况

3-H-1　分登记注册类型企业自主知识产权及相关情况

登记注册类型	专利申请数(件)	#发明专利	有效发明专利数(件)	拥有注册商标数(件)	形成国家或行业标准数(项)
总　计	**2764**	**1232**	**4708**	**5741**	**117**
内资企业	**2672**	**1206**	**4385**	**2536**	**117**
国有企业	43	16	22	83	2
集体企业				14	
股份合作企业				1	
联营企业					
集体联营企业					
有限责任公司	1998	944	3025	1245	79
国有独资公司	177	100	453	62	12
其他有限责任公司	1821	844	2572	1183	67
股份有限公司	315	94	703	575	9
私营企业	316	152	635	618	27
私营独资企业					
私营合伙企业					
私营有限责任公司	269	135	514	551	25
私营股份有限公司	47	17	121	67	2
其他企业					
港、澳、台商投资企业	**11**	**5**	**77**	**1002**	
合资经营企业	7	1	46	964	
合作经营企业					
港、澳、台商独资经营企业	4	4	31	38	
港、澳、台商投资股份有限公司					
其他港、澳、台投资企业					
外商投资企业	**81**	**21**	**246**	**2203**	
中外合资经营企业	81	21	226	1397	
中外合作经营企业					
外资企业			9	34	
外商投资股份有限公司			11	772	
其他外商投资企业					

3-H-2 分登记注册类型大中型企业自主知识产权及相关情况

登记注册类型	专利申请数（件）	#发明专利	有效发明专利数（件）	拥有注册商标数（件）	形成国家或行业标准数（项）
总　计	**1933**	**869**	**3133**	**3273**	**68**
内资企业	**1847**	**843**	**2928**	**1074**	**68**
国有企业	40	15	21	73	
集体企业				14	
股份合作企业					
有限责任公司	1505	736	2447	680	54
国有独资公司	169	99	440	60	9
其他有限责任公司	1336	637	2007	620	45
股份有限公司	243	65	368	286	8
私营企业	59	27	92	21	6
私营独资企业					
私营合伙企业					
私营有限责任公司	36	15	92	16	5
私营股份有限公司	23	12		5	1
港、澳、台商投资企业	**5**	**5**	**45**	**30**	
合资经营企业	1	1	14	8	
合作经营企业					
港、澳、台商独资经营企业	4	4	31	22	
港、澳、台商投资股份有限公司					
其他港、澳、台投资企业					
外商投资企业	**81**	**21**	**160**	**2169**	
中外合资经营企业	81	21	149	1385	
中外合作经营企业					
外资企业				12	
外商投资股份有限公司			11	772	
其他外商投资企业					

3-H-3 分行业企业自主知识产权及相关情况

行业	专利申请数(件)	#发明专利	有效发明专利数(件)	拥有注册商标数(件)	形成国家或行业标准数(项)
总计	**2764**	**1232**	**4708**	**5741**	**117**
采矿业	**311**	**113**	**446**	**5**	**11**
煤炭开采和洗选业	10	10	10		1
石油和天然气开采业	270	100	410	4	10
黑色金属矿采选业					
有色金属矿采选业	26	2			
非金属矿采选业					
开采专业及辅助性活动	5	1	26	1	
其他采矿业					
制造业	**2294**	**1004**	**3947**	**5731**	**106**
农副食品加工业	56	30	63	341	6
食品制造业	7	2	53	844	1
酒、饮料和精制茶制造业	1	1	12	312	1
烟草制品业	5	1	3	170	
纺织业	1	1		3	1
纺织服装、服饰业				1	
皮革、毛皮、羽毛及其制品和制鞋业					
木材加工和木、竹、藤、棕、草制品业	7	2	53	13	
家具制造业	7	7	34	4	
造纸和纸制品业	3	3	54	47	1
印刷和记录媒介复制业	6	6	34	2	
文教、工美、体育和娱乐用品制造业				3	
石油、煤炭及其他燃料加工业	73	12	173	30	
化学原料和化学制品制造业	51	26	147	327	8
医药制造业	236	153	657	3196	14
化学纤维制造业			6	1	
橡胶和塑料制品业	31	6	65	36	1
非金属矿物制品业	54	18	144	53	
黑色金属冶炼和压延加工业	10	9	18	3	3
有色金属冶炼和压延加工业	64	37	137	11	6
金属制品业	48	35	84	11	
通用设备制造业	595	233	566	73	17
专用设备制造业	262	99	510	59	10
汽车制造业	120	26	48	16	
铁路、船舶、航空航天和其他运输设备制造业	175	93	508	82	16
电气机械和器材制造业	339	135	374	29	10
计算机、通信和其他电子设备制造业	62	45	57	4	
仪器仪表制造业	80	24	143	56	11
其他制造业	1		4	4	
废弃资源综合利用业					
金属制品、机械和设备修理业					
电力、热力、燃气及水生产和供应业	**159**	**115**	**315**	**5**	
电力、热力生产和供应业	154	114	305	3	
燃气生产和供应业	1			1	
水的生产和供应业	4	1	10	1	

3-H-4 分行业大中型企业自主知识产权及相关情况

行业	专利申请数（件）	#发明专利	有效发明专利数（件）	拥有注册商标数（件）	形成国家或行业标准数（项）
总计	**1933**	**869**	**3133**	**3273**	**68**
采矿业	**280**	**110**	**420**	**4**	**11**
煤炭开采和洗选业	10	10	10		1
石油和天然气开采业	270	100	410	4	10
黑色金属矿采选业					
有色金属矿采选业					
非金属矿采选业					
开采专业及辅助性活动					
其他采矿业					
制造业	**1504**	**645**	**2402**	**3267**	**57**
农副食品加工业	3		7	45	
食品制造业	5		16	794	
酒、饮料和精制茶制造业			8	88	1
烟草制品业	5	1	3	170	
纺织业	1	1		3	1
纺织服装、服饰业					
皮革、毛皮、羽毛及其制品和制鞋业					
木材加工和木、竹、藤、棕、草制品业	7	2	53	6	
家具制造业	5	5	5	1	
造纸和纸制品业	3	3	32	40	1
印刷和记录媒介复制业					
文教、工美、体育和娱乐用品制造业				1	
石油、煤炭及其他燃料加工业	73	12	169	11	
化学原料和化学制品制造业	3	2	30	22	
医药制造业	151	98	399	1876	5
化学纤维制造业					
橡胶和塑料制品业	4	4	31	10	
非金属矿物制品业	6	5	27	14	
黑色金属冶炼和压延加工业	10	9	18	2	3
有色金属冶炼和压延加工业	50	36	97	6	6
金属制品业	3	1	24	3	
通用设备制造业	436	182	316	29	15
专用设备制造业	130	55	323	27	3
汽车制造业	95	13	39	3	
铁路、船舶、航空航天和其他运输设备制造业	136	73	435	69	12
电气机械和器材制造业	301	99	265	12	10
计算机、通信和其他电子设备制造业	54	42	51	1	
仪器仪表制造业	23	2	54	34	
其他制造业					
废弃资源综合利用业					
金属制品、机械和设备修理业					
电力、热力、燃气及水生产和供应业	**149**	**114**	**311**	**2**	
电力、热力生产和供应业	149	114	305	1	
燃气生产和供应业					
水的生产和供应业			6	1	

3-H-5 分行业内资企业自主知识产权及相关情况

行业	专利申请数(件)	#发明专利	有效发明专利数(件)	拥有注册商标数(件)	形成国家或行业标准数(项)
总计	**2672**	**1206**	**4385**	**2536**	**117**
采矿业	**311**	**113**	**446**	**5**	**11**
煤炭开采和洗选业	10	10	10		1
石油和天然气开采业	270	100	410	4	10
黑色金属矿采选业					
有色金属矿采选业	26	2			
非金属矿采选业					
开采专业及辅助性活动	5	1	26	1	
其他采矿业					
制造业	**2216**	**981**	**3630**	**2528**	**106**
农副食品加工业	56	30	63	340	6
食品制造业	7	2	42	51	1
酒、饮料和精制茶制造业	1	1	12	286	1
烟草制品业	5	1	3	170	
纺织业	1	1		1	1
纺织服装、服饰业				1	
皮革、毛皮、羽毛及其制品和制鞋业					
木材加工和木、竹、藤、棕、草制品业	7	2	53	13	
家具制造业	7	7	34	4	
造纸和纸制品业	3	3	54	47	1
印刷和记录媒介复制业	6	6	34	2	
文教、工美、体育和娱乐用品制造业				3	
石油、煤炭及其他燃料加工业	73	12	173	30	
化学原料和化学制品制造业	51	26	140	196	8
医药制造业	220	144	459	968	14
化学纤维制造业			6	1	
橡胶和塑料制品业	27	2	34	26	1
非金属矿物制品业	50	18	117	51	
黑色金属冶炼和压延加工业	10	9	18	3	3
有色金属冶炼和压延加工业	64	37	137	11	6
金属制品业	45	34	70	6	
通用设备制造业	595	233	566	73	17
专用设备制造业	262	99	510	56	10
汽车制造业	69	17	23	15	
铁路、船舶、航空航天和其他运输设备制造业	175	93	508	82	16
电气机械和器材制造业	339	135	370	28	10
计算机、通信和其他电子设备制造业	62	45	57	4	
仪器仪表制造业	80	24	143	56	11
其他制造业	1		4	4	
废弃资源综合利用业					
金属制品、机械和设备修理业					
电力、热力、燃气及水生产和供应业	**145**	**112**	**309**	**3**	
电力、热力生产和供应业	140	111	305	2	
燃气生产和供应业	1			1	
水的生产和供应业	4	1	4		

3-H-6 分行业港澳台商投资企业自主知识产权及相关情况

行业	专利申请数(件)	#发明专利	有效发明专利数(件)	拥有注册商标数(件)	形成国家或行业标准数(项)
总计	**11**	**5**	**77**	**1002**	
采矿业					
煤炭开采和洗选业					
石油和天然气开采业					
黑色金属矿采选业					
有色金属矿采选业					
非金属矿采选业					
开采专业及辅助性活动					
其他采矿业					
制造业	**11**	**5**	**77**	**1001**	
农副食品加工业				1	
食品制造业				20	
酒、饮料和精制茶制造业					
烟草制品业					
纺织业				2	
纺织服装、服饰业					
皮革、毛皮、羽毛及其制品和制鞋业					
木材加工和木、竹、藤、棕、草制品业					
家具制造业					
造纸和纸制品业					
印刷和记录媒介复制业					
文教、工美、体育和娱乐用品制造业					
石油、煤炭及其他燃料加工业					
化学原料和化学制品制造业			7	131	
医药制造业			11	846	
化学纤维制造业					
橡胶和塑料制品业	4	4	31		
非金属矿物制品业	4		18	1	
黑色金属冶炼和压延加工业					
有色金属冶炼和压延加工业					
金属制品业	3	1	10		
通用设备制造业					
专用设备制造业					
汽车制造业					
铁路、船舶、航空航天和其他运输设备制造业					
电气机械和器材制造业					
计算机、通信和其他电子设备制造业					
仪器仪表制造业					
其他制造业					
废弃资源综合利用业					
金属制品、机械和设备修理业					
电力、热力、燃气及水生产和供应业				**1**	
电力、热力生产和供应业				1	
燃气生产和供应业					
水的生产和供应业					

3-H-7　分行业外商投资企业自主知识产权及相关情况

行　业	专　利申请数(件)	#发明专利	有　效发　明专利数(件)	拥　有注　册商标数(件)	形成国家或行业标准数(项)
总　计	**81**	**21**	**246**	**2203**	
采矿业					
煤炭开采和洗选业					
石油和天然气开采业					
黑色金属矿采选业					
有色金属矿采选业					
非金属矿采选业					
开采专业及辅助性活动					
其他采矿业					
制造业	**67**	**18**	**240**	**2202**	
农副食品加工业					
食品制造业			11	773	
酒、饮料和精制茶制造业				26	
烟草制品业					
纺织业					
纺织服装、服饰业					
皮革、毛皮、羽毛及其制品和制鞋业					
木材加工和木、竹、藤、棕、草制品业					
家具制造业					
造纸和纸制品业					
印刷和记录媒介复制业					
文教、工美、体育和娱乐用品制造业					
石油、煤炭及其他燃料加工业					
化学原料和化学制品制造业					
医药制造业	16	9	187	1382	
化学纤维制造业					
橡胶和塑料制品业				10	
非金属矿物制品业			9	1	
黑色金属冶炼和压延加工业					
有色金属冶炼和压延加工业					
金属制品业			4	5	
通用设备制造业					
专用设备制造业				3	
汽车制造业	51	9	25	1	
铁路、船舶、航空航天和其他运输设备制造业					
电气机械和器材制造业			4	1	
计算机、通信和其他电子设备制造业					
仪器仪表制造业					
其他制造业					
废弃资源综合利用业					
金属制品、机械和设备修理业					
电力、热力、燃气及水生产和供应业	**14**	**3**	**6**	**1**	
电力、热力生产和供应业	14	3			
燃气生产和供应业					
水的生产和供应业			6	1	

I. 企业政府相关政策落实情况

3-I-1　分登记注册类型企业政府相关政策落实情况

单位：万元

登记注册类型	来自政府部门的研究开发经费	研究开发费用加计扣除减免税	高新技术企业减免税
总　计	**41494.8**	**50923.9**	**56429.8**
内资企业	**41022.1**	**48635.8**	**44172.2**
国有企业	29.5		
集体企业			
股份合作企业			
联营企业			
集体联营企业			
有限责任公司	38114.8	37199.1	19277.8
国有独资公司	18700.3	2441.8	82.6
其他有限责任公司	19414.5	34757.3	19195.2
股份有限公司	1324.9	7832.9	10744.0
私营企业	1552.9	3603.8	14150.4
私营独资企业			
私营合伙企业			
私营有限责任公司	1421.3	3413.4	13754.1
私营股份有限公司	131.6	190.4	396.3
其他企业			
港、澳、台商投资企业	**303.4**	**1096.1**	**3820.2**
合资经营企业	303.4	127.8	367.0
合作经营企业			
港、澳、台商独资经营企业		968.3	3453.2
港、澳、台商投资股份有限公司			
其他港、澳、台投资企业			
外商投资企业	**169.3**	**1192.0**	**8437.4**
中外合资经营企业	169.3	791.0	8437.4
中外合作经营企业			
外资企业		401.0	
外商投资股份有限公司			
其他外商投资企业			

3-I-2　分登记注册类型大中型企业政府相关政策落实情况

单位：万元

登记注册类型	来自政府部门的研究开发经费	研究开发费用加计扣除减免税	高新技术企业减免税
总　计	**38222.0**	**41634.0**	**48098.8**
内资企业	**38052.7**	**39449.5**	**36510.5**
国有企业	29.5		
集体企业			
股份合作企业			
有限责任公司	36691.7	33183.9	15365.1
国有独资公司	18700.3	2384.5	
其他有限责任公司	17991.4	30799.4	15365.1
股份有限公司	1021.5	4700.8	8686.5
私营企业	310.0	1564.8	12458.9
私营独资企业			
私营合伙企业			
私营有限责任公司	240.0	1552.1	12142.0
私营股份有限公司	70.0	12.7	316.9
港、澳、台商投资企业		**1080.6**	**3730.8**
合资经营企业		112.3	277.6
合作经营企业			
港、澳、台商独资经营企业		968.3	3453.2
港、澳、台商投资股份有限公司			
其他港、澳、台投资企业			
外商投资企业	**169.3**	**1103.9**	**7857.5**
中外合资经营企业	169.3	702.9	7857.5
中外合作经营企业			
外资企业		401.0	
外商投资股份有限公司			
其他外商投资企业			

3-I-3 分行业企业政府相关政策落实情况

单位：万元

行 业	来自政府部门的研究开发经费	研究开发费用加计扣除减免税	高新技术企业减免税
总 计	**41494.8**	**50923.9**	**56429.8**
采矿业	**9570.5**	**8258.0**	**356.5**
煤炭开采和洗选业			
石油和天然气开采业	9570.5	8258.0	356.5
黑色金属矿采选业			
有色金属矿采选业			
非金属矿采选业			
开采专业及辅助性活动			
其他采矿业			
制造业	**31858.2**	**42603.2**	**56058.7**
农副食品加工业	263.9	327.8	1169.9
食品制造业	42.0	79.3	89.6
酒、饮料和精制茶制造业	105.0		
烟草制品业			
纺织业	70.0		
纺织服装、服饰业			
皮革、毛皮、羽毛及其制品和制鞋业			
木材加工和木、竹、藤、棕、草制品业			
家具制造业	16.0		
造纸和纸制品业			
印刷和记录媒介复制业			3.7
文教、工美、体育和娱乐用品制造业			
石油、煤炭及其他燃料加工业	52.0	324.6	425.6
化学原料和化学制品制造业	20.0	470.9	524.5
医药制造业	1251.6	4585.5	32392.6
化学纤维制造业		25.7	20.3
橡胶和塑料制品业	62.5	1068.9	3493.2
非金属矿物制品业	71.7	224.9	313.7
黑色金属冶炼和压延加工业	50.3	38.6	3203.4
有色金属冶炼和压延加工业	16945.1	2429.1	30.4
金属制品业	5.0	484.9	604.1
通用设备制造业	1966.1	6332.0	5714.4
专用设备制造业	2852.2	1254.0	632.6
汽车制造业	100.0	240.2	257.8
铁路、船舶、航空航天和其他运输设备制造业	3097.8	15890.5	6154.4
电气机械和器材制造业	4795.5	5242.8	136.8
计算机、通信和其他电子设备制造业	1.0	2890.6	486.6
仪器仪表制造业	43.0	625.6	375.6
其他制造业	47.5	67.3	29.5
废弃资源综合利用业			
金属制品、机械和设备修理业			
电力、热力、燃气及水生产和供应业	**66.1**	**62.7**	**14.6**
电力、热力生产和供应业	31.2	43.0	
燃气生产和供应业			
水的生产和供应业	34.9	19.7	14.6

3-I-4　分行业大中型企业政府相关政策落实情况

单位：万元

行　　业	来自政府部门的研究开发经费	研究开发费用加计扣除减免税	高新技术企业减免税
总　计	**38222.0**	**41634.0**	**48098.8**
采矿业	**9570.5**	**8258.0**	**356.5**
煤炭开采和洗选业			
石油和天然气开采业	9570.5	8258.0	356.5
黑色金属矿采选业			
有色金属矿采选业			
非金属矿采选业			
开采专业及辅助性活动			
其他采矿业			
制造业	**28585.4**	**33333.0**	**47742.3**
农副食品加工业	20.0		
食品制造业			
酒、饮料和精制茶制造业	40.0		
烟草制品业			
纺织业	70.0		
纺织服装、服饰业			
皮革、毛皮、羽毛及其制品和制鞋业			
木材加工和木、竹、藤、棕、草制品业			
家具制造业			
造纸和纸制品业			
印刷和记录媒介复制业			
文教、工美、体育和娱乐用品制造业			
石油、煤炭及其他燃料加工业	52.0	291.5	425.6
化学原料和化学制品制造业		401.0	
医药制造业	465.2	3520.5	30319.8
化学纤维制造业			
橡胶和塑料制品业		968.3	3453.2
非金属矿物制品业	40.0	3.4	116.0
黑色金属冶炼和压延加工业	50.3	38.6	3203.4
有色金属冶炼和压延加工业	16945.1	2384.5	
金属制品业		125.4	
通用设备制造业	1449.7	4802.0	4859.7
专用设备制造业	1752.2	339.3	316.9
汽车制造业		100.0	46.0
铁路、船舶、航空航天和其他运输设备制造业	3000.0	12621.2	4488.2
电气机械和器材制造业	4685.5	5060.8	83.2
计算机、通信和其他电子设备制造业		2676.5	430.3
仪器仪表制造业	15.4		
其他制造业			
废弃资源综合利用业			
金属制品、机械和设备修理业			
电力、热力、燃气及水生产和供应业	**66.1**	**43.0**	
电力、热力生产和供应业	31.2	43.0	
燃气生产和供应业			
水的生产和供应业	34.9		

3-I-5 分行业内资企业政府相关政策落实情况

单位：万元

行业	来自政府部门的研究开发经费	研究开发费用加计扣除减免税	高新技术企业减免税
总 计	41022.1	48635.8	44172.2
采矿业	**9570.5**	**8258.0**	**356.5**
煤炭开采和洗选业			
石油和天然气开采业	9570.5	8258.0	356.5
黑色金属矿采选业			
有色金属矿采选业			
非金属矿采选业			
开采专业及辅助性活动			
其他采矿业			
制造业	**31417.4**	**40315.1**	**43801.1**
农副食品加工业	263.9	327.8	1169.9
食品制造业	42.0	79.3	89.6
酒、饮料和精制茶制造业	105.0		
烟草制品业			
纺织业	70.0		
纺织服装、服饰业			
皮革、毛皮、羽毛及其制品和制鞋业			
木材加工和木、竹、藤、棕、草制品业			
家具制造业	16.0		
造纸和纸制品业			
印刷和记录媒介复制业			3.7
文教、工美、体育和娱乐用品制造业			
石油、煤炭及其他燃料加工业	52.0	324.6	425.6
化学原料和化学制品制造业	20.0	69.9	524.5
医药制造业	810.8	3784.5	24197.2
化学纤维制造业		25.7	20.3
橡胶和塑料制品业	62.5	100.6	40.0
非金属矿物制品业	71.7	224.9	313.7
黑色金属冶炼和压延加工业	50.3	38.6	3203.4
有色金属冶炼和压延加工业	16945.1	2429.1	30.4
金属制品业	5.0	467.1	41.1
通用设备制造业	1966.1	6332.0	5714.4
专用设备制造业	2852.2	1254.0	632.6
汽车制造业	100.0	140.2	211.8
铁路、船舶、航空航天和其他运输设备制造业	3097.8	15890.5	6154.4
电气机械和器材制造业	4795.5	5242.8	136.8
计算机、通信和其他电子设备制造业	1.0	2890.6	486.6
仪器仪表制造业	43.0	625.6	375.6
其他制造业	47.5	67.3	29.5
废弃资源综合利用业			
金属制品、机械和设备修理业			
电力、热力、燃气及水生产和供应业	**34.2**	**62.7**	**14.6**
电力、热力生产和供应业	31.2	43.0	
燃气生产和供应业			
水的生产和供应业	3.0	19.7	14.6

3-I-6　分行业港澳台商投资企业政府相关政策落实情况

单位：万元

行　业	来自政府部门的研究开发经费	研究开发费用加计扣除减免税	高新技术企业减免税
总　计	**303.4**	**1096.1**	**3820.2**
采矿业			
煤炭开采和洗选业			
石油和天然气开采业			
黑色金属矿采选业			
有色金属矿采选业			
非金属矿采选业			
开采专业及辅助性活动			
其他采矿业			
制造业	**303.4**	**1096.1**	**3820.2**
农副食品加工业			
食品制造业			
酒、饮料和精制茶制造业			
烟草制品业			
纺织业			
纺织服装、服饰业			
皮革、毛皮、羽毛及其制品和制鞋业			
木材加工和木、竹、藤、棕、草制品业			
家具制造业			
造纸和纸制品业			
印刷和记录媒介复制业			
文教、工美、体育和娱乐用品制造业			
石油、煤炭及其他燃料加工业			
化学原料和化学制品制造业			
医药制造业	303.4	127.8	367.0
化学纤维制造业			
橡胶和塑料制品业		968.3	3453.2
非金属矿物制品业			
黑色金属冶炼和压延加工业			
有色金属冶炼和压延加工业			
金属制品业			
通用设备制造业			
专用设备制造业			
汽车制造业			
铁路、船舶、航空航天和其他运输设备制造业			
电气机械和器材制造业			
计算机、通信和其他电子设备制造业			
仪器仪表制造业			
其他制造业			
废弃资源综合利用业			
金属制品、机械和设备修理业			
电力、热力、燃气及水生产和供应业			
电力、热力生产和供应业			
燃气生产和供应业			
水的生产和供应业			

3-I-7 分行业外商投资企业政府相关政策落实情况

单位：万元

行　　业	来自政府部门的研究开发经费	研究开发费用加计扣除减免税	高新技术企业减免税
总　计	**169.3**	**1192.0**	**8437.4**
采矿业			
煤炭开采和洗选业			
石油和天然气开采业			
黑色金属矿采选业			
有色金属矿采选业			
非金属矿采选业			
开采专业及辅助性活动			
其他采矿业			
制造业	**137.4**	**1192.0**	**8437.4**
农副食品加工业			
食品制造业			
酒、饮料和精制茶制造业			
烟草制品业			
纺织业			
纺织服装、服饰业			
皮革、毛皮、羽毛及其制品和制鞋业			
木材加工和木、竹、藤、棕、草制品业			
家具制造业			
造纸和纸制品业			
印刷和记录媒介复制业			
文教、工美、体育和娱乐用品制造业			
石油、煤炭及其他燃料加工业			
化学原料和化学制品制造业		401.0	
医药制造业	137.4	673.2	7828.4
化学纤维制造业			
橡胶和塑料制品业			
非金属矿物制品业			
黑色金属冶炼和压延加工业			
有色金属冶炼和压延加工业			
金属制品业		17.8	563.0
通用设备制造业			
专用设备制造业			
汽车制造业		100.0	46.0
铁路、船舶、航空航天和其他运输设备制造业			
电气机械和器材制造业			
计算机、通信和其他电子设备制造业			
仪器仪表制造业			
其他制造业			
废弃资源综合利用业			
金属制品、机械和设备修理业			
电力、热力、燃气及水生产和供应业	**31.9**		
电力、热力生产和供应业			
燃气生产和供应业			
水的生产和供应业	31.9		

J. 企业技术获取和技术改造情况

3-J-1　分登记注册类型企业技术获取和技术改造情况

单位：万元

登记注册类型	引进技术经费支出	消化吸收经费支出	购买国内技术经费支出	技术改造经费支出
总　计	**5707.7**	**1124.0**	**141566.0**	**310157.3**
内资企业	**5556.0**	**1124.0**	**140831.0**	**308824.8**
国有企业				117.2
集体企业				
股份合作企业				
联营企业				
集体联营企业				
有限责任公司	5537.6	1090.5	118978.2	295207.2
国有独资公司	2600.0		6725.5	13218.5
其他有限责任公司	2937.6	1090.5	112252.7	281988.7
股份有限公司	18.4	33.5	21852.8	11867.8
私营企业				1632.6
私营独资企业				
私营合伙企业				
私营有限责任公司				1619.6
私营股份有限公司				13.0
其他企业				
港、澳、台商投资企业				
合资经营企业				
合作经营企业				
港、澳、台商独资经营企业				
港、澳、台商投资股份有限公司				
其他港、澳、台投资企业				
外商投资企业	**151.7**		**735.0**	**1332.5**
中外合资经营企业	151.7		735.0	765.2
中外合作经营企业				
外资企业				567.3
外商投资股份有限公司				
其他外商投资企业				

3-J-2 分登记注册类型大中型企业技术获取和技术改造情况

单位：万元

登记注册类型	引进技术经费支出	消化吸收经费支出	购买国内技术经费支出	技术改造经费支出
总　计	**5701.6**	**1124.0**	**138498.0**	**302493.6**
内资企业	**5549.9**	**1124.0**	**137763.0**	**301307.8**
国有企业				117.2
集体企业				
股份合作企业				
有限责任公司	5537.6	1090.5	115910.2	287881.5
国有独资公司	2600.0		4125.5	8618.5
其他有限责任公司	2937.6	1090.5	111784.7	279263.0
股份有限公司	12.3	33.5	21852.8	11812.5
私营企业				1496.6
私营独资企业				
私营合伙企业				
私营有限责任公司				1493.9
私营股份有限公司				2.7
港、澳、台商投资企业				
合资经营企业				
合作经营企业				
港、澳、台商独资经营企业				
港、澳、台商投资股份有限公司				
其他港、澳、台投资企业				
外商投资企业	**151.7**		**735.0**	**1185.8**
中外合资经营企业	151.7		735.0	765.2
中外合作经营企业				
外资企业				420.6
外商投资股份有限公司				
其他外商投资企业				

3-J-3　分行业企业技术获取和技术改造情况

单位：万元

行　业	引进技术经费支出	消化吸收经费支出	购买国内技术经费支出	技术改造经费支出
总　计	**5707.7**	**1124.0**	**141566.0**	**310157.3**
采矿业			**3113.7**	**35167.0**
煤炭开采和洗选业				
石油和天然气开采业			3113.7	35097.0
黑色金属矿采选业				
有色金属矿采选业				
非金属矿采选业				10.0
开采专业及辅助性活动				60.0
其他采矿业				
制造业	**5707.7**	**1124.0**	**135852.3**	**150971.1**
农副食品加工业			10.0	183.0
食品制造业			10.0	318.0
酒、饮料和精制茶制造业			100.0	200.0
烟草制品业				
纺织业				
纺织服装、服饰业				
皮革、毛皮、羽毛及其制品和制鞋业				
木材加工和木、竹、藤、棕、草制品业	12.3	33.5		
家具制造业				
造纸和纸制品业				1346.6
印刷和记录媒介复制业				
文教、工美、体育和娱乐用品制造业				
石油、煤炭及其他燃料加工业			22233.3	5479.5
化学原料和化学制品制造业				2084.8
医药制造业	151.7		1183.0	2104.7
化学纤维制造业				
橡胶和塑料制品业				1063.2
非金属矿物制品业				146.0
黑色金属冶炼和压延加工业	1980.7		107880.5	109943.1
有色金属冶炼和压延加工业	2600.0		4100.0	4790.0
金属制品业				26.9
通用设备制造业	956.9	1090.5		2100.4
专用设备制造业	6.1			2.7
汽车制造业				5409.0
铁路、船舶、航空航天和其他运输设备制造业			25.5	9086.1
电气机械和器材制造业				4067.8
计算机、通信和其他电子设备制造业				
仪器仪表制造业			310.0	2319.3
其他制造业				
废弃资源综合利用业				300.0
金属制品、机械和设备修理业				
电力、热力、燃气及水生产和供应业			**2600.0**	**124019.2**
电力、热力生产和供应业			2600.0	124019.2
燃气生产和供应业				
水的生产和供应业				

3-J-4 分行业大中型企业技术获取和技术改造情况

单位：万元

行业	引进技术经费支出	消化吸收经费支出	购买国内技术经费支出	技术改造经费支出
总 计	**5701.6**	**1124.0**	**138498.0**	**302493.6**
采矿业			**3113.7**	**35097.0**
煤炭开采和洗选业				
石油和天然气开采业			3113.7	35097.0
黑色金属矿采选业				
有色金属矿采选业				
非金属矿采选业				
开采专业及辅助性活动				
其他采矿业				
制造业	**5701.6**	**1124.0**	**135384.3**	**148278.1**
农副食品加工业				160.0
食品制造业				
酒、饮料和精制茶制造业			100.0	200.0
烟草制品业				
纺织业				
纺织服装、服饰业				
皮革、毛皮、羽毛及其制品和制鞋业				
木材加工和木、竹、藤、棕、草制品业	12.3	33.5		
家具制造业				
造纸和纸制品业				1346.6
印刷和记录媒介复制业				
文教、工美、体育和娱乐用品制造业				
石油、煤炭及其他燃料加工业			22233.3	5479.5
化学原料和化学制品制造业				2084.8
医药制造业	151.7		735.0	1271.0
化学纤维制造业				
橡胶和塑料制品业				420.6
非金属矿物制品业				
黑色金属冶炼和压延加工业	1980.7		107880.5	109861.2
有色金属冶炼和压延加工业	2600.0		4100.0	4790.0
金属制品业				
通用设备制造业	956.9	1090.5		1824.5
专用设备制造业				2.7
汽车制造业				5364.0
铁路、船舶、航空航天和其他运输设备制造业			25.5	9086.1
电气机械和器材制造业				4067.8
计算机、通信和其他电子设备制造业				
仪器仪表制造业			310.0	2319.3
其他制造业				
废弃资源综合利用业				
金属制品、机械和设备修理业				
电力、热力、燃气及水生产和供应业				**119118.5**
电力、热力生产和供应业				119118.5
燃气生产和供应业				
水的生产和供应业				

3-J-5 分行业内资企业技术获取和技术改造情况

单位：万元

行　业	引进技术经费支出	消化吸收经费支出	购买国内技术经费支出	技术改造经费支出
总　计	**5556.0**	**1124.0**	**140831.0**	**308824.8**
采矿业			**3113.7**	**35167.0**
煤炭开采和洗选业				
石油和天然气开采业			3113.7	35097.0
黑色金属矿采选业				
有色金属矿采选业				
非金属矿采选业				10.0
开采专业及辅助性活动				60.0
其他采矿业				
制造业	**5556.0**	**1124.0**	**135117.3**	**149639.3**
农副食品加工业			10.0	183.0
食品制造业			10.0	318.0
酒、饮料和精制茶制造业			100.0	200.0
烟草制品业				
纺织业				
纺织服装、服饰业				
皮革、毛皮、羽毛及其制品和制鞋业				
木材加工和木、竹、藤、棕、草制品业	12.3	33.5		
家具制造业				
造纸和纸制品业				1346.6
印刷和记录媒介复制业				
文教、工美、体育和娱乐用品制造业				
石油、煤炭及其他燃料加工业			22233.3	5479.5
化学原料和化学制品制造业				2084.8
医药制造业			448.0	1339.5
化学纤维制造业				
橡胶和塑料制品业				642.6
非金属矿物制品业				
黑色金属冶炼和压延加工业	1980.7		107880.5	109943.1
有色金属冶炼和压延加工业	2600.0		4100.0	4790.0
金属制品业				26.9
通用设备制造业	956.9	1090.5		2100.4
专用设备制造业	6.1			2.7
汽车制造业				5409.0
铁路、船舶、航空航天和其他运输设备制造业			25.5	9086.1
电气机械和器材制造业				4067.8
计算机、通信和其他电子设备制造业				
仪器仪表制造业			310.0	2319.3
其他制造业				
废弃资源综合利用业				300.0
金属制品、机械和设备修理业				
电力、热力、燃气及水生产和供应业			**2600.0**	**124018.5**
电力、热力生产和供应业			2600.0	124018.5
燃气生产和供应业				
水的生产和供应业				

3-J-6 分行业港澳台商投资企业技术获取和技术改造情况

单位：万元

行　业	引进技术经费支出	消化吸收经费支出	购买国内技术经费支出	技术改造经费支出
总　计				
采矿业				
煤炭开采和洗选业				
石油和天然气开采业				
黑色金属矿采选业				
有色金属矿采选业				
非金属矿采选业				
开采专业及辅助性活动				
其他采矿业				
制造业				
农副食品加工业				
食品制造业				
酒、饮料和精制茶制造业				
烟草制品业				
纺织业				
纺织服装、服饰业				
皮革、毛皮、羽毛及其制品和制鞋业				
木材加工和木、竹、藤、棕、草制品业				
家具制造业				
造纸和纸制品业				
印刷和记录媒介复制业				
文教、工美、体育和娱乐用品制造业				
石油、煤炭及其他燃料加工业				
化学原料和化学制品制造业				
医药制造业				
化学纤维制造业				
橡胶和塑料制品业				
非金属矿物制品业				
黑色金属冶炼和压延加工业				
有色金属冶炼和压延加工业				
金属制品业				
通用设备制造业				
专用设备制造业				
汽车制造业				
铁路、船舶、航空航天和其他运输设备制造业				
电气机械和器材制造业				
计算机、通信和其他电子设备制造业				
仪器仪表制造业				
其他制造业				
废弃资源综合利用业				
金属制品、机械和设备修理业				
电力、热力、燃气及水生产和供应业				
电力、热力生产和供应业				
燃气生产和供应业				
水的生产和供应业				

3-J-7　分行业外商投资企业技术获取和技术改造情况

单位：万元

行　业	引进技术经费支出	消化吸收经费支出	购买国内技术经费支出	技术改造经费支出
总　计	**151.7**		**735.0**	**1332.5**
采矿业				
煤炭开采和洗选业				
石油和天然气开采业				
黑色金属矿采选业				
有色金属矿采选业				
非金属矿采选业				
开采专业及辅助性活动				
其他采矿业				
制造业	**151.7**		**735.0**	**1331.8**
农副食品加工业				
食品制造业				
酒、饮料和精制茶制造业				
烟草制品业				
纺织业				
纺织服装、服饰业				
皮革、毛皮、羽毛及其制品和制鞋业				
木材加工和木、竹、藤、棕、草制品业				
家具制造业				
造纸和纸制品业				
印刷和记录媒介复制业				
文教、工美、体育和娱乐用品制造业				
石油、煤炭及其他燃料加工业				
化学原料和化学制品制造业				
医药制造业	151.7		735.0	765.2
化学纤维制造业				
橡胶和塑料制品业				420.6
非金属矿物制品业				146.0
黑色金属冶炼和压延加工业				
有色金属冶炼和压延加工业				
金属制品业				
通用设备制造业				
专用设备制造业				
汽车制造业				
铁路、船舶、航空航天和其他运输设备制造业				
电气机械和器材制造业				
计算机、通信和其他电子设备制造业				
仪器仪表制造业				
其他制造业				
废弃资源综合利用业				
金属制品、机械和设备修理业				
电力、热力、燃气及水生产和供应业				**0.7**
电力、热力生产和供应业				0.7
燃气生产和供应业				
水的生产和供应业				

第4篇

建筑业企业生产经营及财务状况篇

A. 全社会建筑企业

4-A-1　各地区全社会建筑业企业个数

单位：个

地　区	合计	总承包和专业承包企业	劳务分包企业	资质以外企业
全　省	**13859**	**2091**	**59**	**11709**
哈尔滨	6326	948	32	5346
齐齐哈尔	900	100	9	791
鸡　西	401	91	4	306
鹤　岗	309	61		248
双鸭山	463	88		375
大　庆	1242	227		1015
伊　春	396	74	2	320
佳木斯	752	80	2	670
七台河	113	40		73
牡丹江	1213	159	10	1044
黑　河	696	58		638
绥　化	786	136		650
大兴安岭	262	29		233

4-A-2　各地区全社会建筑业企业期末人数

单位：人

地　区	合计	总承包和专业承包企业	劳务分包企业	资质以外企业
全　省	**338362**	**274936**	**1110**	**62316**
哈尔滨	160605	129000	699	30906
齐齐哈尔	15316	10967	8	4341
鸡　西	12649	11135	302	1212
鹤　岗	7909	6653		1256
双鸭山	7792	6244		1548
大　庆	48402	43780		4622
伊　春	7086	6128		958
佳木斯	26843	23870	17	2956
七台河	3469	2674		795
牡丹江	19619	13278	84	6257
黑　河	8382	5723		2659
绥　化	16829	12885		3944
大兴安岭	3461	2599		862

4-A-3 各地区全社会建筑业企业资产总计

单位：万元

地 区	合计	总承包和专业承包企业	劳务分包企业	资质以外企业
全 省	**24715265**	**20615459**	**23157**	**4076649**
哈尔滨	14677338	12321283	12160	2343895
齐齐哈尔	936806	627612	2690	306504
鸡 西	478923	415139	4040	59744
鹤 岗	402129	318656		83473
双鸭山	429474	334105		95369
大 庆	3456181	3191597		264584
伊 春	442516	323833		118683
佳木斯	878015	735254	31	142731
七台河	241202	210051		31150
牡丹江	1340824	1132534	4237	204054
黑 河	467328	216309		251019
绥 化	769768	626368		143400
大兴安岭	194761	162719		32042

4-A-4 各地区全社会建筑业企业负债合计

单位：万元

地 区	合计	总承包和专业承包企业	劳务分包企业	资质以外企业
全 省	**16230610**	**14397765**	**11090**	**1821755**
哈尔滨	9950780	8869266	3951	1077563
齐齐哈尔	459009	323386	2420	133203
鸡 西	278824	255725	1046	22053
鹤 岗	227864	184383		43481
双鸭山	219299	190827		28472
大 庆	2742446	2643080		99366
伊 春	292756	213796		78960
佳木斯	503848	446735	11	57102
七台河	136906	115814		21092
牡丹江	743241	694077	3662	45502
黑 河	267141	91001		176140
绥 化	330123	301153		28970
大兴安岭	78373	68522		9851

4-A-5 各行业全社会建筑业企业个数

单位：个

行业	合计	总承包和专业承包企业	劳务分包企业	资质以外企业
全　省	**13859**	**2091**	**59**	**11709**
房屋建筑业	3146	1039	26	2081
土木工程建筑业	2700	465	5	2230
铁路、道路、隧道和桥梁工程建筑	1061	282	1	778
水利和水运工程建筑	275	55		220
海洋工程建筑				
工矿工程建筑	34	11		23
架线和管道工程建筑	408	65	2	341
建筑安装业	2520	319	13	2188
建筑装饰、装修业和其他建筑业	5493	268	15	5210

4-A-6 各行业全社会建筑业企业期末人数

单位：人

行业	合计	总承包和专业承包企业	劳务分包企业	资质以外企业
全　省	**338362**	**274936**	**1110**	**62316**
房屋建筑业	148756	132919	476	15361
土木工程建筑业	118014	104352	185	13477
铁路、道路、隧道和桥梁工程建筑	51223	45214	50	5959
水利和水运工程建筑	12745	12338		407
海洋工程建筑				
工矿工程建筑	31933	31852		81
架线和管道工程建筑	7741	6111	125	1505
建筑安装业	38340	24976	201	13163
建筑装饰、装修业和其他建筑业	33252	12689	248	20315

4-A-7 各行业全社会建筑业企业资产总计

单位：万元

行业	合计	总承包和专业承包企业	劳务分包企业	资质以外企业
全　省	**24715267**	**20615460**	**23158**	**4076649**
房屋建筑业	9791070	8495086	10434	1285550
土木工程建筑业	10452025	9129232	2243	1320550
铁路、道路、隧道和桥梁工程建筑	5784277	5112064	40	672173
水利和水运工程建筑	906178	785741		120437
海洋工程建筑				
工矿工程建筑	2030640	2016589		14051
架线和管道工程建筑	486424	402548	2001	81875
建筑安装业	2405861	1751675	8966	645220
建筑装饰、装修业和其他建筑业	2066311	1239467	1515	825329

4-A-8 各行业全社会建筑业企业负债合计

单位：万元

行业	合计	总承包和专业承包企业	劳务分包企业	资质以外企业
全　省	**16230608**	**14397764**	**11089**	**1821755**
房屋建筑业	6061570	5527048	6742	527780
土木工程建筑业	7718180	6998704	987	718489
铁路、道路、隧道和桥梁工程建筑	4172962	3722571	20	450371
水利和水运工程建筑	536673	481541		55132
海洋工程建筑				
工矿工程建筑	1974765	1968913		5852
架线和管道工程建筑	269457	234823	828	33806
建筑安装业	1383787	1114877	2971	265939
建筑装饰、装修业和其他建筑业	1067070	757135	389	309546

B. 总承包和专业承包建筑业企业

1. 综合

4-B-1.1　按经济类型划分的总承包和专业承包企业主要经济指标

指　　标	单位	合计	内资企业	#国有	#集体	港澳台商投资企业	#港澳台商独资企业	外商投资企业	#外商独资企业
企业个数	个	1713	1710	82	72	1		2	
期末人数	人	274936	274636	13143	14096	30		389	
自有固定资产原价	万元	2840082	2837870	194294	98503	1348		864	
自有固定资产净价	万元	1477441	1476344	95750	58383	905		192	
自有施工机械设备总台数	台	106978	106946	9227	5068			32	
自有施工机械设备净值	万元	678892	678649	31186	23833			243	
自有施工机械设备总功率	千瓦	2523932	2521500	287214	119690			2432	
建筑业总产值	万元	12170669	12161451	608941	554956	600		8618	
#本年固定资产折旧	万元	147665	147547	8305	6925			118	
#应付职工薪酬	万元	1087956	1086579	82464	55929	54		1322	
房屋施工面积	平方米	37820832	37820832	890408	2054394				
房屋竣工面积	平方米	14701087	14701087	480889	1425728				
利润总额	万元	233972	233850	7591	16822	-20		142	
税金总额	万元	652165	651469	35556	41532	2		694	
按总产值计算劳动生产率	元/人	296880.3	296959.0	349704.8	308360.4	200000.0		221534.7	
技术装备率	元/人	16560.3	16571.3	17909.6	13242.6			6246.8	
动力装备率	千瓦/人	6.2	6.2	16.5	6.7			6.3	
房屋竣工率	%	38.9	38.9	54.0	69.4				
产值利润率	%	1.9	1.9	1.2	3.0	-3.3		1.6	
产值利税率	%	5.4	5.4	5.8	7.5	0.4		8.1	

4-B-1.2 总承包和专业承包企业主要经济指标完成情况

指 标	单位	2018年	2017年	2018年比2017年增减(%)
建筑业企业个数	个	1713	1614	6.1
其中：大型企业	个	20	21	-4.8
中型企业	个	247	249	-0.8
小微型企业	个	1446	1344	7.6
从事建筑业活动的平均人数	万人	41.0	59.9	-31.6
签订合同额	万元	24044136	26157993	-8.1
#本年新签合同额	万元	14323703	16954488	-15.5
建筑业总产值	万元	12170669	15600670	-22.0
建筑工程产值	万元	9359255	12878688	-27.3
安装工程产值	万元	2185250	2263457	-3.5
其他产值	万元	626164	458525	36.6
竣工产值	万元	7059877	8021395	-12.0
房屋施工面积	万平方米	3782.1	4768.9	-20.7
房屋竣工面积	万平方米	1470.1	2127.0	-30.9
年末自有施工机械设备净值	万元	678892	755259	-10.1
年末自有施工机械设备总功率	万千瓦	252.4	293.2	-13.9
实收资本	万元	4988869	4815968	3.6
资产合计	万元	20615459	20177153	2.2
负债合计	万元	14397763	13908371	3.5
营业收入	万元	13261312	14606774	-9.2
其中：大型企业	万元	4864474	5077531	-4.2
中型企业	万元	5156959	5664467	-9.0
小微型企业	万元	3239879	3864775	-16.2
利润总额	万元	233972	375135	-37.6
其中：大型企业	万元	19336	46183	-58.1
中型企业	万元	148289	159997	-7.3
小微型企业	万元	66347	168955	-60.7
税金总额	万元	539652	489091	10.3

4-B-1.3　各地区总承包和专业承包企业签订合同情况

单位：万元

地　　区	签订合同额		
		上年结转合同额	本年新签合同额
全　　省	**24044136**	**9720433**	**14323703**
哈尔滨	16592229	7484213	9108017
齐齐哈尔	640362	276490	363872
鸡　　西	351389	84086	267303
鹤　　岗	353957	122943	231015
双鸭山	225257	82941	142316
大　　庆	2218346	631565	1586781
伊　　春	177618	21687	155931
佳木斯	1449204	573972	875232
七台河	143461	53382	90080
牡丹江	814602	318811	495791
黑　　河	296855	20850	276005
绥　　化	655519	24182	631337
大兴安岭	125337	25312	100025

4-B-1.4　各地区总承包和专业承包企业承包工程完成情况

单位：万元

地　　区	直接从建设单位承揽工程完成的产值			从建设单位以外承揽工程完成的产值
		自行完成施工产值	分包出去工程的产值	
全　　省	**12328213**	**12092546**	**235667**	**78123**
哈尔滨	7280179	7252883	27295	60731
齐齐哈尔	409320	409018	302	320
鸡　　西	315300	311421	3879	2028
鹤　　岗	254331	254331		
双鸭山	162353	159783	2570	1278
大　　庆	1378523	1183817	194706	6073
伊　　春	157214	155985	1230	1738
佳木斯	939023	938559	464	1522
七台河	93858	93488	370	420
牡丹江	551654	547823	3831	263
黑　　河	218122	218122		600
绥　　化	458620	457599	1021	2473
大兴安岭	109717	109717		678

4-B-1.5 各地区总承包和专业承包总产值和竣工产值

单位：万元

地 区	建筑业总产值	#装饰装修产 值	#在外省完成的产值	按构成分组			竣工产值
				建筑工程产 值	安装工程产 值	其他产值	
全 省	**12170669**	**361504**	**2588683**	**9359255**	**2185250**	**626164**	**7059877**
哈尔滨	7313614	196556	2262076	5703119	1200755	409741	3807049
齐齐哈尔	409338	10845	24623	360876	40969	7493	256310
鸡 西	313449	1382	45202	282315	27232	3902	155031
鹤 岗	254331	19007	3510	209953	17400	26978	130470
双鸭山	161061	8595		142830	9099	9132	105039
大 庆	1189889	15498	166522	445813	677860	66217	839763
伊 春	157723	3321		143989	2747	10988	125344
佳木斯	940081	14326	20472	832884	46646	60551	613273
七台河	93908	3109	20	87961	2796	3151	66790
牡丹江	548086	54903	57192	453371	87007	7708	336706
黑 河	218722	2615		189192	27530	2001	189343
绥 化	460073	30084	1602	421381	36973	1719	370999
大兴安岭	110395	1263	7464	85573	8238	16584	63760

4-B-1.6 各地区总承包和专业承包企业房屋建筑面积

地 区	房屋施工面积（平方米）	#本年新开工	房屋竣工面积（平方米）	房屋竣工率（%）
全 省	**37820832**	**17912691**	**14701087**	**38.9**
哈尔滨	22770203	8463138	5751374	25.3
齐齐哈尔	1529474	735965	624698	40.8
鸡 西	694273	376385	418856	60.3
鹤 岗	1368801	589367	332675	24.3
双鸭山	650852	194391	143146	22.0
大 庆	876537	532551	470012	53.6
伊 春	917940	867963	580721	63.3
佳木斯	4115510	2609731	3207360	77.9
七台河	202452	123973	125052	61.8
牡丹江	1941199	913451	782374	40.3
黑 河	952805	830664	747241	78.4
绥 化	1632793	1509319	1413725	86.6
大兴安岭	167993	165793	103853	61.8

4-B-1.7　各地区按主要用途分的总承包和专业承包企业房屋竣工面积

单位：平方米

地　区	合计	住宅房屋	商业及服务用房屋	商厦房屋(批发和零售用房)	宾馆用房屋(住宿用房)	餐饮用房屋(餐饮用房)	商务会展用房屋	其他商业及服务用房屋(居民服务业用房)	办公用房　屋
全　省	**14701087**	**10372355**	**671412**	**170427**	**6650**	**16563**	**9779**	**467993**	**910344**
哈尔滨	5751374	4158976	182927	126018				56909	289755
齐齐哈尔	624698	500428	10957					10957	24852
鸡　西	418856	312987	6137	1136	2300			2701	5180
鹤　岗	332675	247511	12668					12668	280
双鸭山	143146	76900	8550		1300	1200		6050	18028
大　庆	470012	298989	24299				9779	14520	8200
伊　春	580721	258643	120829					120829	10519
佳木斯	3207360	2151959	145901	27385		13863		104653	433902
七台河	125052	103934	2318	2088				230	1500
牡丹江	782374	616909	100471					100471	510
黑　河	747241	494986	18560	1800	3050	1500		12210	26749
绥　化	1413725	1104455	37795	12000				25795	58864
大兴安岭	103853	45678							32005

4-B-1.7　续表　　单位：平方米

地　区	科研、教育和医疗用房屋	科学研究用房屋	教育用房　屋	医疗用房屋(卫生医疗用房)	文化、体育和娱乐用房屋	厂房及建筑物	#厂房	仓库	其他未列明的房屋建筑物
全　省	**481164**	**27756**	**232866**	**220542**	**48502**	**1329089**	**671984**	**524524**	**363697**
哈尔滨	264571	24935	113161	126475	16200	656094	390299	52467	130384
齐齐哈尔	29372		12325	17047	240	20499	18903	5719	32631
鸡　西	6406		4406	2000	1560	74125	14025		12461
鹤　岗	30484		28684	1800	9000	22988	22988	9653	91
双鸭山	4800		4800			33368	20537		1500
大　庆	6861		2861	4000		34618	19743		97045
伊　春	5660		5660			180569	2000		4501
佳木斯	2100	1821	279		3351	72444		393071	4632
七台河						10480	10480	820	6000
牡丹江	35504		9380	26124		15211	7846	1559	12210
黑　河	13304		3759	9545		104978	87000	48000	40664
绥　化	62447	1000	32931	28516	18151	100720	78163	13015	18278
大兴安岭	19655		14620	5035		2995		220	3300

4-B-1.8 各地区按主要用途分的总承包和专业承包企业房屋竣工价值

单位：万元

地 区	合计	住宅房屋	商业及服务用房屋	商厦房屋（批发和零售用房）	宾馆用房屋（住宿用房）	餐饮用房屋（餐饮用房）	商务会展用房屋	其他商业及服务用房屋（居民服务业用房）	办公用房屋
全 省	**2241708**	**1520649**	**108793**	**30136**	**1559**	**2919**	**1858**	**72322**	**169700**
哈尔滨	891952	583278	32194	22463				9732	57967
齐齐哈尔	107829	87145	1611					1611	5569
鸡 西	80554	61688	1253	398	325			531	985
鹤 岗	47008	29525	3303					3303	62
双鸭山	24135	13189	1735		380	276		1079	3722
大 庆	76184	40573	2890				1858	1032	1224
伊 春	66334	31184	15437					15437	1713
佳木斯	440118	299402	21351	5037		2223		14090	73902
七台河	18769	15049	359	334				25	350
牡丹江	111407	82041	16906					16906	153
黑 河	122760	88998	4823	504	854	420		3045	7015
绥 化	238864	180701	6930	1400				5530	11395
大兴安岭	15795	7875							5644

4-B-1.8 续表

单位：万元

地 区	科研、教育和医疗用房屋	科学研究用房屋	教育用房屋	医疗用房屋（卫生医疗用房）	文化、体育和娱乐用房屋	厂房及建筑物	#厂房	仓库、	其他未列明的房屋建筑物
全 省	**101654**	**4467**	**52460**	**44727**	**14788**	**191314**	**95715**	**57478**	**77333**
哈尔滨	56062	4200	28127	23735	4074	113771	67209	10647	33959
齐齐哈尔	5464		2415	3049	55	2972	2816	950	4063
鸡 西	1465		965	500	307	12936	1697		1921
鹤 岗	8747		8351	396	2500	1128	1128	1695	48
双鸭山	1349		1349			3935	2710		205
大 庆	1423		523	900		8111	4848		21965
伊 春	500		500			16718	400		782
佳木斯	172	121	51		307	8108		36412	463
七台河						2646	2646	25	340
牡丹江	8547		1865	6682		2422	1222	80	1257
黑 河	3000		701	2299		5617	2876	4876	8431
绥 化	13648	146	6728	6774	7546	12351	8164	2743	3551
大兴安岭	1278		886	392		600		50	348

4-B-1.9　各地区总承包和专业承包企业施工机械设备情况

地　区	年末自有施工机械设备总台数(台)	年末自有施工机械设备总功率(千瓦)	年末自有施工机械设备净值(万元)	技术装备率(元/人)	动力装备率(千瓦/人)
全　省	**106978**	**2523932**	**678892**	**24692.7**	**9.2**
哈尔滨	**37840**	**890652**	**243206**	**18853.1**	**6.9**
齐齐哈尔	4491	101486	36928	33671.7	9.3
鸡　西	3416	74551	19856	17831.7	6.7
鹤　岗	3246	65503	14128	21235.2	9.8
双鸭山	4110	73598	11926	19099.1	11.8
大　庆	33576	691886	185794	42438.2	15.8
伊　春	1074	39194	13035	21270.7	6.4
佳木斯	5671	124070	21801	9133.1	5.2
七台河	649	24014	12831	47982.4	9.0
牡丹江	3308	127846	24653	18566.6	9.6
黑　河	3024	59108	12955	22636.9	10.3
绥　化	5210	168710	69974	54306.2	13.1
大兴安岭	1363	83314	11808	45432.1	32.1

4-B-1.10　各地区总承包和专业承包企业建筑材料消耗情况

地　区	钢材(吨)	木材(立方米)	水泥(吨)	玻璃		铝材(吨)
				重量箱	平方米	
全　省	**5657336**	**4863227**	**11169605**	**522022**	**3667782**	**61053**
哈尔滨	3664349	4468959	6593775	184665	1278154	33599
齐齐哈尔	807214	51541	382859	11760	79165	192
鸡　西	58793	28603	486990	11450	75824	6686
鹤　岗	36619	14323	149755	11847	77421	135
双鸭山	48628	18198	126094	12846	85204	6029
大　庆	337377	34501	846331	41226	265295	2047
伊　春	26599	6718	103585	21914	136079	238
佳木斯	320962	93679	967115	114971	871080	8995
七台河	31024	14258	164078	6254	38874	557
牡丹江	82207	31381	407740	40624	236120	816
黑　河	66446	23860	150124	25189	178046	1464
绥　化	168832	70411	691261	24108	239472	242
大兴安岭	8286	6795	99898	15168	107048	53

4-B-1.11 各地区总承包和专业承包企业主要生产效益指标

地区	建筑业企业个数（个）	从事建筑业活动的平均人数（人）	按总产值计算的劳动生产率（元/人）	人均竣工产值（元/人）	人均施工面积（平方米/人）	人均竣工面积（平方米/人）
全省	**1713**	**409952**	**296880.3**	**172212.3**	**92.3**	**35.9**
哈尔滨	**780**	**227898**	**320916.1**	**167050.6**	**99.9**	**25.2**
齐齐哈尔	88	16857	242829.6	152049.4	90.7	37.1
鸡西	75	12442	251928.0	124603.0	55.8	33.7
鹤岗	53	8160	311679.7	159890.0	167.7	40.8
双鸭山	79	7919	203385.4	132641.6	82.2	18.1
大庆	187	45885	259319.9	183014.6	19.1	10.2
伊春	51	6780	232630.1	184873.0	135.4	85.7
佳木斯	68	32420	289969.3	189165.1	126.9	98.9
七台河	35	3144	298690.2	212436.4	64.4	39.8
牡丹江	123	18860	290607.6	178529.3	102.9	41.5
黑河	53	8030	272381.1	235794.5	118.7	93.1
绥化	95	17885	257239.4	207435.7	91.3	79.0
大兴安岭	26	3672	300639.4	173639.4	45.7	28.3

4-B-1.12 各地区总承包和专业承包企业营业收入

单位：万元

地区	营业收入		企业总产值	
		建筑业企业在境外完成的营业收入		建筑业总产值
全省	**13261312**	**194623**	**13420751**	**12170670**
哈尔滨	7959432	105924	7880099	7313614
齐齐哈尔	401367		412623	409338
鸡西	311257		357682	313449
鹤岗	235993		255232	254331
双鸭山	164337		166852	161061
大庆	1691211	64805	1763790	1189889
伊春	161213		158903	157723
佳木斯	879362		942407	940081
七台河	97089		100202	93908
牡丹江	559846		583012	548086
黑河	222050		218990	218722
绥化	475437	23894	468563	460073
大兴安岭	102718		112396	110395

4-B-1.13　各地区总承包和专业承包企业资产构成

单位：万元

地　区	资产总计	流动资产总计	#存货
全　省	**20615459**	**17089349**	**2585645**
哈尔滨	12321283	10398473	1594053
齐齐哈尔	627612	484697	47956
鸡　西	415139	314671	33032
鹤　岗	318656	248397	35593
双鸭山	334105	271983	30650
大　庆	3191597	2829754	463047
伊　春	323833	271181	43699
佳木斯	735254	565685	39368
七台河	210051	147849	30149
牡丹江	1132534	874749	126072
黑　河	216309	147120	18772
绥　化	626368	419214	109534
大兴安岭	162719	115578	13719

4-B-1.14　各地区总承包和专业承包企业固定资产情况

单位：万元

地　区	固定资产原价	固定资产折旧	#本年折旧	在建工程
全　省	**2840082**	**1362020**	**147665**	**128412**
哈尔滨	1144009	538114	62389	85985
齐齐哈尔	127896	43553	5436	2157
鸡　西	126988	50152	4010	172
鹤　岗	59820	26188	1575	3357
双鸭山	64384	30390	2467	5557
大　庆	635172	405000	35806	15297
伊　春	50789	16925	2276	4554
佳木斯	140616	58040	6492	3305
七台河	63039	27617	5210	618
牡丹江	148148	58094	8273	3543
黑　河	45999	17272	1870	64
绥　化	174089	68135	7970	2485
大兴安岭	59133	22539	3892	1319

4-B-1.15 各地区总承包和专业承包企业负债及所有者权益

单位：万元

地区	负债合计	#流动负债	#应付账款	所有者权益	#实收资本
全省	**14397763**	**13159786**	**4859109**	**6217700**	**4988869**
哈尔滨	8869266	8004331	2993126	3452021	2592782
齐齐哈尔	323386	318267	121659	304226	259029
鸡西	255725	240440	65824	159414	140209
鹤岗	184383	169971	82331	134273	88210
双鸭山	190827	157973	44306	143278	123897
大庆	2643080	2615010	1052363	548517	709738
伊春	213796	206382	52814	110038	94242
佳木斯	446735	282278	86539	288519	223155
七台河	115814	113402	27706	94238	70238
牡丹江	694077	624577	172381	438457	286603
黑河	91001	78984	20697	125308	102053
绥化	301153	283800	109609	325215	215191
大兴安岭	68522	64371	29755	94197	83522

4-B-1.16 各地区总承包和专业承包企业实收资本

单位：万元

地区	合计	国家资本	集体资本	法人资本	个人资本	港澳台资本	外商资本
全省	**4988869**	**1259442**	**262921**	**1481349**	**1982620**	**998**	**1540**
哈尔滨	2592782	896564	99105	673406	921171	996	1540
齐齐哈尔	259029	73918	11761	90265	83084	2	
鸡西	140209	24538	15933	40911	58827		
鹤岗	88210	9823	8458	31854	38076		
双鸭山	123897	16291	10033	29615	67957		
大庆	709738	162497	27171	281485	238586		
伊春	94242	7100	5641	49646	31856		
佳木斯	223155	31533	19426	42352	129844		
七台河	70238	608	7467	19549	42615		
牡丹江	286603	11181	33195	83839	158388		
黑河	102053	9790	13713	32784	45765		
绥化	215191	14525	7479	73130	120056		
大兴安岭	83522	1075	3539	32514	46394		

4-B-1.17　各地区总承包和专业承包企业收入情况

单位：万元

地　区	主营业务收　入	#主营业务成　本	#主营业务税金及附加	其他业务收　入	#其他业务利　润
全　省	**13175209**	**12030267**	**134428**	**86103**	**5168**
哈尔滨	7896670	7212972	53195	62762	6771
齐齐哈尔	400927	367537	5302	440	164
鸡　西	309622	286898	6615	1635	476
鹤　岗	235941	216360	3191	52	37
双鸭山	162342	142597	2191	1995	-58
大　庆	1688666	1619137	6771	2545	-4302
伊　春	159860	157089	3837	1353	
佳木斯	879260	768048	29300	102	70
七台河	91550	80493	837	5539	872
牡丹江	552358	468100	5006	7488	1003
黑　河	221692	205999	6298	358	28
绥　化	473760	411697	8933	1677	22
大兴安岭	102561	93342	2953	157	84

4-B-1.18　各地区总承包和专业承包企业费用情况

单位：万元

地　区	管理费用	销售费用	财务费用	#利息收入	#利息支出
全　省	**536411**	**40071**	**71938**	**17657**	**44403**
哈尔滨	314038	23858	52174	16828	37399
齐齐哈尔	19808	80	795	86	428
鸡　西	15097	261	745	36	711
鹤　岗	10680	35	164	5	78
双鸭山	10385	7	643	10	516
大　庆	62800	874	2751	364	1673
伊　春	5531	62	35	70	
佳木斯	29644	10919	8611	87	608
七台河	7169	76	707	-10	549
牡丹江	25644	467	3077	91	804
黑　河	9408	591	185	40	89
绥　化	21883	2825	1969	37	1543
大兴安岭	4324	17	82	13	4

4-B-1.19 各地区总承包和专业承包企业利润及税金情况

单位：万元

地　区	利润总额	#应交所得税	税金总额	主营业务税金及附加	应交增值税
全　省	**233972**	**112513**	**539653**	**134428**	**405225**
哈尔滨	244856	63500	285745	53195	232550
齐齐哈尔	11931	3148	18389	5302	13087
鸡　西	-1583	3015	18948	6615	12333
鹤　岗	5381	3128	10004	3191	6813
双鸭山	5064	2576	8141	2191	5950
大　庆	-104854	7027	31918	6771	25147
伊　春	-6550	1870	12010	3837	8173
佳木斯	29391	5823	58279	29300	28979
七台河	3074	1126	5185	837	4348
牡丹江	20641	10716	27121	5006	22115
黑　河	-77	2404	16645	6298	10347
绥　化	24749	6947	37017	8933	28084
大兴安岭	1950	1234	10253	2953	7300

4-B-1.20 各地区总承包和专业承包企业应收工程款及企业亏损情况

单位：万元

地　区	应收工程款(万元)	企业个数(个)	#亏损企业个数	亏损企业的比重(%)
全　省	**6326740**	**1713**	**436**	**25.5**
哈尔滨	3583971	780	203	26.0
齐齐哈尔	215952	88	26	29.5
鸡　西	125360	75	19	25.3
鹤　岗	115531	53	14	26.4
双鸭山	99970	79	23	29.1
大　庆	1382793	187	54	28.9
伊　春	62485	51	12	23.5
佳木斯	174240	68	13	19.1
七台河	57833	35	11	31.4
牡丹江	286583	123	27	22.0
黑　河	54807	53	11	20.8
绥　化	109115	95	18	18.9
大兴安岭	58100	26	5	19.2

4-B-1.21 各地区总承包和专业承包企业主要经济效益指标

地 区	产值利润率 (%)	产值利税率 (%)	资本利润率 (%)	资本利税率 (%)	人均利润 (元/人)	人均利税 (元/人)	资产负债率 (%)
全 省	**1.9**	**6.4**	**4.7**	**15.5**	**5707.3**	**18871.1**	**69.8**
哈尔滨	3.3	7.3	9.4	20.5	10744.1	23282.4	72.0
齐齐哈尔	2.9	7.4	4.6	11.7	7077.8	17986.2	51.5
鸡 西	-0.5	5.5	-1.1	12.4	-1271.9	13957.2	61.6
鹤 岗	2.1	6.0	6.1	17.4	6593.9	18853.8	57.9
双鸭山	3.1	8.2	4.1	10.7	6395.1	16675.7	57.1
大 庆	-8.8	-6.1	-14.8	-10.3	-22851.4	-15895.4	82.8
伊 春	-4.2	3.5	-7.0	5.8	-9661.2	8051.3	66.0
佳木斯	3.1	9.3	13.2	39.3	9065.6	27041.8	60.8
七台河	3.3	8.8	4.4	11.8	9776.4	26265.9	55.1
牡丹江	3.8	8.7	7.2	16.7	10944.1	25324.3	61.3
黑 河		7.6	-0.1	16.2	-95.9	20632.0	42.1
绥 化	5.4	13.4	11.5	28.7	13837.9	34535.4	48.1
大兴安岭	1.8	11.1	2.3	14.6	5310.2	33232.6	42.1

2. 按经济类型分组

4-B-2.1 各地区国有总承包和专业承包企业签订合同情况

单位：万元

地 区	签订合同额		
		上年结转合同额	本年新签合同额
全 省	**6618069**	**3093214**	**3524855**
哈尔滨	4650006	2451576	2198430
齐齐哈尔	96814	53142	43672
鸡 西	34081	1922	32158
鹤 岗	32986		32986
双鸭山	4726		4726
大 庆	1423085	483996	939089
伊 春	30729	3147	27582
佳木斯	171483	55351	116133
七台河	440		440
牡丹江	83922	23442	60481
黑 河	29937	2461	27476
绥 化	45039	14254	30784
大兴安岭	14821	3923	10898

4-B-2.2　各地区国有总承包和专业承包企业承包工程完成情况

单位：万元

地　区	直接从建设单位承揽工程完成的产值	自行完成施工产值	分包出去工程的产值	从建设单位以外承揽工程完成的产值
全　省	**2688278**	**2490881**	**197397**	**4243**
哈尔滨	1497595	1494286	3309	3556
齐齐哈尔	47035	47035		
鸡　西	33650	33650		
鹤　岗	27986	27986		
双鸭山	3725	3725		
大　庆	818848	624847	194001	
伊　春	25274	25274		
佳木斯	121732	121732		
七台河	440	440		
牡丹江	36276	36189	87	87
黑　河	24989	24989		600
绥　化	38684	38684		
大兴安岭	12044	12044		

4-B-2.3　各地区国有企业总承包和专业承包总产值和竣工产值

单位：万元

地　区	建筑业总产值	#装饰装修产值	#在外省完成的产值	按构成分组			竣工产值
				建筑工程产值	安装工程产值	其他产值	
全　省	**2495124**	**6615**	**975152**	**1293488**	**1132057**	**69579**	**1239658**
哈尔滨	1497842	1859	840763	900421	595904	1518	543676
齐齐哈尔	47035		1099	47035			18322
鸡　西	33650			24774	8876		23074
鹤　岗	27986			24758	918	2310	18086
双鸭山	3725			2838	689	198	4269
大　庆	624847		132168	111830	502969	10047	464204
伊　春	25274	1050		25274			17754
佳木斯	121732			54041	13430	54261	61014
七台河	440				397	43	440
牡丹江	36276		1122	35146	87	1043	26752
黑　河	25589			25589			23932
绥　化	38684	3706		31850	6834		32567
大兴安岭	12044			9932	1953	159	5568

4-B-2.4 各地区国有总承包和专业承包企业房屋建筑面积

地 区	房屋施工面积（平方米）	#本年新开工	房屋竣工面积（平方米）	房屋竣工率（%）
全 省	**7735542**	**2802607**	**1186609**	**15.3**
哈尔滨	6865705	2437375	726474	10.6
齐齐哈尔				
鸡 西	12048	12048	12048	100.0
鹤 岗	24447	24447	24447	100.0
双鸭山	4445	4445	4445	100.0
大 庆	83252	83252	77663	93.3
伊 春	85822	56261	76953	89.7
佳木斯				
七台河				
牡丹江	452979	89003	105496	23.3
黑 河	16289	14295	9930	61.0
绥 化	158076	49002	123127	77.9
大兴安岭	32479	32479	26026	80.1

4-B-2.5 各地区按主要用途分的国有总承包和专业承包企业房屋竣工面积

单位：平方米

地 区	合计	住宅房屋	商业及服务用房屋	办公用房 屋	科研、教育和医疗用房屋	文化、体育和娱乐用房屋	厂房及建筑物	仓库	其他未列明的房屋建筑物
全 省	**1186609**	**808831**	**127056**	**37309**	**66104**	**16200**	**50776**	**220**	**80113**
哈尔滨	726474	465926	124988	25777	62643	16200	25686		5254
齐齐哈尔									
鸡 西	12048	12048							
鹤 岗	24447		2068				22288		91
双鸭山	4445	4445							
大 庆	77663				896		1999		74768
伊 春	76953	66434		10519					
佳木斯									
七台河									
牡丹江	105496	105496							
黑 河	9930	9465			465				
绥 化	123127	121027			2100				
大兴安岭	26026	23990		1013			803	220	

4-B-2.6 各地区按主要用途分的国有总承包和专业承包企业房屋竣工价值

单位：万元

地区	合计	住宅房屋	商业及服务用房屋	办公用房屋	科研、教育和医疗用房屋	文化、体育和娱乐用房屋	厂房及建筑物	仓库	其他未列明的房屋建筑物
全省	**206852**	**129674**	**24381**	**6167**	**13982**	**4074**	**8781**	**50**	**19744**
哈尔滨	127458	73494	23884	4259	13431	4074	7171		1146
齐齐哈尔									
鸡西	1825	1825							
鹤岗	1519		497				974		48
双鸭山	800	800							
大庆	19062				148		364		18550
伊春	13182	11469		1713					
佳木斯									
七台河									
牡丹江	14126	14126							
黑河	2717	2650			67				
绥化	22691	22355			336				
大兴安岭	3472	2955		195			272	50	

4-B-2.7 各地区国有总承包和专业承包企业施工机械设备情况

地区	年末自有施工机械设备总台数（台）	年末自有施工机械设备总功率（千瓦）	年末自有施工机械设备净值（万元）	技术装备率（元/人）	动力装备率（千瓦/人）
全省	**39259**	**775949**	**184472**	**31007.2**	**13.0**
哈尔滨	10564	161375	30482	11560.8	6.1
齐齐哈尔	110	5602	242	4967.1	11.5
鸡西	333	6310	3005	32210.1	6.8
鹤岗	1057	33542	3367	48587.3	48.4
双鸭山	37	255	337	6891.6	0.5
大庆	25774	506488	138034	56689.9	20.8
伊春	261	7684	1782	15265.6	6.6
佳木斯	161	7990	2033	8138.1	3.2
七台河	5	100	21	4681.8	2.3
牡丹江	63	3707	390	7036.1	6.7
黑河	412	10457	1152	18821.9	17.1
绥化	193	7321	1616	17695.5	8.0
大兴安岭	289	25118	2011	51966.4	64.9

4-B-2.8　各地区国有总承包和专业承包企业主要生产效益指标

地　区	建筑业企业个数(个)	从事建筑业活动的平均人数(人)	按总产值计算的劳动生产率(元/人)	人均竣工产值(元/人)	人均施工面积(平方米/人)	人均竣工面积(平方米/人)
全　省	**115**	**89520**	**278722.4**	**138478.3**	**86.4**	**13.3**
哈尔滨	47	51393	291448.7	105788.0	133.6	14.1
齐齐哈尔	3	2193	214477.9	83547.2		
鸡　西	9	1117	301250.7	206573.0	10.8	10.8
鹤　岗	4	679	412167.9	266365.2	36.0	36.0
双鸭山	6	378	98539.7	112933.9	11.8	11.8
大　庆	10	25321	246770.1	183327.6	3.3	3.1
伊　春	5	1040	243019.2	170712.5	82.5	74.0
佳木斯	7	3583	339747.7	170286.1		
七台河	1	44	99954.5	99954.5		
牡丹江	5	604	600597.7	442908.9	750.0	174.7
黑　河	5	1178	217223.3	203157.9	13.8	8.4
绥　化	11	1549	249734.0	210247.3	102.1	79.5
大兴安岭	2	441	273113.4	126249.4	73.6	59.0

4-B-2.9　各地区国有总承包和专业承包企业营业收入

单位：万元

地　区	营业收入	在境外完成的营业收入	企业总产值	建筑业总产值
全　省	**3006604**	**65389**	**3038272**	**2495124**
哈尔滨	1664019	584	1508533	1497842
齐齐哈尔	43597		47103	47035
鸡　西	34100		33650	33650
鹤　岗	27913		27986	27986
双鸭山	3646		5093	3725
大　庆	1013690	64805	1153182	624847
伊　春	17859		25274	25274
佳木斯	86589		121732	121732
七台河	440		440	440
牡丹江	44360		38962	36276
黑　河	26180		25589	25589
绥　化	32089		38684	38684
大兴安岭	12122		12044	12044

4-B-2.10 各地区国有总承包和专业承包企业资产构成

单位：万元

地区	资产总计	流动资产总计	#存货
全省	**4761876**	**4235958**	**670793**
哈尔滨	2624381	2334528	235091
齐齐哈尔	62187	54106	8206
鸡西	44335	35844	377
鹤岗	43725	34292	6888
双鸭山	7951	3888	10
大庆	1734542	1591268	384579
伊春	67990	62303	15395
佳木斯	86028	67249	13098
七台河	870	167	49
牡丹江	17377	10788	11
黑河	34059	21512	1555
绥化	29307	16086	5462
大兴安岭	9124	3927	72

4-B-2.11 各地区国有总承包和专业承包企业固定资产情况

单位：万元

地区	固定资产原价	固定资产折旧	#本年折旧	在建工程
全省	**681809**	**405170**	**29048**	**28657**
哈尔滨	162198	85497	4637	15142
齐齐哈尔	11818	3933	906	
鸡西	12834	4646	339	
鹤岗	11571	2802	930	321
双鸭山	2956	1659	211	
大庆	425664	287024	19997	12180
伊春	6893	2105	174	89
佳木斯	25431	6696	664	
七台河	661	641	89	
牡丹江	4193	2350	240	531
黑河	6899	3906	338	60
绥化	5677	2512	364	334
大兴安岭	5014	1399	159	

4-B-2.12　各地区国有总承包和专业承包企业负债及所有者权益

单位：万元

地　区	负债合计	#流动负债	#应付账款	所有者权益	#实收资本
全　省	**4063044**	**3745496**	**1452555**	**698833**	**884977**
哈尔滨	2107023	1804670	654149	517359	442353
齐齐哈尔	33706	33706	13433	28481	26294
鸡　西	28316	28123	8963	16019	9185
鹤　岗	30964	28764	20708	12761	7191
双鸭山	2737	2737	758	5214	4508
大　庆	1694624	1688931	709778	39918	330566
伊　春	59926	58232	3900	8064	6558
佳木斯	53025	52782	20273	33003	30733
七台河	262	262	224	608	608
牡丹江	7598	4562	1755	9779	6545
黑　河	23005	22958	8010	11055	9598
绥　化	19020	18373	10604	10287	5675
大兴安岭	2838	1396		6285	5163

4-B-2.13　各地区国有总承包和专业承包企业实收资本

单位：万元

地　区	合计	国家资本	集体资本	法人资本	个人资本	港澳台资本	外商资本
全　省	**884977**	**666483**	**2354**	**212937**	**3202**		
哈尔滨	442353	421560	2354	15236	3202		
齐齐哈尔	26294	26294					
鸡　西	9185	6873		2312			
鹤　岗	7191	7191					
双鸭山	4508	3819		689			
大　庆	330566	142017		188548			
伊　春	6558	6558					
佳木斯	30733	29933		800			
七台河	608	608					
牡丹江	6545	6482		64			
黑　河	9598	9598					
绥　化	5675	4475		1200			
大兴安岭	5163	1075		4088			

4-B-2.14 各地区国有总承包和专业承包企业收入情况

单位：万元

地 区	主营业务收入	#主营业务成本	#主营业务税金及附加	其他业务收入	#其他业务利润
全 省	**2991337**	**2854837**	**15260**	**15267**	**-2406**
哈尔滨	1653741	1564959	7307	10278	1999
齐齐哈尔	43395	40899	279	202	107
鸡 西	33978	28338	1464	122	-11
鹤 岗	27909	25313	360	4	
双鸭山	3636	4462	53	10	
大 庆	1011964	998430	459	1726	-4692
伊 春	17859	16626	283		
佳木斯	86589	78134	2599		
七台河	440	398	2		
牡丹江	41663	38481	299	2697	79
黑 河	26148	24578	242	32	28
绥 化	32044	24753	495	45	
大兴安岭	11971	9466	1418	151	84

4-B-2.15 各地区国有总承包和专业承包企业费用情况

单位：万元

地 区	管理费用	销售费用	财务费用	#利息收入	#利息支出
全 省	**110787**	**1642**	**10236**	**967**	**7002**
哈尔滨	59793	496	10327	731	6879
齐齐哈尔	1638			26	
鸡 西	2477	48	6	4	12
鹤 岗	2569		-432	7	
双鸭山	543		1	-1	
大 庆	32148		136	63	1
伊 春	1023		34	4	
佳木斯	4157	704	143	15	110
七台河	116		-1	-1	
牡丹江	2052	178	3	42	
黑 河	1485		15	47	-1
绥 化	2066	215	8	23	
大兴安岭	720	1	-4	7	1

4-B-2.16 各地区国有总承包和专业承包企业利润及税金情况

单位：万元

地　区	利润总额	#应交所得税	税金总额	主营业务税金及附加	应交增值税
全　省	**-92760**	**10736**	**72701**	**15260**	**57441**
哈尔滨	18996	7057	45000	7307	37693
齐齐哈尔	859	208	2374	279	2095
鸡　西	1546	425	2972	1464	1508
鹤　岗	103	383	1215	360	855
双鸭山	-1387	35	190	53	137
大　庆	-120208	424	3917	459	3458
伊　春	-72	32	2265	283	1982
佳木斯	855	187	6362	2599	3763
七台河	-75		15	2	13
牡丹江	1404	659	1560	299	1261
黑　河	593	214	2442	242	2200
绥　化	4242	1083	2077	495	1582
大兴安岭	384	29	2312	1418	894

4-B-2.17 各地区国有总承包和专业承包企业应收工程款及企业亏损情况

地　区	应收工程款（万元）	企业个数（个）	#亏损企业个数	亏损企业的比重（%）
全　省	**1983065**	**115**	**34**	**29.6**
哈尔滨	949997	47	13	27.7
齐齐哈尔	12259	3		
鸡　西	8277	9	1	11.1
鹤　岗	18363	4	1	25.0
双鸭山	699	6	4	66.7
大　庆	951300	10	5	50.0
伊　春	12113	5	2	40.0
佳木斯	14501	7	2	28.6
七台河	72	1	1	100.0
牡丹江	1787	5	1	20.0
黑　河	9002	5	1	20.0
绥　化	4275	11	3	27.3
大兴安岭	420	2		

4-B-2.18 各地区国有总承包和专业承包企业主要经济效益指标

地 区	产值利润率(%)	产值利税率(%)	资本利润率(%)	资本利税率(%)	人均利润(元/人)	人均利税(元/人)	资产负债率(%)
全 省	**-3.7**	**-0.8**	**-10.5**	**-2.3**	**-10362.0**	**-2241.0**	**85.3**
哈尔滨	1.3	4.3	4.3	14.5	3696.2	12452.0	80.3
齐齐哈尔	1.8	6.9	3.3	12.3	3915.6	14742.0	54.2
鸡 西	4.6	13.4	16.8	49.2	13839.7	40448.0	63.9
鹤 岗	0.4	4.7	1.4	18.3	1522.8	19406.0	70.8
双鸭山	-37.2	-32.1	-30.8	-26.6	-36690.5	-31669.0	34.4
大 庆	-19.2	-18.6	-36.4	-35.2	-47473.8	-45927.0	97.7
伊 春	-0.3	8.7	-1.1	33.4	-693.3	21083.0	88.1
佳木斯	0.7	5.9	2.8	23.5	2386.5	20141.0	61.6
七台河	-17.0	-13.6	-12.3	-9.8	-16977.3	-13591.0	30.1
牡丹江	3.9	8.2	21.4	45.3	23236.8	49066.0	43.7
黑 河	2.3	11.9	6.2	31.6	5029.7	25756.0	67.5
绥 化	11.0	16.3	74.8	111.4	27388.0	40797.0	64.9
大兴安岭	3.2	22.4	7.4	52.2	8705.2	61116.0	31.1

4-B-2.19 各地区集体总承包和专业承包企业签订合同情况

单位：万元

地 区	签订合同额	上年结转合同额	本年新签合同额
全 省	**694355**	**197026**	**497329**
哈尔滨	326378	133860	192518
齐齐哈尔			
鸡 西	21008	1304	19704
鹤 岗	10096	4074	6022
双鸭山	11454	9121	2333
大 庆	40527	1967	38560
伊 春	55516	870	54646
佳木斯	149737	35000	114737
七台河	1296		1296
牡丹江	21641	5976	15665
黑 河	26737	2265	24472
绥 化	14568		14568
大兴安岭	15397	2589	12808

4-B-2.20　各地区集体总承包和专业承包企业承包工程完成情况

单位：万元

地　区	直接从建设单位承揽工程完成的产值	自行完成施工产值	分包出去工程的产值	从建设单位以外承揽工程完成的产值
全　省	**594194**	**593194**	**1000**	**1008**
哈尔滨	241177	240177	1000	937
齐齐哈尔				
鸡　西	19954	19954		
鹤　岗	10096	10096		
双鸭山	4057	4057		
大　庆	40527	40527		
伊　春	52269	52269		69
佳木斯	148937	148937		
七台河	1296	1296		
牡丹江	19901	19901		2
黑　河	26665	26665		
绥　化	14568	14568		
大兴安岭	14747	14747		

4-B-2.21　各地区集体企业总承包和专业承包总产值和竣工产值

单位：万元

地　区	建筑业总产值	#装饰装修产值	#在外省完成的产值	按构成分组			竣工产值
				建筑工程产值	安装工程产值	其他产值	
全　省	**594202**	**9686**	**6788**	**473257**	**110188**	**10758**	**418006**
哈尔滨	241114	38	6331	156811	83623	680	172920
齐齐哈尔							
鸡　西	19954			19509	445		14005
鹤　岗	10096			10096			8680
双鸭山	4057	70		3827	230		1600
大　庆	40527			18362	20431	1734	16973
伊　春	52338			45737		6601	38412
佳木斯	148937			148937			106112
七台河	1296			350	946		1356
牡丹江	19903			18041	1860	2	4952
黑　河	26665	200		22906	2653	1107	26736
绥　化	14568	9378		14568			14563
大兴安岭	14747		457	14113		634	11697

4-B-2.22 各地区集体总承包和专业承包企业房屋建筑面积

地区	房屋施工面积（平方米）	#本年新开工	房屋竣工面积（平方米）	房屋竣工率（%）
全省	**2353026**	**1390497**	**1720728**	**73.1**
哈尔滨	772296	479888	433968	56.2
齐齐哈尔				
鸡西	58108	54808	58108	100.0
鹤岗	110519	11208	96208	87.1
双鸭山	84021	35761	8857	10.5
大庆	8000		1500	18.8
伊春	348433	348433	344801	99.0
佳木斯	735076	242200	565985	77.0
七台河	2800			
牡丹江	18900	18900		
黑河	102605	87031	102355	99.8
绥化	94680	94680	94650	100.0
大兴安岭	17588	17588	14296	81.3

4-B-2.23 各地区按主要用途分的集体总承包和专业承包企业房屋竣工面积

单位：平方米

地区	合计	住宅房屋	商业及服务用房屋	办公用房屋	科研、教育和医疗用房屋	文化、体育和娱乐用房屋	厂房及建筑物	仓库	其他未列明的房屋建筑物
全省	**1720728**	**914562**	**158200**	**229887**	**30722**	**3351**	**264757**	**107130**	**12119**
哈尔滨	433968	339433	676		21926		71639		294
齐齐哈尔									
鸡西	58108	54612			3496				
鹤岗	96208	96208							
双鸭山	8857						8857		
大庆	1500			1500					
伊春	344801	49801	116431				178569		
佳木斯	565985	197218	40753	215433	2100	3351		107130	
七台河									
牡丹江									
黑河	102355	85840	340	850			3500		11825
绥化	94650	91450			3200				
大兴安岭	14296			12104			2192		

4-B-2.24　各地区按主要用途分的集体总承包和专业承包企业房屋竣工价值

单位：万元

地　区	合计	住宅房屋	商业及服务用房屋	办公用房　屋	科研、教育和医疗用房屋	文化、体育和娱乐用房屋	厂房及建筑物	仓　库	其他未列明的房屋建筑物
全　省	**260022**	**146025**	**21705**	**41793**	**7212**	**307**	**25877**	**14944**	**2161**
哈尔滨	74076	60690	128		5597		7606		56
齐齐哈尔									
鸡　西	7005	6200			805				
鹤　岗	6900	6900							
双鸭山	620						620		
大　庆	390			390					
伊　春	36469	5883	14268				16318		
佳木斯	99645	38268	7210	38744	172	307		14944	
七台河									
牡丹江									
黑　河	18276	14819	99	250			1004		2105
绥　化	13903	13265			638				
大兴安岭	2738			2409			329		

4-B-2.25　各地区集体总承包和专业承包企业施工机械设备情况

地　区	年末自有施工机械设备总台数（台）	年末自有施工机械设备总功率（千瓦）	年末自有施工机械设备净值（万元）	技术装备率（元/人）	动力装备率（千瓦/人）
全　省	**5069**	**119698**	**23834**	**15709.4**	**7.9**
哈尔滨	1479	19923	11875	14989.3	2.5
齐齐哈尔					
鸡　西	320	1775	325	7505.8	4.1
鹤　岗	28	386	173	21048.8	4.7
双鸭山	1358	14516	220	13247.0	87.4
大　庆	390	19054	778	8806.3	21.6
伊　春	89	2568	613	4602.1	1.9
佳木斯					
七台河	50	500	160	17932.6	5.6
牡丹江	376	33589	2607	31072.7	40.0
黑　河	546	9327	1182	13253.4	10.5
绥　化	204	10400	5381	129978.3	25.1
大兴安岭	229	7660	520	11588.0	17.1

4-B-2.26 各地区集体总承包和专业承包企业主要生产效益指标

地区	建筑业企业个数（个）	从事建筑业活动的平均人数（人）	按总产值计算的劳动生产率（元/人）	人均竣工产值（元/人）	人均施工面积（平方米/人）	人均竣工面积（平方米/人）
全省	**74**	**19109**	**310953.7**	**218748.3**	**123.1**	**90.0**
哈尔滨	27	8719	276538.9	198325.8	88.6	49.8
齐齐哈尔						
鸡西	4	531	375777.8	263747.6	109.4	109.4
鹤岗	2	99	1019767.7	876767.7	1116.4	971.8
双鸭山	4	151	268649.0	105960.3	556.4	58.7
大庆	6	1246	325259.2	136222.3	6.4	1.2
伊春	4	1372	381469.4	279967.2	254.0	251.3
佳木斯	5	3855	386347.1	275257.6	190.7	146.8
七台河	2	89	145629.2	152325.8	31.5	
牡丹江	4	748	266077.5	66208.6	25.3	
黑河	9	1107	240879.9	241517.6	92.7	92.5
绥化	5	724	201216.9	201147.8	130.8	130.7
大兴安岭	2	468	315109.0	249938.0	37.6	30.5

4-B-2.27 各地区集体总承包和专业承包企业营业收入

单位：万元

地区	营业收入	在境外完成的营业收入	企业总产值	建筑业总产值
全省	**541446**		**606215**	**594202**
哈尔滨	255041		246554	241114
齐齐哈尔				
鸡西	21258		20349	19954
鹤岗	5226		10096	10096
双鸭山	5290		4117	4057
大庆	45993		46094	40527
伊春	13358		52760	52338
佳木斯	117046		148928	148937
七台河	1114		1356	1296
牡丹江	24704		19903	19903
黑河	24946		26743	26665
绥化	15827		14568	14568
大兴安岭	11643		14747	14747

4-B-2.28　各地区集体总承包和专业承包企业资产构成

单位：万元

地　区	资产总计	流动资产总计	#存货
全　省	**494927**	**413929**	**42792**
哈尔滨	243110	197052	25217
齐齐哈尔			
鸡　西	21762	19413	303
鹤　岗	4704	4496	136
双鸭山	12195	11056	4108
大　庆	99594	94459	390
伊　春	10616	8014	302
佳木斯	36546	27486	4020
七台河	4772	2379	64
牡丹江	18599	17599	
黑　河	18863	14721	2076
绥　化	16788	10097	6176
大兴安岭	7378	7157	

4-B-2.29　各地区集体总承包和专业承包企业固定资产情况

单位：万元

地　区	固定资产原价	固定资产折旧	#本年折旧	在建工程
全　省	**98911**	**40142**	**6974**	**6033**
哈尔滨	57410	24888	4626	5574
齐齐哈尔				
鸡　西	4329	1961	103	
鹤　岗	376	168	23	
双鸭山	1719	772	8	
大　庆	6230	2907	1435	
伊　春	3984	1842	116	299
佳木斯	8328	2243	330	
七台河	809	549	11	
牡丹江	2705	2121		
黑　河	5685	2049	236	
绥　化	6955	482	52	
大兴安岭	381	160	34	160

4-B-2.30 各地区集体总承包和专业承包企业负债及所有者权益

单位：万元

地　　区	负债合计	#流动负债	#应付账款	所有者权益	#实收资本
全　　省	**310939**	**295698**	**137495**	**183987**	**111510**
哈 尔 滨	137438	128440	31534	105672	51223
齐齐哈尔					
鸡　　西	15956	15865	12464	5806	3733
鹤　　岗	3323	3323	3307	1380	1023
双 鸭 山	5669	3560	2984	6526	5858
大　　庆	85466	85456	77426	14128	7640
伊　　春	8228	8027	166	2388	2321
佳 木 斯	24432	21524	2266	12115	9126
七 台 河	1420	1420	462	3352	2226
牡 丹 江	9050	9050	4183	9550	9183
黑　　河	7164	6330	673	11699	9197
绥　　化	8018	7928	524	8769	8769
大兴安岭	4775	4775	1506	2602	1211

4-B-2.31 各地区集体总承包和专业承包企业实收资本

单位：万元

地　　区	合计	国家资本	集体资本	法人资本	个人资本	港澳台资本	外商资本
全　　省	**111510**	**100**	**98634**	**8076**	**4700**		
哈 尔 滨	51223	100	47876	2647	600		
齐齐哈尔							
鸡　　西	3733		3353	380			
鹤　　岗	1023		1023				
双 鸭 山	5858		5856	2			
大　　庆	7640		6202	1438			
伊　　春	2321		2321				
佳 木 斯	9126		9126				
七 台 河	2226		2226				
牡 丹 江	9183		8591	592			
黑　　河	9197		9197				
绥　　化	8769		1724	2945	4100		
大兴安岭	1211		1139	72			

4-B-2.32 各地区集体总承包和专业承包企业收入情况

单位：万元

地区	主营业务收入	#主营业务成本	#主营业务税金及附加	其他业务收入	#其他业务利润
全省	**538795**	**479194**	**11759**	**2651**	**1229**
哈尔滨	253864	217131	3833	1177	1159
齐齐哈尔					
鸡西	21258	19318	445		
鹤岗	5226	4804	45		
双鸭山	5290	4828	185		
大庆	45993	43342	378		
伊春	13289	11813	852	69	
佳木斯	116976	110970	3587	70	70
七台河	1114	940	16		
牡丹江	24689	22493	163	15	
黑河	24885	21015	1221	61	
绥化	14568	11702	892	1259	
大兴安岭	11643	10838	142		

4-B-2.33 各地区集体总承包和专业承包企业费用情况

单位：万元

地区	管理费用	销售费用	财务费用	#利息收入	#利息支出
全省	**28759**	**1432**	**-109**	**426**	**242**
哈尔滨	21776	59	-200	212	
齐齐哈尔					
鸡西	727		10	-1	16
鹤岗	166		-2	-2	
双鸭山	189				
大庆	1408	41	-201	168	
伊春	633		-39	40	
佳木斯	1451	789	191	4	194
七台河	56		50		
牡丹江	594	43			
黑河	1146	304	79	2	22
绥化	413	196	7	-1	10
大兴安岭	200		-4	4	

4-B-2.34 各地区集体总承包和专业承包企业利润及税金情况

单位：万元

地区	利润总额	#应交所得税	税金总额	主营业务税金及附加	应交增值税
全省	**16827**	**6129**	**35417**	**11759**	**23658**
哈尔滨	11260	3478	13922	3833	10089
齐齐哈尔					
鸡西	754	431	1634	445	1189
鹤岗	211	109	381	45	336
双鸭山	84	57	365	185	180
大庆	935	743	1163	378	785
伊春	14	8	1562	852	710
佳木斯	58	70	8020	3587	4433
七台河	96	19	21	16	5
牡丹江	1237	543	2078	163	1915
黑河	583	155	2651	1221	1430
绥化	1358	418	1963	892	1071
大兴安岭	237	98	1657	142	1515

4-B-2.35 各地区集体总承包和专业承包企业应收工程款及企业亏损情况

单位：万元

地区	应收工程款(万元)	企业个数(个)	#亏损企业个数	亏损企业的比重(%)
全省	**141883**	**74**	**13**	**17.6**
哈尔滨	49221	27	5	18.5
齐齐哈尔				
鸡西	10931	4		
鹤岗	542	2	1	50.0
双鸭山	1682	4		
大庆	68132	6	1	16.7
伊春	282	4	1	25.0
佳木斯		5	1	20.0
七台河	850	2	1	50.0
牡丹江	4585	4		
黑河	1093	9	2	22.2
绥化	1171	5	1	20.0
大兴安岭	3394	2		

4-B-2.36　各地区集体总承包和专业承包企业主要经济效益指标

地　区	产值利润率(%)	产值利税率(%)	资本利润率(%)	资本利税率(%)	人均利润(元/人)	人均利税(元/人)	资产负债率(%)
全　省	**2.8**	**8.8**	**15.1**	**46.8**	**8805.3**	**27339.0**	**62.8**
哈尔滨	4.7	10.4	22.0	49.2	12914.0	28882.0	56.5
齐齐哈尔							
鸡　西	3.8	12.0	20.2	64.0	14205.3	44983.0	73.3
鹤　岗	2.1	5.9	20.6	57.8	21272.7	59747.0	70.7
双鸭山	2.1	11.1	1.4	7.7	5543.0	29709.0	46.5
大　庆	2.3	5.2	12.2	27.4	7500.0	16831.0	85.8
伊　春		3.0	0.6	67.9	99.9	11482.0	77.5
佳木斯		5.4	0.6	88.5	151.2	20954.0	66.9
七台河	7.4	9.1	4.3	5.3	10831.5	13180.0	29.8
牡丹江	6.2	16.7	13.5	36.1	16533.4	44310.0	48.7
黑　河	2.2	12.1	6.3	35.2	5269.2	29216.0	38.0
绥　化	9.3	22.8	15.5	37.9	18752.8	45866.0	47.8
大兴安岭	1.6	12.8	19.6	156.5	5068.4	40468.0	64.7

4-B-2.37　各地区私营总承包和专业承包企业签订合同情况

单位：万元

地　区	签订合同额		
		上年结转合同额	本年新签合同额
全　省	**3017127**	**1064479**	**1952650**
哈尔滨	1618115	662222	955894
齐齐哈尔	33207	17191	16016
鸡　西	116570	36138	80432
鹤　岗	102193	42880	59313
双鸭山	80058	25607	54450
大　庆	336277	105572	230705
伊　春	37041	15058	21984
佳木斯	229817	18199	211618
七台河	35460	10397	25063
牡丹江	266183	125007	141177
黑　河	112340	2266	110074
绥　化	24169	2000	22169
大兴安岭	25697	1942	23755

4-B-2.38 各地区私营总承包和专业承包企业承包工程完成情况

单位：万元

地区	直接从建设单位承揽工程完成的产值	自行完成施工产值	分包出去工程的产值	从建设单位以外承揽工程完成的产值
全省	**1950891**	**1930950**	**19943**	**55027**
哈尔滨	927536	911512	16024	49171
齐齐哈尔	30011	30011		
鸡西	91108	91108		471
鹤岗	74183	74183		
双鸭山	57235	55716	1520	1131
大庆	216509	215804	705	1073
伊春	30660	29431	1230	1230
佳木斯	217283	216869	414	272
七台河	25469	25419	50	100
牡丹江	138167	138167		
黑河	96948	96948		
绥化	21268	21268		901
大兴安岭	24514	24514		678

4-B-2.39 各地区私营企业总承包和专业承包总产值和竣工产值

单位：万元

地区	建筑业总产值	#装饰装修产值	#在外省完成的产值	按构成分组			竣工产值
				建筑工程产值	安装工程产值	其他产值	
全省	**1985974**	**140405**	**141474**	**1684695**	**204179**	**97101**	**1369850**
哈尔滨	960684	108576	73704	774769	135114	50801	673236
齐齐哈尔	30011	19	4155	27659	2222	131	23866
鸡西	91578	1319	28723	87370	730	3479	55667
鹤岗	74183	134		64168		10016	47565
双鸭山	56846	577		52545	2686	1615	28875
大庆	216876	1197	26449	172349	21695	22832	144695
伊春	30660	858		29788	872		21206
佳木斯	217141	8821		200528	12766	3846	130955
七台河	25519	2262	20	23312	423	1784	22380
牡丹江	138167	13031	8377	110848	25593	1725	94601
黑河	96948	1748		95145	1609	194	87401
绥化	22169	725		22169			19710
大兴安岭	25192	1138	46	24045	469	678	19693

4-B-2.40　各地区私营总承包和专业承包企业房屋建筑面积

地　区	房屋施工面积(平方米)	#本年新开工	房屋竣工面积(平方米)	房屋竣工率(%)
全　省	**6924604**	**4120297**	**3204227**	**46.3**
哈尔滨	2866608	1274040	1054905	36.8
齐齐哈尔	79436	63742	61739	77.7
鸡　西	234948	188848	185523	79.0
鹤　岗	425373	165347	149014	35.0
双鸭山	332060	92924	23729	7.1
大　庆	407490	191774	154789	38.0
伊　春	336152	335652	14558	4.3
佳木斯	1104374	883197	848848	76.9
七台河	36215	17315	25930	71.6
牡丹江	382011	212281	141243	37.0
黑　河	656989	632229	482869	73.5
绥　化	57663	57663	55895	96.9
大兴安岭	5285	5285	5185	98.1

4-B-2.41　各地区按主要用途分的私营总承包和专业承包企业房屋竣工面积

单位：平方米

地　区	合计	住宅房屋	商业及服务用房屋	办公用房　屋	科研、教育和医疗用房屋	文化、体育和娱乐用房屋	厂房及建筑物	仓　库	其他未列明的房屋建筑物
全　省	**3204227**	**2202839**	**106369**	**180653**	**93646**	**14100**	**356812**	**137004**	**112804**
哈尔滨	1054905	662744	9728	126252	19802		202557	1240	32582
齐齐哈尔	61739	43030		7250			1500	4139	5820
鸡　西	185523	149259	1136	400	2910		20665		11153
鹤　岗	149014	113830			26184	9000			
双鸭山	23729	5263	5550	10494			922		1500
大　庆	154789	126195	9779	6400	5435		6980		
伊　春	14558	4500	4398		5660				
佳木斯	848848	690931	65148				7000	81137	4632
七台河	25930	8400	230				10480	820	6000
牡丹江	141243	120199		510	16634				3900
黑　河	482869	264656	10400	25737	3759		101478	48000	28839
绥　化	55895	13832		3560	8227	5100	5230	1668	18278
大兴安岭	5185			50	5035				100

4-B-2.42 各地区按主要用途分的私营总承包和专业承包企业房屋竣工价值

单位：万元

地区	合计	住宅房屋	商业及服务用房屋	办公用房屋	科研、教育和医疗用房屋	文化、体育和娱乐用房屋	厂房及建筑物	仓库	其他未列明的房屋建筑物
全省	**482903**	**329498**	**16467**	**35468**	**22079**	**3591**	**44131**	**12324**	**19349**
哈尔滨	172872	109551	1720	22608	4024		30066	129	4775
齐齐哈尔	11161	6600		1804			130	882	1745
鸡西	34397	28949	398	40	660		2610		1741
鹤岗	28218	17990			7728	2500			
双鸭山	4975	1009	979	2666			115		205
大庆	17553	12279	1858	774	1172		1471		
伊春	2229	560	1169		500				
佳木斯	99995	84172	7808				1463	6088	463
七台河	3746	710	25				2646	25	340
牡丹江	25982	20347		153	5302				180
黑河	70321	44574	2510	6722	701		4613	4876	6326
绥化	11030	2757		692	1600	1091	1017	324	3551
大兴安岭	424			9	392				23

4-B-2.43 各地区私营总承包和专业承包企业施工机械设备情况

地区	年末自有施工机械设备总台数（台）	年末自有施工机械设备总功率（千瓦）	年末自有施工机械设备净值（万元）	技术装备率（元/人）	动力装备率（千瓦/人）
全省	**16220**	**340407**	**138790**	**23285.9**	**5.7**
哈尔滨	8350	172345	62567	21428.7	5.9
齐齐哈尔	609	11058	6617	80599.3	13.5
鸡西	821	16291	7062	21118.7	4.9
鹤岗	282	6724	2997	19234.9	4.3
双鸭山	189	1890	3731	23508.5	1.2
大庆	1969	59233	25033	39384.2	9.3
伊春	70	1072	980	5321.9	0.6
佳木斯	1257	6502	6590	10912.6	1.1
七台河	178	1551	2874	36156.0	2.0
牡丹江	800	27711	6504	15805.8	6.7
黑河	1334	23373	5484	24159.5	10.3
绥化	156	4967	6215	68904.7	5.5
大兴安岭	205	7690	2136	27519.3	9.9

4-B-2.44　各地区私营总承包和专业承包企业主要生产效益指标

地　区	建筑业企业个数（个）	从事建筑业活动的平均人数（人）	按总产值计算的劳动生产率（元/人）	人均竣工产值（元/人）	人均施工面积（平方米/人）	人均竣工面积（平方米/人）
全　省	**726**	**78840**	**251899.2**	**173750.6**	**87.8**	**40.6**
哈尔滨	347	40151	239267.7	167676.1	71.4	26.3
齐齐哈尔	16	988	303753.0	241561.7	80.4	62.5
鸡　西	36	4318	212085.2	128918.5	54.4	43.0
鹤　岗	16	2196	337810.1	216600.2	193.7	67.9
双鸭山	29	2249	252763.0	128391.3	147.6	10.6
大　庆	112	7496	289322.3	193029.3	54.4	20.6
伊　春	17	2110	145308.5	100500.9	159.3	6.9
佳木斯	27	7663	283362.3	170892.6	144.1	110.8
七台河	17	959	266103.2	233366.0	37.8	27.0
牡丹江	59	5177	266885.8	182732.9	73.8	27.3
黑　河	24	3585	270426.5	243795.8	183.3	134.7
绥　化	15	1079	205456.9	182666.4	53.4	51.8
大兴安岭	11	869	289891.8	226613.3	6.1	6.0

4-B-2.45　各地区私营总承包和专业承包企业营业收入

单位：万元

地　区	营业收入		企业总产值	
		在境外完成的营业收入		建筑业总产值
全　省	**2504276**		**2172512**	**1985974**
哈尔滨	1375979		1067622	960684
齐齐哈尔	31495		30031	30011
鸡　西	90319		126232	91578
鹤　岗	73971		74184	74183
双鸭山	54219		58886	56846
大　庆	285398		227190	216876
伊　春	71320		31413	30660
佳木斯	209328		219144	217141
七台河	25157		27511	25519
牡丹江	131973		163989	138167
黑　河	99940		96948	96948
绥　化	32017		22169	22169
大兴安岭	23160		27193	25192

4-B-2.46 各地区私营总承包和专业承包企业资产构成

单位：万元

地 区	资产总计	流动资产总计	#存货
全 省	**3743054**	**2984381**	**459917**
哈尔滨	1928405	1540491	289479
齐齐哈尔	63892	42881	3354
鸡 西	164449	107804	19192
鹤 岗	94356	77553	9756
双鸭山	101749	86823	8168
大 庆	677714	590631	56443
伊 春	69583	57751	2273
佳木斯	146273	109446	2299
七台河	47001	36033	6863
牡丹江	258698	209896	42557
黑 河	107352	66406	13129
绥 化	25800	18497	2868
大兴安岭	57782	40169	3536

4-B-2.47 各地区私营总承包和专业承包企业固定资产情况

单位：万元

地 区	固定资产原价	固定资产折旧	#本年折旧	在建工程
全 省	**601041**	**278528**	**36766**	**35185**
哈尔滨	289742	151049	17535	20954
齐齐哈尔	24309	6136	1085	43
鸡 西	57812	16072	849	172
鹤 岗	13180	6702	357	508
双鸭山	12149	6296	818	2009
大 庆	91807	53203	10439	2572
伊 春	7405	2946	663	3146
佳木斯	16000	4829	886	837
七台河	13213	4863	478	
牡丹江	37636	16166	1977	2216
黑 河	17988	5867	678	
绥 化	5619	898	383	2151
大兴安岭	14181	3501	618	577

4-B-2.48　各地区私营总承包和专业承包企业负债及所有者权益

单位：万元

地　区	负债合计	#流动负债	#应付账款	所有者权益	#实收资本
全　省	**1787961**	**1686754**	**480228**	**1955092**	**1466442**
哈尔滨	932126	886086	266601	996279	721192
齐齐哈尔	30510	30427	5836	33382	29994
鸡　西	78631	73071	11966	85818	65728
鹤　岗	51494	51494	13682	42862	31225
双鸭山	43177	28372	9572	58571	39256
大　庆	348628	332138	80346	329086	249393
伊　春	26237	23996	20644	43346	38878
佳木斯	70670	60537	24385	75603	49525
七台河	19956	19700	8232	27045	24341
牡丹江	115505	115254	26679	143193	117197
黑　河	39075	35141	5015	68277	56838
绥　化	7206	6483	1463	18594	14446
大兴安岭	24746	24055	5807	33036	28429

4-B-2.49　各地区私营总承包和专业承包企业实收资本

单位：万元

地　区	合计	国家资本	集体资本	法人资本	个人资本	港澳台资本	外商资本
全　省	**1466442**	**1800**		**500600**	**964044**		
哈尔滨	721192	1800		266563	452829		
齐齐哈尔	29994			9759	20236		
鸡　西	65728			25905	39823		
鹤　岗	31225			7805	23420		
双鸭山	39256			16290	22966		
大　庆	249393			46492	202901		
伊　春	38878			28645	10234		
佳木斯	49525			13629	35896		
七台河	24341			8857	15484		
牡丹江	117197			46011	71186		
黑　河	56838			13557	43281		
绥　化	14446			4621	9825		
大兴安岭	28429			12466	15963		

4-B-2.50 各地区私营总承包和专业承包企业收入情况

单位：万元

地区	主营业务收入	#主营业务成本	#主营业务税金及附加	其他业务收入	#其他业务利润
全省	**2472465**	**2236245**	**36971**	**31811**	**791**
哈尔滨	1347630	1229857	14446	28349	336
齐齐哈尔	31469	27471	298	26	
鸡西	90319	85991	1813		
鹤岗	73971	68327	620		
双鸭山	53981	47745	935	238	-58
大庆	285197	254558	2203	201	-2
伊春	70822	75095	1955	498	
佳木斯	209328	167434	9392		
七台河	24940	21378	451	217	116
牡丹江	129773	111099	1033	2200	399
黑河	99858	97019	2871	82	
绥化	32017	29111	363		
大兴安岭	23160	21160	591		

4-B-2.51 各地区私营总承包和专业承包企业费用情况

单位：万元

地区	管理费用	销售费用	财务费用	#利息收入	#利息支出
全省	**97806**	**10531**	**6948**	**465**	**11993**
哈尔滨	50991	3874	3140	351	9085
齐齐哈尔	2518		87	-7	87
鸡西	2703	141	321	6	271
鹤岗	1998	3	-61	-2	32
双鸭山	1818	2	551	10	512
大庆	14619	665	1994	59	1451
伊春	1721		12		
佳木斯	8586	5582	270	41	20
七台河	2285	14	262		281
牡丹江	6144	50	331	17	211
黑河	2384	102	36	-10	43
绥化	955	82	7		
大兴安岭	1084	16	-2		

4-B-2.52　各地区私营总承包和专业承包企业利润及税金情况

单位：万元

地　区	利润总额	#应交所得税	税金总额	主营业务税金及附加	应交增值税
全　省	**78496**	**31675**	**118289**	**36971**	**81318**
哈尔滨	40314	16741	53993	14446	39547
齐齐哈尔	1066	274	1313	298	1015
鸡　西	-690	1009	4481	1813	2668
鹤　岗	2997	1161	3690	620	3070
双鸭山	2776	781	3099	935	2164
大　庆	10897	3513	12348	2203	10145
伊　春	-7775	1110	4336	1955	2381
佳木斯	17693	2210	17770	9392	8378
七台河	672	235	1918	451	1467
牡丹江	11286	2568	4543	1033	3510
黑　河	-2556	1467	7739	2871	4868
绥　化	1492	397	1168	363	805
大兴安岭	324	209	1891	591	1300

4-B-2.53　各地区私营总承包和专业承包企业应收工程款及企业亏损情况

地　区	应收工程款(万元)	企业个数(个)	#亏损企业个数	亏损企业的比重(%)
全　省	**969683**	**726**	**174**	**24.0**
哈尔滨	530761	347	86	24.8
齐齐哈尔	26156	16	4	25.0
鸡　西	26657	36	11	30.6
鹤　岗	41087	16	3	18.8
双鸭山	23761	29	7	24.1
大　庆	161655	112	34	30.4
伊　春	24734	17	3	17.6
佳木斯	20654	27	4	14.8
七台河	16102	17	4	23.5
牡丹江	45312	59	9	15.3
黑　河	33678	24	5	20.8
绥　化	5646	15	3	20.0
大兴安岭	13480	11	1	9.1

4-B-2.54 各地区私营总承包和专业承包企业主要经济效益指标

地区	产值利润率(%)	产值利税率(%)	资本利润率(%)	资本利税率(%)	人均利润(元/人)	人均利税(元/人)	资产负债率(%)
全省	**4.0**	**9.9**	**5.4**	**13.4**	**9956.2**	**24959.5**	**47.8**
哈尔滨	4.2	9.8	5.6	13.1	10040.5	23487.9	48.3
齐齐哈尔	3.6	7.9	3.6	7.9	10790.5	24075.9	47.8
鸡西	-0.8	4.1	-1.1	5.8	-1598.9	8777.7	47.8
鹤岗	4.0	9.0	9.6	21.4	13648.9	30452.6	54.6
双鸭山	4.9	10.3	7.1	15.0	12342.4	26118.7	42.4
大庆	5.0	10.7	4.4	9.3	14536.7	31008.7	51.4
伊春	-25.4	-11.2	-20.0	-8.8	-36850.2	-16298.6	37.7
佳木斯	8.1	16.3	35.7	71.6	23088.5	46277.6	48.3
七台河	2.6	10.1	2.8	10.6	7009.4	27001.0	42.5
牡丹江	8.2	11.5	9.6	13.5	21800.1	30575.4	44.6
黑河	-2.6	5.3	-4.5	9.1	-7130.0	14454.7	36.4
绥化	6.7	12.0	10.3	18.4	13826.7	24657.1	27.9
大兴安岭	1.3	8.8	1.1	7.8	3733.0	25496.0	42.8

4-B-2.55 各地区股份制总承包和专业承包企业签订合同情况

单位：万元

地区	签订合同额	上年结转合同额	本年新签合同额
全省	**13696531**	**5352081**	**8344449**
哈尔滨	9979674	4222921	5756754
齐齐哈尔	510341	206157	304184
鸡西	179730	44722	135008
鹤岗	208682	75988	132693
双鸭山	129020	48213	80808
大庆	418457	40030	378426
伊春	54332	2612	51719
佳木斯	898167	465423	432744
七台河	106266	42985	63281
牡丹江	442855	164386	278469
黑河	127841	13858	113983
绥化	571744	7928	563816
大兴安岭	69422	16858	52564

4-B-2.56　各地区股份制总承包和专业承包企业承包工程完成情况

单位：万元

地　区	直接从建设单位承揽工程完成的产值	自行完成施工产值	分包出去工程的产值	从建设单位以外承揽工程完成的产值
全　省	**7085636**	**7068308**	**17329**	**17846**
哈尔滨	4604653	4597690	6963	7066
齐齐哈尔	332274	331972	302	320
鸡　西	170589	166710	3879	1557
鹤　岗	142066	142066		
双鸭山	97336	96286	1050	147
大　庆	302639	302639		5000
伊　春	49012	49012		440
佳木斯	451072	451022	50	1250
七台河	66653	66333	320	320
牡丹江	357310	353566	3744	174
黑　河	69520	69520		
绥　化	384100	383080	1021	1572
大兴安岭	58412	58412		

4-B-2.57　各地区股份制总承包和专业承包企业总产值和竣工产值

单位：万元

地　区	建筑业总产值	#装饰装修产值	#在外省完成的产值	按构成分组			竣工产值
				建筑工程产值	安装工程产值	其他产值	
全　省	**7086155**	**204201**	**1465270**	**5899694**	**737735**	**448727**	**4031274**
哈尔滨	4604756	85482	1341278	3862992	385022	356742	2416125
齐齐哈尔	332292	10826	19370	286182	38747	7363	214121
鸡　西	168267	63	16479	150663	17181	423	62285
鹤　岗	142066	18873	3510	110932	16482	14653	56139
双鸭山	96433	7949		83621	5493	7319	70295
大　庆	307639	14301	7905	143272	132765	31603	213891
伊　春	49452	1413		43190	1875	4387	47973
佳木斯	452272	5505	20472	429378	20451	2443	315193
七台河	66653	847		64299	1030	1324	42615
牡丹江	353741	41873	47693	289336	59466	4938	210401
黑　河	69520	668		45552	23268	700	51274
绥　化	384652	16276	1602	352795	30139	1719	304159
大兴安岭	58412	125	6961	37482	5816	15113	26803

4-B-2.58 各地区股份制总承包和专业承包企业房屋建筑面积

地　区	房屋施工面积（平方米）	#本年新开工	房屋竣工面积（平方米）	房屋竣工率（%）
全　省	**20807660**	**9599290**	**8589523**	**41.3**
哈尔滨	12265594	4271835	3536027	28.8
齐齐哈尔	1450038	672223	562959	38.8
鸡　西	389169	120681	163177	41.9
鹤　岗	808462	388365	63006	7.8
双鸭山	230326	61261	106115	46.1
大　庆	377795	257525	236060	62.5
伊　春	147533	127617	144409	97.9
佳木斯	2276060	1484334	1792527	78.8
七台河	163437	106658	99122	60.6
牡丹江	1087309	593267	535635	49.3
黑　河	176922	97109	152087	86.0
绥　化	1322374	1307974	1140053	86.2
大兴安岭	112641	110441	58346	51.8

4-B-2.59 各地区按主要用途分的股份制总承包和专业承包企业房屋竣工面积

单位：平方米

地　区	合计	住宅房屋	商业及服务用房屋	办公用房　屋	科研、教育和医疗用房屋	文化、体育和娱乐用房屋	厂房及建筑物	仓　库	其他未列明的房屋建筑物
全　省	**8589523**	**6446123**	**279787**	**462495**	**290692**	**14851**	**656744**	**280170**	**158661**
哈尔滨	3536027	2690873	47535	137726	160200		356212	51227	92254
齐齐哈尔	562959	457398	10957	17602	29372	240	18999	1580	26811
鸡　西	163177	97068	5001	4780		1560	53460		1308
鹤　岗	63006	37473	10600	280	4300		700	9653	
双鸭山	106115	67192	3000	7534	4800		23589		
大　庆	236060	172794	14520	300	530		25639		22277
伊　春	144409	137908					2000		4501
佳木斯	1792527	1263810	40000	218469			65444	204804	
七台河	99122	95534	2088	1500					
牡丹江	535635	391214	100471		18870		15211	1559	8310
黑　河	152087	135025	7820	162	9080				
绥　化	1140053	878146	37795	55304	48920	13051	95490	11347	
大兴安岭	58346	21688		18838	14620				3200

4-B-2.60 各地区按主要用途分的股份制总承包和专业承包企业房屋竣工价值

单位：万元

地区	合计	住宅房屋	商业及服务用房屋	办公用房屋	科研、教育和医疗用房屋	文化、体育和娱乐用房屋	厂房及建筑物	仓库	其他未列明的房屋建筑物
全省	**1291933**	**915452**	**46241**	**86275**	**58384**	**6817**	**112527**	**30161**	**36080**
哈尔滨	517545	339543	6463	31101	33011		68928	10518	27983
齐齐哈尔	96668	80545	1611	3765	5464	55	2842	68	2318
鸡西	37327	24715	856	945		307	10326		180
鹤岗	10371	4635	2806	62	1019		154	1695	
双鸭山	17740	11379	756	1056	1349		3200		
大庆	39179	28294	1032	60	103		6275		3415
伊春	14454	13272					400		782
佳木斯	240479	176963	6332	35158			6646	15381	
七台河	15023	14339	334	350					
牡丹江	71299	47568	16906		3246		2422	80	1077
黑河	31446	26955	2215	44	2232				
绥化	191240	142324	6930	10703	11074	6455	11334	2419	
大兴安岭	9162	4920		3031	886				325

4-B-2.61 各地区股份制总承包和专业承包企业施工机械设备情况

地区	年末自有施工机械设备总台数（台）	年末自有施工机械设备总功率（千瓦）	年末自有施工机械设备净值（万元）	技术装备率（元/人）	动力装备率（千瓦/人）
全省	**46398**	**1285446**	**331555**	**23620.2**	**9.2**
哈尔滨	17415	534577	138038	21167.3	8.2
齐齐哈尔	3772	84826	30069	31130.1	8.8
鸡西	1942	50175	9463	14728.9	7.8
鹤岗	1879	24851	7591	17572.5	5.8
双鸭山	2526	56937	7638	19085.0	14.2
大庆	5443	107111	21950	18003.5	8.8
伊春	654	27870	9660	54056.5	15.6
佳木斯	4253	109578	13178	9644.9	8.0
七台河	416	21863	9776	55990.3	12.5
牡丹江	2069	62839	15152	19500.4	8.1
黑河	732	15951	5137	26356.1	8.2
绥化	4657	146022	56762	53267.4	13.7
大兴安岭	640	42846	7141	72349.5	43.4

4-B-2.62 各地区股份制总承包和专业承包企业主要生产效益指标

地　区	建筑业企业个数（个）	从事建筑业活动的平均人数（人）	按总产值计算的劳动生产率（元/人）	人均竣工产值（元/人）	人均施工面积（平方米/人）	人均竣工面积（平方米/人）
全　省	**795**	**222064**	**319104.1**	**181536.5**	**93.7**	**38.7**
哈尔滨	356	127216	361963.6	189923.0	96.4	27.8
齐齐哈尔	69	13676	242974.6	156567.3	106.0	41.2
鸡　西	26	6476	259831.5	96178.0	60.1	25.2
鹤　岗	31	5186	273940.6	108250.3	155.9	12.1
双鸭山	40	5141	187576.5	136733.7	44.8	20.6
大　庆	59	11822	260226.2	180926.0	32.0	20.0
伊　春	25	2258	219005.8	212456.2	65.3	64.0
佳木斯	29	17319	261141.9	181992.5	131.4	103.5
七台河	15	2052	324819.7	207674.0	79.6	48.3
牡丹江	55	12331	286870.9	170627.9	88.2	43.4
黑　河	15	2160	321850.9	237380.6	81.9	70.4
绥　化	64	14533	264674.8	209288.2	91.0	78.4
大兴安岭	11	1894	308404.4	141515.3	59.5	30.8

4-B-2.63 各地区股份制总承包和专业承包企业营业收入

单位：万元

地　区	营业收入	在境外完成的营业收入	企业总产值	建筑业总产值
全　省	**7198681**	**129234**	**7592038**	**7086155**
哈尔滨	4654086	105340	5045672	4604756
齐齐哈尔	326275		335489	332292
鸡　西	165580		177452	168267
鹤　岗	128883		142966	142066
双鸭山	101183		98756	96433
大　庆	346130		337324	307639
伊　春	58676		49456	49452
佳木斯	466400		452604	452272
七台河	70379		70896	66653
牡丹江	358809		360158	353741
黑　河	70984		69710	69520
绥　化	395503	23894	393143	384652
大兴安岭	55793		58412	58412

4-B-2.64　各地区股份制总承包和专业承包企业资产构成

单位：万元

地　区	资产合计	#流动资产合计	#存货
全　省	**11580971**	**9425651**	**1403079**
哈尔滨	7490754	6296971	1035199
齐齐哈尔	501533	387710	36396
鸡　西	184593	151610	13161
鹤　岗	175871	132056	18814
双鸭山	212210	170215	18364
大　庆	679747	553396	21636
伊　春	175644	143113	25729
佳木斯	466406	361503	19951
七台河	157409	109270	23172
牡丹江	837860	636466	83505
黑　河	56035	44481	2013
绥　化	554473	374535	95028
大兴安岭	88436	64325	10111

4-B-2.65　各地区股份制总承包和专业承包企业固定资产情况

单位：万元

地　区	固定资产原价	固定资产折旧	#本年折旧	在建工程
全　省	**1456114**	**637067**	**74760**	**57240**
哈尔滨	632448	275566	35474	43016
齐齐哈尔	91769	33484	3445	2114
鸡　西	52013	27473	2718	
鹤　岗	34694	16516	264	2528
双鸭山	47561	21664	1430	3548
大　庆	111471	61866	3935	545
伊　春	32507	10032	1323	1020
佳木斯	90857	44272	4612	2468
七台河	48357	21564	4632	618
牡丹江	103615	37457	6056	797
黑　河	15427	5451	618	4
绥　化	155838	64244	7171	
大兴安岭	39557	17478	3082	582

4-B-2.66 各地区股份制总承包和专业承包企业负债及所有者权益

单位：万元

地　区	负债合计	#流动负债	#应付账款	所有者权益	#实收资本
全　省	**8206043**	**7402064**	**2778704**	**3374931**	**2522430**
哈尔滨	5662901	5155357	2030712	1827857	1374500
齐齐哈尔	259171	254135	102390	242362	202741
鸡　西	132823	123381	32431	51770	61563
鹤　岗	98602	86390	44634	77270	48772
双鸭山	139244	123304	30993	72966	74276
大　庆	514362	508485	184813	165385	122140
伊　春	119405	116128	28104	56239	46485
佳木斯	298608	147436	39616	167798	133771
七台河	94175	92021	18788	63233	43064
牡丹江	561924	495711	139764	275936	153677
黑　河	21758	14555	6998	34277	26420
绥　化	266908	251016	97018	287565	186301
大兴安岭	36162	34145	22443	52273	48720

4-B-2.67 各地区股份制总承包和专业承包企业实收资本

单位：万元

地　区	合计	国家资本	集体资本	法人资本	个人资本	港澳台资本	外商资本
全　省	**2522430**	**590111**	**161933**	**759074**	**1010676**	**2**	**636**
哈尔滨	1374500	472153	48875	388296	464540		636
齐齐哈尔	202741	47624	11761	80506	62848	2	
鸡　西	61563	17665	12580	12314	19004		
鹤　岗	48772	2632	7435	24049	14656		
双鸭山	74276	12473	4177	12635	44991		
大　庆	122140	20480	20969	45006	35685		
伊　春	46485	542	3320	21001	21622		
佳木斯	133771	1600	10300	27923	93948		
七台河	43064		5241	10691	27132		
牡丹江	153677	4699	24604	37172	87203		
黑　河	26420	193	4516	19227	2484		
绥　化	186301	10050	5755	64365	106132		
大兴安岭	48720		2400	15889	30431		

4-B-2.68　各地区股份制总承包和专业承包企业收入情况

单位：万元

地　区	主营业务收　入	#主营业务成　本	#主营业务税金及附加	其他业务收　入	#其他业务利　润
全　省	**7162355**	**6451599**	**70421**	**36326**	**5554**
哈尔滨	4631176	4192632	27586	22910	3277
齐齐哈尔	326063	299166	4725	212	57
鸡　西	164067	153251	2893	1513	488
鹤　岗	128835	117916	2166	48	37
双鸭山	99436	85562	1019	1747	
大　庆	345511	322807	3732	619	392
伊　春	57890	53555	747	786	
佳木斯	466368	411510	13722	32	
七台河	65057	57777	369	5322	756
牡丹江	356234	296027	3511	2575	525
黑　河	70801	63387	1965	183	
绥　化	395130	346132	7183	373	22
大兴安岭	55787	51877	803	6	

4-B-2.69　各地区股份制总承包和专业承包企业费用情况

单位：万元

地　区	管理费用	销售费用	财务费用	#利息收入	#利息支出
全　省	**297351**	**26292**	**54957**	**15796**	**25267**
哈尔滨	179772	19252	39004	15529	21535
齐齐哈尔	15652	80	708	68	341
鸡　西	9190	72	408	27	413
鹤　岗	5947	32	658	2	46
双鸭山	7835	5	91		4
大　庆	14625	169	821	75	222
伊　春	2154	62	28	26	
佳木斯	15449	3845	8007	26	285
七台河	4712	62	396	-9	267
牡丹江	16854	196	2743	33	593
黑　河	4392	185	55	2	25
绥　化	18449	2332	1946	15	1533
大兴安岭	2320		92	2	3

4-B-2.70 各地区股份制总承包和专业承包企业利润及税金情况

单位：万元

地　　区	利润总额	#应交所得税	税金总额	主营业务税金及附加	应交增值税
全　　省	**231291**	**63937**	**312598**	**70421**	**242177**
哈尔滨	174165	36187	172172	27586	144586
齐齐哈尔	10006	2666	14702	4725	9977
鸡　　西	-3192	1151	9861	2893	6968
鹤　　岗	2069	1475	4719	2166	2553
双鸭山	3592	1703	4488	1019	3469
大　　庆	3524	2346	14492	3732	10760
伊　　春	1284	720	3847	747	3100
佳木斯	10784	3356	26128	13722	12406
七台河	2380	873	3232	369	2863
牡丹江	6715	6946	18940	3511	15429
黑　　河	1303	567	3814	1965	1849
绥　　化	17657	5049	31809	7183	24626
大兴安岭	1004	898	4394	803	3591

4-B-2.71 各地区股份制总承包和专业承包企业应收工程款及企业亏损情况

地　　区	应收工程款（万元）	企业个数（个）	#亏损企业个数	亏损企业的比重（%）
全　　省	**3215098**	**795**	**213**	**26.8**
哈尔滨	2036978	356	97	27.2
齐齐哈尔	177537	69	22	31.9
鸡　　西	79495	26	7	26.9
鹤　　岗	55539	31	9	29.0
双鸭山	73828	40	12	30.0
大　　庆	201708	59	14	23.7
伊　　春	25357	25	6	24.0
佳木斯	139085	29	6	20.7
七台河	40809	15	5	33.3
牡丹江	234899	55	17	30.9
黑　　河	11034	15	3	20.0
绥　　化	98022	64	11	17.2
大兴安岭	40807	11	4	36.4

4-B-2.72　各地区股份制总承包和专业承包企业主要经济效益指标

地　区	产值利润率(%)	产值利税率(%)	资本利润率(%)	资本利税率(%)	人均利润(元/人)	人均利税(元/人)	资产负债率(%)
全　省	**3.3**	**7.7**	**9.2**	**21.6**	**10415.5**	**24492.0**	**70.9**
哈尔滨	3.8	7.5	12.7	25.2	13690.5	27224.0	75.6
齐齐哈尔	3.0	7.4	4.9	12.2	7316.6	18066.0	51.7
鸡　西	-1.9	4.0	-5.2	10.8	-4929.4	10298.0	72.0
鹤　岗	1.5	4.8	4.2	13.9	3990.2	13089.0	56.1
双鸭山	3.7	8.4	4.8	10.9	6986.4	15717.0	65.6
大　庆	1.1	5.9	2.9	14.7	2980.5	15238.0	75.7
伊　春	2.6	10.4	2.8	11.0	5684.2	22719.0	68.0
佳木斯	2.4	8.2	8.1	27.6	6226.9	21313.0	64.0
七台河	3.6	8.4	5.5	13.0	11597.5	27345.0	59.8
牡丹江	1.9	7.3	4.4	16.7	5445.2	20805.0	67.1
黑　河	1.9	7.4	4.9	19.4	6033.8	23691.0	38.8
绥　化	4.6	12.9	9.5	26.6	12149.6	34037.0	48.1
大兴安岭	1.7	9.2	2.1	11.1	5303.1	28502.0	40.9

4-B-2.73　各地区外商投资总承包和专业承包企业签订合同情况

单位：万元

地　区	签订合同额		
		上年结转合同额	本年新签合同额
全　省	**14955**	**13634**	**1321**
哈尔滨	14955	13634	1321
齐齐哈尔			
鸡　西			
鹤　岗			
双鸭山			
大　庆			
伊　春			
佳木斯			
七台河			
牡丹江			
黑　河			
绥　化			
大兴安岭			

4-B-2.74 各地区外商投资总承包和专业承包企业承包工程完成情况

单位：万元

地区	直接从建设单位承揽工程完成的产值	自行完成施工产值	分包出去工程的产值	从建设单位以外承揽工程完成的产值
全省	**8618**	**8618**		
哈尔滨	8618	8618		
齐齐哈尔				
鸡西				
鹤岗				
双鸭山				
大庆				
伊春				
佳木斯				
七台河				
牡丹江				
黑河				
绥化				
大兴安岭				

4-B-2.75 各地区外商投资总承包和专业承包企业总产值和竣工产值

单位：万元

地区	建筑业总产值	#装饰装修产值	#在外省完成的产值	按构成分组			竣工产值
				建筑工程产值	安装工程产值	其他产值	
全省	**8618**			**7526**	**1092**		**1092**
哈尔滨	8618			7526	1092		1092
齐齐哈尔							
鸡西							
鹤岗							
双鸭山							
大庆							
伊春							
佳木斯							
七台河							
牡丹江							
黑河							
绥化							
大兴安岭							

4-B-2.76　各地区外商投资总承包和专业承包企业施工机械设备情况

地　区	年末自有施工机械设备总台数（台）	年末自有施工机械设备总功率（千瓦）	年末自有施工机械设备净值（万元）	技术装备率（元/人）	动力装备率（千瓦/人）
全　省	**32**	**2432**	**243**	**8526.3**	**8.5**
哈尔滨	32	2432	243	8526.3	8.5
齐齐哈尔					
鸡　西					
鹤　岗					
双鸭山					
大　庆					
伊　春					
佳木斯					
七台河					
牡丹江					
黑　河					
绥　化					
大兴安岭					

4-B-2.77　各地区外商投资总承包和专业承包企业主要生产效益指标

地　区	建筑业企业个数（个）	从事建筑业活动的平均人数（人）	按总产值计算的劳动生产率（元/人）	人均竣工产值（元/人）	人均施工面积（平方米/人）	人均竣工面积（平方米/人）
全　省	**2**	**389**	**221534.7**	**28061.7**		
哈尔滨	2	389	221534.7	28061.7		
齐齐哈尔						
鸡　西						
鹤　岗						
双鸭山						
大　庆						
伊　春						
佳木斯						
七台河						
牡丹江						
黑　河						
绥　化						
大兴安岭						

4-B-2.78 各地区外商投资总承包和专业承包企业营业收入

单位：万元

地　区	营业收入	在境外完成的营业收入	企业总产值	建筑业总产值
全　省	**7934**		**8618**	**8618**
哈 尔 滨	7934		8618	8618
齐齐哈尔				
鸡　西				
鹤　岗				
双 鸭 山				
大　庆				
伊　春				
佳 木 斯				
七 台 河				
牡 丹 江				
黑　河				
绥　化				
大兴安岭				

4-B-2.79 各地区外商投资总承包和专业承包企业资产构成

单位：万元

地　区	资产合计	#流动资产合计	#存货
全　省	**25287**	**22674**	**9066**
哈 尔 滨	25287	22674	9066
齐齐哈尔			
鸡　西			
鹤　岗			
双 鸭 山			
大　庆			
伊　春			
佳 木 斯			
七 台 河			
牡 丹 江			
黑　河			
绥　化			
大兴安岭			

4-B-2.80　各地区外商投资总承包和专业承包企业固定资产情况

单位：万元

地　区	固定资产原价	固定资产折旧	#本年折旧	在建工程
全　省	**864**	**671**	**118**	
哈尔滨	864	671	118	
齐齐哈尔				
鸡　西				
鹤　岗				
双鸭山				
大　庆				
伊　春				
佳木斯				
七台河				
牡丹江				
黑　河				
绥　化				
大兴安岭				

4-B-2.81　各地区外商投资总承包和专业承包企业负债及所有者权益

单位：万元

地　区	负债合计	#流动负债	#应付账款	所有者权益	#实收资本
全　省	**22891**	**22891**	**5459**	**2396**	**1855**
哈尔滨	22891	22891	5459	2396	1855
齐齐哈尔					
鸡　西					
鹤　岗					
双鸭山					
大　庆					
伊　春					
佳木斯					
七台河					
牡丹江					
黑　河					
绥　化					
大兴安岭					

4-B-2.82 各地区外商投资总承包和专业承包企业实收资本

单位：万元

地区	合计	国家资本	集体资本	法人资本	个人资本	港澳台资本	外商资本
全省	**1855**	**951**					**904**
哈尔滨	1855	951					904
齐齐哈尔							
鸡西							
鹤岗							
双鸭山							
大庆							
伊春							
佳木斯							
七台河							
牡丹江							
黑河							
绥化							
大兴安岭							

4-B-2.83 各地区外商投资总承包和专业承包企业收入情况

单位：万元

地区	主营业务收入	#主营业务成本	#主营业务税金及附加	其他业务收入	#其他业务利润
全省	**7885**	**6028**	**21**	**49**	
哈尔滨	7885	6028	21	49	
齐齐哈尔					
鸡西					
鹤岗					
双鸭山					
大庆					
伊春					
佳木斯					
七台河					
牡丹江					
黑河					
绥化					
大兴安岭					

4-B-2.84 各地区外商投资总承包和专业承包企业费用情况

单位：万元

地 区	管理费用	销售费用	财务费用		
				#利息收入	#利息支出
全 省	**1680**	**177**	**-96**	**4**	**-101**
哈尔滨	1680	177	-96	4	-101
齐齐哈尔					
鸡 西					
鹤 岗					
双鸭山					
大 庆					
伊 春					
佳木斯					
七台河					
牡丹江					
黑 河					
绥 化					
大兴安岭					

4-B-2.85 各地区外商投资总承包和专业承包企业利润及税金情况

单位：万元

地 区	利润总额		税金总额		
		#应交所得税		主营业务税金及附加	应交增值税
全 省	**142**	**37**	**657**	**21**	**636**
哈尔滨	142	37	657	21	636
齐齐哈尔					
鸡 西					
鹤 岗					
双鸭山					
大 庆					
伊 春					
佳木斯					
七台河					
牡丹江					
黑 河					
绥 化					
大兴安岭					

4-B-2.86 各地区外商投资总承包和专业承包企业应收工程款及企业亏损情况

地　区	应收工程款(万元)	企业个数(个)	#亏损企业个　数	亏损企业的比重(%)
全　省	**11798**	**2**	**1**	**50.0**
哈尔滨	11798	2	1	50.0
齐齐哈尔				
鸡　西				
鹤　岗				
双鸭山				
大　庆				
伊　春				
佳木斯				
七台河				
牡丹江				
黑　河				
绥　化				
大兴安岭				

4-B-2.87 各地区外商投资总承包和专业承包企业主要经济效益指标

地　区	产值利润率(%)	产值利税率(%)	资本利润率(%)	资本利税率(%)	人均利润(元/人)	人均利税(元/人)	资产负债率(%)
全　省	**1.6**	**9.3**	**7.6**	**43.0**	**3640.1**	**20519.3**	**90.5**
哈尔滨	1.6	9.3	7.6	43.0	3640.1	20519.3	90.5
齐齐哈尔							
鸡　西							
鹤　岗							
双鸭山							
大　庆							
伊　春							
佳木斯							
七台河							
牡丹江							
黑　河							
绥　化							
大兴安岭							

4-B-2.88 各地区港澳台商投资总承包和专业承包企业签订合同情况

单位：万元

地 区	签订合同额	上年结转合同额	本年新签合同额
全 省	**3100**		**3100**
哈尔滨	3100		3100
齐齐哈尔			
鸡 西			
鹤 岗			
双鸭山			
大 庆			
伊 春			
佳木斯			
七台河			
牡丹江			
黑 河			
绥 化			
大兴安岭			

4-B-2.89 各地区港澳台商投资总承包和专业承包企业承包工程完成情况

单位：万元

地 区	直接从建设单位承揽工程完成的产值	自行完成施工产值	分包出去工程的产值	从建设单位以外承揽工程完成的产值
全 省	**600**	**600**		
哈尔滨	600	600		
齐齐哈尔				
鸡 西				
鹤 岗				
双鸭山				
大 庆				
伊 春				
佳木斯				
七台河				
牡丹江				
黑 河				
绥 化				
大兴安岭				

4-B-2.90　各地区港澳台商投资企业总承包和专业承包企业建筑业总产值和竣工产值

单位：万元

地　区	建筑业总产值	#装饰装修产值	#在外省完成的产值	按构成分组			竣工产值
				建筑工程产值	安装工程产值	其他产值	
全　省	**600**	**600**		**600**			
哈尔滨	600	600		600			
齐齐哈尔							
鸡　西							
鹤　岗							
双鸭山							
大　庆							
伊　春							
佳木斯							
七台河							
牡丹江							
黑　河							
绥　化							
大兴安岭							

4-B-2.91　各地区港澳台商投资总承包和专业承包企业主要生产效益指标

地　区	建筑业企业个数（个）	从事建筑业活动的平均人数（人）	按总产值计算的劳动生产率（元/人）	人均竣工产值（元/人）	人均施工面积（平方米/人）	人均竣工面积（平方米/人）
全　省	**1**	**30**	**200000.0**			
哈尔滨	1	30	200000.0			
齐齐哈尔						
鸡　西						
鹤　岗						
双鸭山						
大　庆						
伊　春						
佳木斯						
七台河						
牡丹江						
黑　河						
绥　化						
大兴安岭						

4-B-2.92　各地区港澳台商投资总承包和专业承包企业营业收入

单位：万元

地　区	营业收入	在境外完成的营业收入	企业总产值	建筑业总产值
全　省	**2375**		**3100**	**600**
哈尔滨	2375		3100	600
齐齐哈尔				
鸡　西				
鹤　岗				
双鸭山				
大　庆				
伊　春				
佳木斯				
七台河				
牡丹江				
黑　河				
绥　化				
大兴安岭				

4-B-2.93　各地区港澳台商投资总承包和专业承包企业资产构成

单位：万元

地　区	资产合计	#流动资产合计	#存货
全　省	**9346**	**6758**	
哈尔滨	9346	6758	
齐齐哈尔			
鸡　西			
鹤　岗			
双鸭山			
大　庆			
伊　春			
佳木斯			
七台河			
牡丹江			
黑　河			
绥　化			
大兴安岭			

4-B-2.94 各地区港澳台商投资总承包和专业承包企业固定资产情况

单位：万元

地 区	固定资产原价	固定资产折旧	#本年折旧	在建工程
全 省	**1348**	**443**		**1300**
哈 尔 滨	1348	443		1300
齐齐哈尔				
鸡 西				
鹤 岗				
双 鸭 山				
大 庆				
伊 春				
佳 木 斯				
七 台 河				
牡 丹 江				
黑 河				
绥 化				
大兴安岭				

4-B-2.95 各地区港澳台商投资总承包和专业承包企业负债及所有者权益

单位：万元

地 区	负债合计	#流动负债	#应付账款	所有者权益	#实收资本
全 省	**6888**	**6888**	**4671**	**2459**	**1660**
哈 尔 滨	6888	6888	4671	2459	1660
齐齐哈尔					
鸡 西					
鹤 岗					
双 鸭 山					
大 庆					
伊 春					
佳 木 斯					
七 台 河					
牡 丹 江					
黑 河					
绥 化					
大兴安岭					

4-B-2.96 各地区港澳台商投资总承包和专业承包企业实收资本

单位：万元

地区	合计	国家资本	集体资本	法人资本	个人资本	港澳台资本	外商资本
全省	**1660**			**664**		**996**	
哈尔滨	1660			664		996	
齐齐哈尔							
鸡西							
鹤岗							
双鸭山							
大庆							
伊春							
佳木斯							
七台河							
牡丹江							
黑河							
绥化							
大兴安岭							

4-B-2.97 各地区港澳台商投资总承包和专业承包企业收入情况

单位：万元

地区	主营业务收入	#主营业务成本	#主营业务税金及附加	其他业务收入	#其他业务利润
全省	**2375**	**2365**	**2**		
哈尔滨	2375	2365	2		
齐齐哈尔					
鸡西					
鹤岗					
双鸭山					
大庆					
伊春					
佳木斯					
七台河					
牡丹江					
黑河					
绥化					
大兴安岭					

4-B-2.98 各地区港澳台商投资总承包和专业承包企业费用情况

单位：万元

地　区	管理费用	销售费用	财务费用		
				#利息收入	#利息支出
全　省	**28**				
哈 尔 滨	28				
齐齐哈尔					
鸡　西					
鹤　岗					
双 鸭 山					
大　庆					
伊　春					
佳 木 斯					
七 台 河					
牡 丹 江					
黑　河					
绥　化					
大兴安岭					

4-B-2.99 各地区港澳台商投资总承包和专业承包企业利润及税金情况

单位：万元

地　区	利润总额		税金总额		
		#应交所得税		主营业务税金及附加	应交增值税
全　省	**-20**		**2**	**2**	
哈 尔 滨	-20		2	2	
齐齐哈尔					
鸡　西					
鹤　岗					
双 鸭 山					
大　庆					
伊　春					
佳 木 斯					
七 台 河					
牡 丹 江					
黑　河					
绥　化					
大兴安岭					

4-B-2.100 各地区港澳台商投资总承包和专业承包企业应收工程款及企业亏损情况

地 区	应收工程款(万元)	企业个数(个)	#亏损企业个数	亏损企业的比重(%)
全 省	**5216**	**1**	**1**	**100.0**
哈尔滨	5216	1	1	100.0
齐齐哈尔				
鸡 西				
鹤 岗				
双鸭山				
大 庆				
伊 春				
佳木斯				
七台河				
牡丹江				
黑 河				
绥 化				
大兴安岭				

4-B-2.101 各地区港澳台商投资总承包和专业承包企业主要经济效益指标

地 区	产值利润率(%)	产值利税率(%)	资本利润率(%)	资本利税率(%)	人均利润(元/人)	人均利税(元/人)	资产负债率(%)
全 省	**-3.3**	**-2.9**	**-1.2**	**-1.0**	**-6533.3**	**-5733.0**	**73.7**
哈尔滨	-3.3	-2.9	-1.2	-1.0	-6533.3	-5733.0	73.7
齐齐哈尔							
鸡 西							
鹤 岗							
双鸭山							
大 庆							
伊 春							
佳木斯							
七台河							
牡丹江							
黑 河							
绥 化							
大兴安岭							

3. 按行业分组

4-B-3.1 各行业总承包和专业承包企业签订合同情况

单位：万元

行业	合同总额	上年结转合同额	本年新签合同额
合计	**24044137**	**9720433**	**14323703**
房屋建筑业	9528306	3650552	5877753
土木工程建筑业	11538984	4900249	6638735
铁路、道路、隧道和桥梁工程建筑	6051898	2834962	3216935
水利和水运工程建筑	1782984	456235	1326749
海洋工程建筑			
工矿工程建筑	1686717	494135	1192582
架线和管道工程建筑	352520	109165	243355
建筑安装业	2461040	986621	1474419
建筑装饰、装修和其他建筑业	515807	183011	332796

4-B-3.2 各行业总承包和专业承包企业承包工程完成情况

单位：万元

行业	直接从建设单位承揽工程完成的产值	自行完成施工产值	分包出去工程的产值	从建设单位以外承揽工程完成的产值
合计	**12328213**	**12092546**	**235668**	**78124**
房屋建筑业	5668498	5657056	11443	13821
土木工程建筑业	5152704	4945009	207695	17214
铁路、道路、隧道和桥梁工程建筑	2757599	2751728	5871	6619
水利和水运工程建筑	553977	553977		102
海洋工程建筑				
工矿工程建筑	1004496	810495	194001	
架线和管道工程建筑	254974	249865	5109	10351
建筑安装业	1157992	1145791	12201	18591
建筑装饰、装修和其他建筑业	349019	344690	4329	28498

4-B-3.3　各行业总承包和专业承包企业建筑业总产值和竣工产值

单位：万元

行　业	建筑业总产值	#装饰装修产值	#在外省完的产值	按构成分组			竣工产值
				建筑工程产值	安装工程产值	其他产值	
合　计	**12170669**	**361504**	**2588683**	**9359255**	**2185250**	**626165**	**7059878**
房屋建筑业	5670876	115118	859169	5073140	195093	402644	3246594
土木工程建筑业	4962223	22811	1459422	3603396	1170338	188489	2842353
铁路、道路、隧道和桥梁工程建筑	2758347	20389	951657	2660018	29029	69301	1705271
水利和水运工程建筑	554079	200	66064	476794	12997	64289	176910
海洋工程建筑							
工矿工程建筑	810495		143654	174134	607022	29339	526208
架线和管道工程建筑	260217	24	25966	83333	158876	18007	237695
建筑安装业	1164382	12346	180148	397756	751367	15259	684530
建筑装饰、装修和其他建筑业	373188	211229	89944	284963	68452	19773	286401

4-B-3.4　各行业总承包和专业承包企业房屋建筑面积

行　业	房屋建筑施工面积（平方米）	#本年新开工	房屋建筑竣工面积（平方米）	房屋建筑面积竣工率（%）
合　计	**37820832**	**17912691**	**14701087**	**38.9**
房屋建筑业	34798254	16135524	13872553	39.9
土木工程建筑业	906795	605712	479891	52.9
铁路、道路、隧道和桥梁工程建筑	626296	332633	287643	45.9
水利和水运工程建筑	53857	46437	46392	86.1
海洋工程建筑				
工矿工程建筑	82356	82356	76767	93.2
架线和管道工程建筑	2230	2230	2120	95.1
建筑安装业	1943503	999175	347891	17.9
建筑装饰、装修和其他建筑业	172280	172280	752	0.4

4-B-3.5 各行业总承包和专业承包企业机械设备情况

行业	年末自有施工机械设备总台数(台)	年末自有施工机械设备总功率(千瓦)	年末自有施工机械设备净值(万元)	技术装备率(元/人)	动力装备率(千瓦/人)
合计	**106978**	**2523932**	**678892**	**24692.7**	**9.2**
房屋建筑业	41575	829594	291972	21966.2	6.2
土木工程建筑业	54505	1459965	360464	34543.1	14.0
铁路、道路、隧道和桥梁工程建筑	13712	656131	155429	34376.3	14.5
水利和水运工程建筑	2764	96588	24560	19905.7	7.8
海洋工程建筑					
工矿工程建筑	29051	586744	150557	47267.7	18.4
架线和管道工程建筑	1735	40852	9133	14945.5	6.7
建筑安装业	7981	208096	17670	7074.6	8.3
建筑装饰、装修和其他建筑业	2917	26277	8786	6923.7	2.1

4-B-3.6 按主要用途分的各行业总承包和专业承包企业房屋建筑竣工面积

单位：平方米

行业	合计	住宅房屋	商业及服务用房屋	办公用房屋	科研、教育和医疗用房屋	文化、体育和娱乐用房屋	厂房及建筑物	仓库	其他未列明的房屋建筑物
合计	**14701087**	**10372355**	**671412**	**910344**	**481164**	**48502**	**1329089**	**524524**	**363697**
房屋建筑业	13872553	9927012	664530	806359	424926	48502	1242174	522184	236866
土木工程建筑业	479891	248575		76882	9870		22447	2340	119777
铁路、道路、隧道和桥梁工程建筑	287643	181460		73425	9870		20448	220	2220
水利和水运工程建筑	46392	24085		3457					18850
海洋工程建筑									
工矿工程建筑	76767						1999		74768
架线和管道工程建筑	2120							2120	
建筑安装业	347891	196768	6882	27103	46368		63716		7054
建筑装饰、装修和其他建筑业	752						752		

4-B-3.7　按主要用途分的各行业总承包和专业承包企业房屋建筑竣工价值

单位：万元

行　　业	合计	住宅房屋	商业及服务用房屋	办公用房　屋	科研、教育和医疗用房屋	文化、体育和娱乐用房屋	厂房及建筑物	仓库	其他未列明的房屋建筑物
合　计	**2241708**	**1520649**	**108793**	**169700**	**101653**	**14788**	**191314**	**57478**	**77332**
房屋建筑业	2096132	1453662	107567	146809	88350	14788	178489	56814	49652
土木工程建筑业	88846	35849		19309	2566		4190	664	26268
铁路、道路、隧道和桥梁工程建筑	50402	25504		18438	2566		3826	50	18
水利和水运工程建筑	6331	3746		871					1714
海洋工程建筑									
工矿工程建筑	18914						364		18550
架线和管道工程建筑	614							614	
建筑安装业	56644	31138	1226	3582	10737		8549		1412
建筑装饰、装修和其他建筑业	86						86		

4-B-3.8　按主要用途分的各行业总承包和专业承包企业主要生产效益指标

行　　业	建筑业企业个数（个）	从事建筑业活动的平均人数（人）	按总产值计算的劳动生产率（元/人）	人均竣工产值（元/人）	人均施工面积（平方米/人）	人均竣工面积（平方米/人）
合　计	**1713**	**409952**	**296880.3**	**172212.3**	**92.3**	**35.9**
房屋建筑业	811	195397	290223.3	166153.7	178.1	71.0
土木工程建筑业	420	157697	314668.2	180241.4	5.8	3.0
铁路、道路、隧道和桥梁工程建筑	252	81506	338422.6	209220.3	7.7	3.5
水利和水运工程建筑	53	18252	303571.6	96926.2	3.0	2.5
海洋工程建筑						
工矿工程建筑	9	32921	246193.9	159839.5	2.5	2.3
架线和管道工程建筑	60	7440	349753.4	319482.5	0.3	0.3
建筑安装业	269	41941	277623.7	163212.5	46.3	8.3
建筑装饰、装修和其他建筑业	213	14917	250176.4	191996.6	11.5	0.1

4-B-3.9 按主要用途分的各行业总承包和专业承包企业营业收入

单位：万元

行业	营业收入	在境外完成的营业收入	企业总产值	#建筑业总产值
合计	**13261312**	**194623**	**13420750**	**12170669**
房屋建筑业	5918514		5868267	5670876
土木工程建筑业	5472909	194623	5764713	4962223
铁路、道路、隧道和桥梁工程建筑	2816808	130465	2958711	2758347
水利和水运工程建筑	548342		557271	554079
海洋工程建筑				
工矿工程建筑	1224943	64805	1365860	810495
架线和管道工程建筑	325574		300282	260217
建筑安装业	1297963		1297473	1164382
建筑装饰、装修和其他建筑业	571927		490297	373188

4-B-3.10 各行业总承包和专业承包企业资产构成

单位：万元

行业	资产合计	#流动资产合计	#存货
合计	**20615460**	**17089349**	**2585645**
房屋建筑业	8495086	7045370	921590
土木工程建筑业	9129232	7530884	1406590
铁路、道路、隧道和桥梁工程建筑	5112064	4082726	798281
水利和水运工程建筑	785741	595288	71356
海洋工程建筑			
工矿工程建筑	2016589	1821409	389744
架线和管道工程建筑	402548	310274	24970
建筑安装业	1751675	1546345	175471
建筑装饰、装修和其他建筑业	1239467	966750	81994

4-B-3.11　各行业总承包和专业承包企业固定资产情况

单位：万元

行　　业	固定资产原价	累计折旧	#本年折旧	在建工程
合　　计	**2840083**	**1362021**	**147665**	**128413**
房屋建筑业	1058046	407357	48623	65927
土木工程建筑业	1497180	822129	79792	50156
铁路、道路、隧道和桥梁工程建筑	659209	326542	42072	30614
水利和水运工程建筑	131782	51552	4418	6053
海洋工程建筑				
工矿工程建筑	490961	328534	22673	12180
架线和管道工程建筑	104708	47673	5186	802
建筑安装业	180329	89654	12007	3311
建筑装饰、装修和其他建筑业	104528	42881	7243	9019

4-B-3.12　各行业总承包和专业承包企业负债及所有者权益

单位：万元

行　　业	负债合计	#流动负债	#应付账款	所有者权益	#实收资本
合　　计	**14397764**	**13159785**	**4859110**	**6217700**	**4988870**
房屋建筑业	5527048	5059805	1470747	2968038	2278962
土木工程建筑业	6998704	6657850	2861107	2130528	1921481
铁路、道路、隧道和桥梁工程建筑	3722571	3449140	1533891	1389493	991896
水利和水运工程建筑	481541	476789	187598	304200	279923
海洋工程建筑					
工矿工程建筑	1968913	1955459	825699	47676	358277
架线和管道工程建筑	234823	214264	72822	167725	128809
建筑安装业	1114877	1021131	386343	636802	469859
建筑装饰、装修和其他建筑业	757135	420999	140913	482332	318568

4-B-3.13 各行业总承包和专业承包企业实收资本

单位：万元

行业	合计	国家资本	集体资本	法人资本	个人资本	港澳台资本	外商资本
合　计	**4988870**	**1259442**	**262921**	**1481349**	**1982619**	**998**	**1540**
房屋建筑业	2278962	367021	166877	651993	1093069	2	
土木工程建筑业	1921481	762817	56815	576174	524604		1071
铁路、道路、隧道和桥梁工程建筑	991896	305503	20434	304746	360141		1071
水利和水运工程建筑	279923	181177	200	32633	65913		
海洋工程建筑							
工矿工程建筑	358277	158522	305	197280	2170		
架线和管道工程建筑	128809	25478	23694	18692	60946		
建筑安装业	469859	122569	35276	146360	165653		
建筑装饰、装修和其他建筑业	318568	7035	3953	106822	199293	996	469

4-B-3.14 各行业总承包和专业承包企业收入情况

单位：万元

行业	主营业务收入	#主营业务成本	#主营业务税金及附加	其他业务收入	#其他业务利润
合　计	**13175210**	**12030268**	**134427**	**86103**	**5169**
房屋建筑业	5882815	5400828	88495	35700	2673
土木工程建筑业	5437381	5051528	33343	35527	1595
铁路、道路、隧道和桥梁工程建筑	2797931	2568460	20645	18877	3415
水利和水运工程建筑	544991	500365	5066	3351	189
海洋工程建筑					
工矿工程建筑	1220748	1194510	1033	4196	-4794
架线和管道工程建筑	316913	279606	3302	8661	2735
建筑安装业	1287784	1152847	8149	10179	718
建筑装饰、装修和其他建筑业	567230	425065	4440	4697	183

4-B-3.15　各行业总承包和专业承包企业费用情况

单位：万元

地　区	管理费用	销售费用	财务费用		
				#利息收入	#利息支出
合　计	**536410**	**40073**	**71937**	**17658**	**44403**
房屋建筑业	196892	14667	29526	5259	22953
土木工程建筑业	229968	8914	29151	11789	17854
铁路、道路、隧道和桥梁工程建筑	94759	8028	22904	11060	13389
水利和水运工程建筑	26568	116	1614	277	1403
海洋工程建筑					
工矿工程建筑	41172	29	1137	74	526
架线和管道工程建筑	28778	531	823	137	582
建筑安装业	67118	4560	10253	583	2544
建筑装饰、装修和其他建筑业	42432	11932	3007	27	1052

4-B-3.16　各行业总承包和专业承包企业利润及税金情况

单位：万元

行　业	利润总额	税金总额		
			主营业务税金及附加	应交增值税
合　计	**233972**	**539652**	**134427**	**405225**
房屋建筑业	285877	284784	88495	196289
土木工程建筑业	-23470	184224	33343	150881
铁路、道路、隧道和桥梁工程建筑	70668	113853	20645	93208
水利和水运工程建筑	11892	33979	5066	28913
海洋工程建筑				
工矿工程建筑	-119035	12227	1033	11194
架线和管道工程建筑	4651	13969	3302	10667
建筑安装业	42690	49019	8149	40870
建筑装饰、装修和其他建筑业	-71125	21625	4440	17185

4-B-3.17 各行业总承包和专业承包企业应收工程款及企业亏损情况

行业	应收工程款(万元)	企业个数(个)	#亏损企业个数	亏损企业的比重(%)
合计	**6326739**	**1713**	**436**	**25.5**
房屋建筑业	2343967	811	186	22.9
土木工程建筑业	3053004	420	106	25.2
铁路、道路、隧道和桥梁工程建筑	1423672	252	62	24.6
水利和水运工程建筑	166010	53	10	18.9
海洋工程建筑				
工矿工程建筑	1102843	9	4	44.4
架线和管道工程建筑	105418	60	17	28.3
建筑安装业	640956	269	73	27.1
建筑装饰、装修和其他建筑业	288812	213	71	33.3

4-B-3.18 各行业总承包和专业承包企业主要经济效益指标

行业	产值利润率(%)	产值利税率(%)	资本利润率(%)	资本利税率(%)	人均利润(元/人)	人均利税(元/人)	资本负债率(%)
合计	**1.9**	**6.4**	**4.7**	**15.5**	**5707.3**	**18871.0**	**69.8**
房屋建筑业	5.0	10.1	12.5	25.0	14630.5	29205.0	65.1
土木工程建筑业	-0.5	3.2	-1.2	8.4	-1488.3	10194.0	76.7
铁路、道路、隧道和桥梁工程建筑	2.6	6.7	7.1	18.6	8670.2	22639.0	72.8
水利和水运工程建筑	2.1	8.3	4.2	16.4	6515.7	25132.0	61.3
海洋工程建筑							
工矿工程建筑	-14.7	-13.2	-33.2	-29.8	-36157.6	-32444.0	97.6
架线和管道工程建筑	1.8	7.2	3.6	14.5	6250.7	25026.0	58.3
建筑安装业	3.7	7.9	9.1	19.5	10178.5	21866.0	63.6
建筑装饰、装修和其他建筑业	-19.1	-13.3	-22.3	-15.5	-47680.3	-33183.0	61.1

4. 按中央、地方分组

4-B-4.1　各地区中央总承包和专业承包企业签订合同情况

单位：万元

地　区	签订合同额	上年结转合同额	本年新签合同额
全　省	**3621779**	**2084610**	**1537170**
哈尔滨	2219950	1600800	619151
齐齐哈尔	3509		3509
鸡　西			
鹤　岗			
双鸭山			
大　庆	1395600	483810	911790
伊　春			
佳木斯	1720		1720
七台河			
牡丹江	1000		1000
黑　河			
绥　化			
大兴安岭			

4-B-4.2　各地区中央总承包和专业承包企业承包工程完成情况

单位：万元

地　区	直接从建设单位承揽工程完成的产值	自行完成施工产值	分包出去工程的产值	从建设单位以外承揽工程完成的产值
全　省	**1549739**	**1355533**	**194206**	
哈尔滨	753177	752972	205	
齐齐哈尔	3509	3509		
鸡　西				
鹤　岗				
双鸭山				
大　庆	790333	596332	194001	
伊　春				
佳木斯	1720	1720		
七台河				
牡丹江	1000	1000		
黑　河				
绥　化				
大兴安岭				

4-B-4.3 各地区中央总承包和专业承包企业总产值和竣工产值

单位：万元

地区	建筑业总产值	#装饰装修产值	#在外省完成的产值	按构成分组			竣工产值
				建筑工程产值	安装工程产值	其他产值	
全省	**1355533**		**517988**	**528408**	**816554**	**10570**	**679573**
哈尔滨	752972		386633	435184	317265	523	229192
齐齐哈尔	3509			3509			3509
鸡西							
鹤岗							
双鸭山							
大庆	596332		131355	86995	499289	10047	444362
伊春							
佳木斯	1720			1720			1700
七台河							
牡丹江	1000			1000			810
黑河							
绥化							
大兴安岭							

4-B-4.4 各地区中央总承包和专业承包企业房屋建筑面积

地区	房屋施工面积(平方米)	#本年新开工	房屋竣工面积(平方米)	房屋竣工率(%)
全省	**333997**	**132481**	**158794**	**47.5**
哈尔滨	251641	50125	82027	32.6
齐齐哈尔				
鸡西				
鹤岗				
双鸭山				
大庆	82356	82356	76767	93.2
伊春				
佳木斯				
七台河				
牡丹江				
黑河				
绥化				
大兴安岭				

4-B-4.5　各地区按主要用途分的中央总承包和专业承包企业房屋竣工面积

单位：平方米

地　区	合计	住宅房屋	商业及服务用房屋	办公用房　屋	科研、教育和医疗用房屋	文化、体育和娱乐用房屋	厂房及建筑物	仓库	其他未列明的房屋建筑物
全　省	**158794**			**66312**	**9870**		**7844**		**74768**
哈尔滨	82027			66312	9870		5845		
齐齐哈尔									
鸡　西									
鹤　岗									
双鸭山									
大　庆	76767						1999		74768
伊　春									
佳木斯									
七台河									
牡丹江									
黑　河									
绥　化									
大兴安岭									

4-B-4.6　各地区按主要用途分的中央总承包和专业承包企业房屋竣工价值

单位：万元

地　区	合计	住宅房屋	商业及服务用房屋	办公用房　屋	科研、教育和医疗用房屋	文化、体育和娱乐用房屋	厂房及建筑物	仓库	其他未列明的房屋建筑物
全　省	**40241**			**17241**	**2566**		**1884**		**18550**
哈尔滨	21327			17241	2566		1520		
齐齐哈尔									
鸡　西									
鹤　岗									
双鸭山									
大　庆	18914						364		18550
伊　春									
佳木斯									
七台河									
牡丹江									
黑　河									
绥　化									
大兴安岭									

4-B-4.7 各地区中央总承包和专业承包企业施工机械设备情况

地区	年末自有施工机械设备总台数(台)	年末自有施工机械设备总功率(千瓦)	年末自有施工机械设备净值(万元)	技术装备率(元/人)	动力装备率(千瓦/人)
全省	**34968**	**661025**	**164443**	**52804.3**	**21.2**
哈尔滨	9140	145235	27485	39348.9	20.8
齐齐哈尔	94	7540	34	3383.8	76.2
鸡西					
鹤岗					
双鸭山					
大庆	25734	508250	136924	57623.3	21.4
伊春					
佳木斯					
七台河					
牡丹江					
黑河					
绥化					
大兴安岭					

4-B-4.8 各地区中央总承包和专业承包企业主要生产效益指标

地区	建筑业企业个数(个)	从事建筑业活动的平均人数(人)	按总产值计算的劳动生产率(元/人)	人均竣工产值(元/人)	人均施工面积(平方米/人)	人均竣工面积(平方米/人)
全省	**15**	**43610**	**310830.6**	**155829.5**	**7.7**	**3.6**
哈尔滨	9	18722	402185.5	122418.3	13.4	4.4
齐齐哈尔	1	104	337365.4	337365.4		
鸡西						
鹤岗						
双鸭山						
大庆	3	24490	243500.2	181446.3	3.4	3.1
伊春						
佳木斯	1	247	69643.7	68825.9		
七台河						
牡丹江	1	47	212766.0	172340.4		
黑河						
绥化						
大兴安岭						

4-B-4.9　各地区中央总承包和专业承包企业营业收入

单位：万元

地　　区	营业收入	在境外完成的营业收入	企业总产值	建筑业总产值
全　　省	**1757128**	**64159**	**1884016**	**1355533**
哈 尔 滨	761142	-646	753120	752972
齐齐哈尔	3509		3509	3509
鸡　　西				
鹤　　岗				
双 鸭 山				
大　　庆	989757	64805	1124667	596332
伊　　春				
佳 木 斯	1720		1720	1720
七 台 河				
牡 丹 江	1000		1000	1000
黑　　河				
绥　　化				
大兴安岭				

4-B-4.10　各地区中央总承包和专业承包企业资产构成

单位：万元

地　　区	资产合计	#流动资产合计	#存货	#非流动资产合计
全　　省	**2742024**	**2485206**	**571975**	**256817**
哈 尔 滨	1052381	934585	184043	117795
齐齐哈尔	3626	3305	322	321
鸡　　西				
鹤　　岗				
双 鸭 山				
大　　庆	1675445	1540082	383631	135363
伊　　春				
佳 木 斯	10508	7234	3979	3274
七 台 河				
牡 丹 江	64			64
黑　　河				
绥　　化				
大兴安岭				

4-B-4.11 各地区中央总承包和专业承包企业固定资产情况

单位：万元

地区	固定资产原价	固定资产折旧	#本年折旧	在建工程
全省	**555623**	**360054**	**24691**	**12180**
哈尔滨	141857	77879	4878	
齐齐哈尔	1968	1757	28	
鸡西				
鹤岗				
双鸭山				
大庆	410646	279814	19715	12180
伊春				
佳木斯	1152	604	70	
七台河				
牡丹江				
黑河				
绥化				
大兴安岭				

4-B-4.12 各地区中央总承包和专业承包企业负债及所有者权益

单位：万元

地区	负债合计	#流动负债	#应付账款	所有者权益	#实收资本
全省	**2555672**	**2518423**	**1230755**	**186351**	**456923**
哈尔滨	907046	875490	546173	145334	132340
齐齐哈尔	1725	1725	1521	1901	1949
鸡西					
鹤岗					
双鸭山					
大庆	1641393	1635700	680795	34052	317570
伊春					
佳木斯	5508	5508	2266	5000	5000
七台河					
牡丹江				64	64
黑河					
绥化					
大兴安岭					

4-B-4.13　各地区中央总承包和专业承包企业实收资本

单位：万元

地　区	合计	国家资本	集体资本	法人资本	个人资本	港澳台资本	外商资本
全　省	**456923**	**220302**	**5934**	**230687**			
哈尔滨	132340	85532	934	45874			
齐齐哈尔	1949			1949			
鸡　西							
鹤　岗							
双鸭山							
大　庆	317570	134770		182800			
伊　春							
佳木斯	5000		5000				
七台河							
牡丹江	64			64			
黑　河							
绥　化							
大兴安岭							

4-B-4.14　各地区中央总承包和专业承包企业收入情况

单位：万元

地　区	主营业务收入	#主营业务成本	#主营业务税金及附加	其他业务收入	#其他业务利润
全　省	**1747895**	**1683020**	**2473**	**9233**	**-102**
哈尔滨	753296	702149	2299	7846	4590
齐齐哈尔	3509	3229	12		
鸡　西					
鹤　岗					
双鸭山					
大　庆	988370	975304	18	1387	-4692
伊　春					
佳木斯	1720	1424	111		
七台河					
牡丹江	1000	914	33		
黑　河					
绥　化					
大兴安岭					

4-B-4.15　各地区中央总承包和专业承包企业费用情况

单位：万元

地　区	管理费用	销售费用	财务费用		
				#利息收入	#利息支出
全　省	**66837**	**5451**	**4333**	**265**	**3135**
哈尔滨	35912	5451	4229	160	3135
齐齐哈尔	210				
鸡　西					
鹤　岗					
双鸭山					
大　庆	30314		103	101	
伊　春					
佳木斯	368		-3	4	
七台河					
牡丹江	33		4		
黑　河					
绥　化					
大兴安岭					

4-B-4.16　各地区中央总承包和专业承包企业利润及税金情况

单位：万元

地　区	利润总额		税金总额		
		#应交所得税		主营业务税金及附加	应交增值税
全　省	**-106298**	**4593**	**11013**	**2473**	**8540**
哈尔滨	11743	4164	7344	2299	5045
齐齐哈尔	1	29	71	12	59
鸡　西					
鹤　岗					
双鸭山					
大　庆	-117879	385	3382	18	3364
伊　春					
佳木斯	-179	11	183	111	72
七台河					
牡丹江	16	4	33	33	
黑　河					
绥　化					
大兴安岭					

4-B-4.17　各地区中央总承包和专业承包企业应收工程款及企业亏损情况

地　区	应收工程款(万元)	企业个数(个)	#亏损企业个数	亏损企业的比重(%)
全　省	**1374301**	**15**	**4**	**26.7**
哈尔滨	444195	9	2	22.2
齐齐哈尔	2790	1		
鸡　西				
鹤　岗				
双鸭山				
大　庆	927316	3	1	33.3
伊　春				
佳木斯		1	1	100.0
七台河				
牡丹江		1		
黑　河				
绥　化				
大兴安岭				

4-B-4.18　各地区中央总承包和专业承包企业主要经济效益指标

地　区	产值利润率(%)	产值利税率(%)	资本利润率(%)	资本利税率(%)	人均利润(元/人)	人均利税(元/人)	资产负债率(%)
全　省	**-7.8**	**-7.0**	**-23.3**	**-20.9**	**-24374.7**	**-21849.0**	**93.2**
哈尔滨	1.6	2.5	8.9	14.4	6272.2	10195.0	86.2
齐齐哈尔		2.0		3.7	57.7	6904.0	47.6
鸡　西							
鹤　岗							
双鸭山							
大　庆	-19.8	-19.2	-37.1	-36.1	-48133.4	-46752.0	98.0
伊　春							
佳木斯	-10.4	0.2	-3.6	0.1	-7238.9	170.0	52.4
七台河							
牡丹江	1.6		25.1		3404.3		
黑　河							
绥　化							
大兴安岭							

4-B-4.19 各地区地方总承包和专业承包企业签订合同情况

单位：万元

地　区	签订合同额	上年结转合同额	本年新签合同额
全　省	**20422357**	**7635824**	**12786535**
哈尔滨	14372279	5883413	8488866
齐齐哈尔	636853	276490	360363
鸡　西	351389	84086	267303
鹤　岗	353957	122943	231015
双鸭山	225257	82941	142316
大　庆	822746	147755	674991
伊　春	177618	21687	155931
佳木斯	1447484	573972	873512
七台河	143461	53382	90080
牡丹江	813602	318811	494791
黑　河	296855	20850	276005
绥　化	655519	24182	631337
大兴安岭	125337	25312	100025

4-B-4.20 各地区地方总承包和专业承包企业承包工程完成情况

单位：万元

地　区	直接从建设单位承揽工程完成的产值	自行完成施工产值	分包出去工程的产值	从建设单位以外承揽工程完成的产值
全　省	**10778475**	**10737014**	**41462**	**78124**
哈尔滨	6527002	6499912	27090	60731
齐齐哈尔	405811	405509	302	320
鸡　西	315300	311421	3879	2028
鹤　岗	254331	254331		
双鸭山	162353	159783	2570	1278
大　庆	588190	587485	705	6073
伊　春	157214	155985	1230	1738
佳木斯	937303	936839	464	1522
七台河	93858	93488	370	420
牡丹江	550654	546823	3831	263
黑　河	218122	218122		600
绥　化	458620	457599	1021	2473
大兴安岭	109717	109717		678

4-B-4.21　各地区地方企业总承包和专业承包总产值和竣工产值

单位：万元

地　区	建筑业总产值	#装饰装修产值	#在外省完成的产值	按构成分组			竣工产值
				建筑工程产值	安装工程产值	其他产值	
全　省	**10815137**	**361504**	**2070695**	**8830847**	**1368698**	**615594**	**6380305**
哈尔滨	6560643	196556	1875443	5267935	883490	409218	3577858
齐齐哈尔	405829	10845	24623	357367	40969	7493	252801
鸡　西	313449	1382	45202	282315	27232	3902	155031
鹤　岗	254331	19007	3510	209953	17400	26978	130470
双鸭山	161061	8595		142830	9099	9132	105039
大　庆	593557	15498	35167	358817	178571	56169	395401
伊　春	157723	3321		143989	2747	10988	125344
佳木斯	938360	14326	20472	831163	46646	60551	611573
七台河	93908	3109	20	87961	2796	3151	66790
牡丹江	547086	54903	57192	452371	87007	7708	335896
黑　河	218722	2615		189192	27530	2001	189343
绥　化	460073	30084	1602	421381	36973	1719	370999
大兴安岭	110395	1263	7464	85573	8238	16584	63760

4-B-4.22　各地区地方总承包和专业承包企业房屋建筑面积

地　区	房屋施工面积(平方米)	#本年新开工	房屋竣工面积(平方米)	房屋竣工率(%)
全　省	**37486835**	**17780210**	**14542293**	**38.8**
哈尔滨	22518562	8413013	5669347	25.2
齐齐哈尔	1529474	735965	624698	40.8
鸡　西	694273	376385	418856	60.3
鹤　岗	1368801	589367	332675	24.3
双鸭山	650852	194391	143146	22.0
大　庆	794181	450195	393245	49.5
伊　春	917940	867963	580721	63.3
佳木斯	4115510	2609731	3207360	77.9
七台河	202452	123973	125052	61.8
牡丹江	1941199	913451	782374	40.3
黑　河	952805	830664	747241	78.4
绥　化	1632793	1509319	1413725	86.6
大兴安岭	167993	165793	103853	61.8

4-B-4.23 各地区按主要用途分的地方总承包和专业承包企业房屋竣工面积

单位：平方米

地 区	合计	住宅房屋	商业及服务用房屋	办公用房屋	科研、教育和医疗用房屋	文化、体育和娱乐用房屋	厂房及建筑物	仓 库	其他未列明的房屋建筑物
全 省	**14542293**	**10372355**	**671412**	**844032**	**471294**	**48502**	**1321245**	**524524**	**288929**
哈尔滨	5669347	4158976	182927	223443	254701	16200	650249	52467	130384
齐齐哈尔	624698	500428	10957	24852	29372	240	20499	5719	32631
鸡 西	418856	312987	6137	5180	6406	1560	74125		12461
鹤 岗	332675	247511	12668	280	30484	9000	22988	9653	91
双鸭山	143146	76900	8550	18028	4800		33368		1500
大 庆	393245	298989	24299	8200	6861		32619		22277
伊 春	580721	258643	120829	10519	5660		180569		4501
佳木斯	3207360	2151959	145901	433902	2100	3351	72444	393071	4632
七台河	125052	103934	2318	1500			10480	820	6000
牡丹江	782374	616909	100471	510	35504		15211	1559	12210
黑 河	747241	494986	18560	26749	13304		104978	48000	40664
绥 化	1413725	1104455	37795	58864	62447	18151	100720	13015	18278
大兴安岭	103853	45678		32005	19655		2995	220	3300

4-B-4.24 各地区按主要用途分的地方总承包和专业承包企业房屋竣工价值

单位：万元

地 区	总计	住宅房屋	商业及服务用房屋	办公用房屋	科研、教育和医疗用房屋	文化、体育和娱乐用房屋	厂房及建筑物	仓库	其他未列明的房屋建筑物
全 省	**2201468**	**1520648**	**108792**	**152460**	**99089**	**14789**	**189431**	**57478**	**58783**
哈尔滨	870625	583278	32194	40726	53496	4074	112251	10647	33959
齐齐哈尔	107829	87145	1611	5569	5464	55	2972	950	4063
鸡 西	80554	61688	1253	985	1465	307	12936		1921
鹤 岗	47008	29525	3303	62	8747	2500	1128	1695	48
双鸭山	24135	13189	1735	3722	1349		3935		205
大 庆	57270	40573	2890	1224	1423		7747		3415
伊 春	66334	31184	15437	1713	500		16718		782
佳木斯	440118	299402	21351	73902	172	307	8108	36412	463
七台河	18769	15049	359	350			2646	25	340
牡丹江	111407	82041	16906	153	8547		2422	80	1257
黑 河	122760	88998	4823	7015	3000		5617	4876	8431
绥 化	238864	180701	6930	11395	13648	7546	12351	2743	3551
大兴安岭	15795	7875		5644	1278		600	50	348

4-B-4.25　各地区地方总承包和专业承包企业施工机械设备情况

地　区	年末自有施工机械设备总台数（台）	年末自有施工机械设备总功率（千瓦）	年末自有施工机械设备净值（万元）	技术装备率（元/人）	动力装备率（千瓦/人）
全　省	**72010**	**1862907**	**514451**	**21102**	**7.6**
哈尔滨	28700	745417	215720	17680	6.1
齐齐哈尔	4397	93946	36894	33948	8.6
鸡　西	3416	74551	19856	17832	6.7
鹤　岗	3246	65503	14128	21235	9.8
双鸭山	4110	73598	11926	19099	11.8
大　庆	7842	183636	48870	24413	9.2
伊　春	1074	39194	13035	21271	6.4
佳木斯	5671	124070	21801	9229	5.3
七台河	649	24014	12831	47982	9.0
牡丹江	3308	127846	24653	18635	9.7
黑　河	3024	59108	12955	22637	10.3
绥　化	5210	168710	69974	54306	13.1
大兴安岭	1363	83314	11808	45432	32.1

4-B-4.26　各地区地方总承包和专业承包企业主要生产效益指标

地　区	建筑业企业个数（个）	从事建筑业活动的平均人数（人）	按总产值计算的劳动生产率（元/人）	人均竣工产值（元/人）	人均施工面积（平方米/人）	人均竣工面积（平方米/人）
全　省	**1698**	**366342**	**295219.7**	**174162.5**	**102.3**	**39.7**
哈尔滨	771	209176	313642.2	171045.3	107.7	27.1
齐齐哈尔	87	16753	242242.7	150898.9	91.3	37.3
鸡　西	75	12442	251928.0	124603.0	55.8	33.7
鹤　岗	53	8160	311679.7	159890.0	167.7	40.8
双鸭山	79	7919	203385.4	132641.6	82.2	18.1
大　庆	184	21395	277428.0	184809.8	37.1	18.4
伊　春	51	6780	232630.1	184873.0	135.4	85.7
佳木斯	67	32173	291660.8	190088.9	127.9	99.7
七台河	35	3144	298690.2	212436.4	64.4	39.8
牡丹江	122	18813	290802.1	178544.7	103.2	41.6
黑　河	53	8030	272381.1	235794.5	118.7	93.1
绥　化	95	17885	257239.4	207435.7	91.3	79.0
大兴安岭	26	3672	300639.4	173639.4	45.7	28.3

4-B-4.27 各地区地方总承包和专业承包企业营业收入

单位：万元

地区	营业收入	#在境外完成的营业收入	企业总产值	#建筑业总产值
全省	**11504186**	**130464**	**11536735**	**10815137**
哈尔滨	7198291	106570	7126979	6560643
齐齐哈尔	397859		409114	405829
鸡西	311257		357682	313449
鹤岗	235993		255232	254331
双鸭山	164337		166852	161061
大庆	701454		639123	593557
伊春	161213		158903	157723
佳木斯	877642		940687	938360
七台河	97089		100202	93908
牡丹江	558846		582012	547086
黑河	222050		218990	218722
绥化	475437	23894	468563	460073
大兴安岭	102718		112396	110395

4-B-4.28 各地区地方总承包和专业承包企业资产构成

单位：万元

地区	资产总计	#流动资产合计	#存货
全省	**17873437**	**14604145**	**2013669**
哈尔滨	11268903	9463888	1410010
齐齐哈尔	623986	481392	47634
鸡西	415139	314671	33032
鹤岗	318656	248397	35593
双鸭山	334105	271983	30650
大庆	1516152	1289672	79417
伊春	323833	271181	43699
佳木斯	724746	558451	35388
七台河	210051	147849	30149
牡丹江	1132470	874749	126072
黑河	216309	147120	18772
绥化	626368	419214	109534
大兴安岭	162719	115578	13719

4-B-4.29　各地区地方总承包和专业承包企业固定资产情况

单位：万元

地　区	固定资产原价	固定资产折旧	#本年折旧	在建工程
全　省	**2284459**	**1001965**	**122975**	**116233**
哈尔滨	1002152	460235	57511	85985
齐齐哈尔	125928	41796	5409	2157
鸡　西	126988	50152	4010	172
鹤　岗	59820	26188	1575	3357
双鸭山	64384	30390	2467	5557
大　庆	224526	125186	16090	3117
伊　春	50789	16925	2276	4554
佳木斯	139464	57436	6422	3305
七台河	63039	27617	5210	618
牡丹江	148148	58094	8273	3543
黑　河	45999	17272	1870	64
绥　化	174089	68135	7970	2485
大兴安岭	59133	22539	3892	1319

4-B-4.30　各地区地方总承包和专业承包企业负债及所有者权益

单位：万元

地　区	负债合计	#流动负债	#应付账款	所有者权益	#实收资本
全　省	**11842093**	**10641365**	**3628353**	**6031350**	**4531947**
哈尔滨	7962220	7128841	2446953	3306687	2460442
齐齐哈尔	321661	316543	120137	302325	257081
鸡　西	255725	240440	65824	159414	140209
鹤　岗	184383	169971	82331	134273	88210
双鸭山	190827	157973	44306	143278	123897
大　庆	1001687	979310	371567	514464	392168
伊　春	213796	206382	52814	110038	94242
佳木斯	441227	276771	84273	283519	218155
七台河	115814	113402	27706	94238	70238
牡丹江	694077	624577	172381	438394	286539
黑　河	91001	78984	20697	125308	102053
绥　化	301153	283800	109609	325215	215191
大兴安岭	68522	64371	29755	94197	83522

4-B-4.31 各地区地方总承包和专业承包企业实收资本

单位：万元

地　区	合计	国家资本	集体资本	法人资本	个人资本	港澳台资本	外商资本
全　省	**4531947**	**1039142**	**256987**	**1250663**	**1982619**	**998**	**1540**
哈尔滨	2460442	811032	98171	627532	921171	996	1540
齐齐哈尔	257081	73918	11761	88316	83084	2	
鸡　西	140209	24538	15933	40911	58827		
鹤　岗	88210	9823	8458	31854	38076		
双鸭山	123897	16291	10033	29615	67957		
大　庆	392168	27728	27171	98685	238586		
伊　春	94242	7100	5641	49646	31856		
佳木斯	218155	31533	14426	42352	129844		
七台河	70238	608	7467	19549	42615		
牡丹江	286539	11181	33195	83775	158388		
黑　河	102053	9790	13713	32784	45765		
绥　化	215191	14525	7479	73130	120056		
大兴安岭	83522	1075	3539	32514	46394		

4-B-4.32 各地区地方总承包和专业承包企业收入情况

单位：万元

地　区	主营业务收　入	#主营业务成　本	#主营业务税金及附加	其他业务收　入	#其他业务利　润
全　省	**11427315**	**10347249**	**131955**	**76871**	**5269**
哈尔滨	7143374	6510823	50896	54917	2181
齐齐哈尔	397419	364308	5290	440	164
鸡　西	309622	286898	6615	1635	476
鹤　岗	235941	216360	3191	52	37
双鸭山	162342	142597	2191	1995	-58
大　庆	700296	643834	6753	1158	390
伊　春	159860	157089	3837	1353	
佳木斯	877540	766623	29188	102	70
七台河	91550	80493	837	5539	872
牡丹江	551358	467186	4973	7488	1003
黑　河	221692	205999	6298	358	28
绥　化	473760	411697	8933	1677	22
大兴安岭	102561	93342	2953	157	84

4-B-4.33 各地区地方总承包和专业承包企业费用情况

单位：万元

地区	管理费用	销售费用	财务费用		
				#利息收入	#利息支出
全省	**469574**	**34621**	**67606**	**17392**	**41266**
哈尔滨	278126	18407	47946	16668	34263
齐齐哈尔	19598	80	795	86	428
鸡西	15097	261	745	36	711
鹤岗	10680	35	164	5	78
双鸭山	10385	7	643	10	516
大庆	32486	874	2648	263	1673
伊春	5531	62	35	70	
佳木斯	29276	10919	8614	83	608
七台河	7169	76	707	-10	549
牡丹江	25611	467	3073	91	804
黑河	9408	591	185	40	89
绥化	21883	2825	1969	37	1543
大兴安岭	4324	17	82	13	4

4-B-4.34 各地区地方总承包和专业承包企业利润及税金情况

单位：万元

地区	利润总额		税金总额		
		#应交所得税		主营业务税金及附加	应交增值税
全省	**340270**	**107921**	**528641**	**131955**	**396686**
哈尔滨	233113	59337	278401	50896	227505
齐齐哈尔	11930	3119	18317	5290	13027
鸡西	-1583	3015	18948	6615	12333
鹤岗	5381	3128	10004	3191	6813
双鸭山	5064	2576	8141	2191	5950
大庆	13025	6641	28536	6753	21783
伊春	-6550	1870	12010	3837	8173
佳木斯	29569	5812	58096	29188	28908
七台河	3074	1126	5185	837	4348
牡丹江	20625	10712	27088	4973	22115
黑河	-77	2404	16645	6298	10347
绥化	24749	6947	37017	8933	28084
大兴安岭	1950	1234	10253	2953	7300

4-B-4.35 各地区地方总承包和专业承包企业应收工程款及企业亏损情况

地　　区	应收工程款(万元)	企业个数(个)		亏损企业的比重(%)
			#亏损企业个数	
全　　省	**4952440**	**1698**	**432**	**25.4**
哈尔滨	3139776	771	201	26.1
齐齐哈尔	213162	87	26	29.9
鸡　　西	125360	75	19	25.3
鹤　　岗	115531	53	14	26.4
双鸭山	99970	79	23	29.1
大　　庆	455478	184	53	28.8
伊　　春	62485	51	12	23.5
佳木斯	174240	67	12	17.9
七台河	57833	35	11	31.4
牡丹江	286583	122	27	22.1
黑　　河	54807	53	11	20.8
绥　　化	109115	95	18	18.9
大兴安岭	58100	26	5	19.2

4-B-4.36 各地区地方总承包和专业承包企业主要经济效益指标

地　　区	产值利润率(%)	产值利税率(%)	资本利润率(%)	资本利税率(%)	人均利润(元/人)	人均利税(元/人)	资产负债率(%)
全　　省	**3.1**	**8.0**	**7.5**	**19.2**	**9288.0**	**23719.0**	**66.3**
哈尔滨	3.6	7.8	9.5	20.8	11144.0	24454.0	70.7
齐齐哈尔	2.9	7.5	4.6	11.8	7121.0	18055.0	51.5
鸡　　西	-0.5	5.5	-1.1	12.4	-1272.0	13957.0	61.6
鹤　　岗	2.1	6.0	6.1	17.4	6594.0	18854.0	57.9
双鸭山	3.1	8.2	4.1	10.7	6395.0	16676.0	57.1
大　　庆	2.2	7.0	3.3	10.6	6088.0	19425.0	66.1
伊　　春	-4.2	3.5	-7.0	5.8	-9661.0	8051.0	66.0
佳木斯	3.2	9.3	13.6	40.2	9191.0	27248.0	60.9
七台河	3.3	8.8	4.4	11.8	9776.0	26266.0	55.1
牡丹江	3.8	8.7	7.2	16.7	10963.0	25361.0	61.3
黑　　河		7.6	-0.1	16.2	-96.0	20632.0	42.1
绥　　化	5.4	13.4	11.5	28.7	13838.0	34535.0	48.1
大兴安岭	1.8	11.1	2.3	14.6	5310.0	33233.0	42.1

C. 总承包建筑业企业

4-C-1 各地区总承包建筑业企业签订合同情况

单位：万元

地 区	签订合同额		
		上年结转合同额	本年新签合同额
全 省	**22499649**	**9348095**	**13151554**
哈尔滨	15402352	7160667	8241685
齐齐哈尔	601310	271430	329880
鸡 西	332858	83442	249416
鹤 岗	345244	122943	222302
双鸭山	218644	82410	136233
大 庆	2125213	621691	1503522
伊 春	148865	19827	129038
佳木斯	1424575	572877	851698
七台河	139964	52005	87960
牡丹江	722627	291158	431469
黑 河	273641	20685	252956
绥 化	639191	23648	615544
大兴安岭	125167	25312	99855

4-C-2 各地区总承包建筑业企业承包工程完成情况

单位：万元

地 区	直接从建设单位承揽工程完成的产值			从建设单位以外承揽工程完成的产值
		自行完成施工产值	分包出去工程的产值	
全 省	**11139764**	**10914074**	**225690**	**51839**
哈尔滨	6398841	6376486	22355	36813
齐齐哈尔	376523	376221	302	320
鸡 西	298912	297355	1557	1557
鹤 岗	245617	245617		
双鸭山	156273	155155	1118	1278
大 庆	1307228	1112540	194688	5841
伊 春	135509	134279	1230	1738
佳木斯	917641	917401	240	1430
七台河	90612	90242	370	420
牡丹江	468833	465002	3831	263
黑 河	191389	191389		600
绥 化	442844	442844		901
大兴安岭	109546	109546		678

4-C-3 各地区总承包企业建筑业总产值和竣工产值

单位：万元

地区	建筑业总产值	#装饰装修产值	#在外省完成的产值	按构成分组			竣工产值
				建筑工程产值	安装工程产值	其他产值	
全省	**10965913**	**134623**	**2181818**	**8894642**	**1769870**	**301402**	**6298220**
哈尔滨	6413300	53358	1925062	5392263	902984	118053	3292350
齐齐哈尔	376541	2521	12624	346034	23524	6982	229200
鸡西	298912	800	45202	282310	13329	3273	141743
鹤岗	245617	11409	3510	202117	16684	26816	121777
双鸭山	156433	8078		141272	6182	8979	99114
大庆	1118381	3407	157328	409437	664789	44155	430152
伊春	136018	2463		128884	2747	4387	117691
佳木斯	918831	13937	20472	827119	31701	60011	593837
七台河	90662	1375	20	87642	1604	1417	63668
牡丹江	465265	4692	8891	393644	63996	7624	263562
黑河	191988	1948		184838	5649	1501	175550
绥化	443745	29372	1246	413681	28445	1620	356728
大兴安岭	110224	1263	7464	85403	8238	16584	63590

4-C-4 各地区总承包建筑业企业房屋建筑面积

地区	房屋施工面积(平方米)	#本年新开工	房屋竣工面积(平方米)	房屋竣工率(%)
全省	**37087573**	**17669945**	**14560061**	**39.3**
哈尔滨	22233152	8399200	5662986	25.5
齐齐哈尔	1523574	730065	618798	40.6
鸡西	694273	376385	418856	60.3
鹤岗	1368801	589367	332675	24.3
双鸭山	643802	187341	136096	21.1
大庆	807135	463149	469712	58.2
伊春	913340	863363	576221	63.1
佳木斯	4080510	2592131	3207360	78.6
七台河	202452	123973	125052	61.8
牡丹江	1901831	874083	782374	41.1
黑河	952805	830664	747241	78.4
绥化	1597905	1474431	1378837	86.3
大兴安岭	167993	165793	103853	61.8

4-C-5　各地区按主要用途分的总承包建筑业企业房屋竣工面积

单位：平方米

地　　区	合计	住宅房屋	商业及服务用房屋	办公用房　屋	科研、教育和医疗用房屋	文化、体育和娱乐用房屋	厂房及建筑物	仓库	其他未列明的房屋建筑物
全　　省	**14560061**	**10341673**	**664212**	**891263**	**480979**	**48502**	**1250099**	**521821**	**361512**
哈 尔 滨	5662986	4132794	181277	275074	264386	16200	613492	49764	129999
齐齐哈尔	618798	500428	10957	20452	29372	240	18999	5719	32631
鸡　　西	418856	312987	6137	5180	6406	1560	74125		12461
鹤　　岗	332675	247511	12668	280	30484	9000	22988	9653	91
双 鸭 山	136096	76900	3000	18028	4800		33368		
大　　庆	469712	298989	24299	8200	6861		34618		96745
伊　　春	576221	254143	120829	10519	5660		180569		4501
佳 木 斯	3207360	2151959	145901	433902	2100	3351	72444	393071	4632
七 台 河	125052	103934	2318	1500			10480	820	6000
牡 丹 江	782374	616909	100471	510	35504		15211	1559	12210
黑　　河	747241	494986	18560	26749	13304		104978	48000	40664
绥　　化	1378837	1104455	37795	58864	62447	18151	65832	13015	18278
大兴安岭	103853	45678		32005	19655		2995	220	3300

4-C-6　各地区按主要用途分的总承包建筑业企业房屋竣工价值

单位：万元

地　　区	合计	住宅房屋	商业及服务用房屋	办公用房　屋	科研、教育和医疗用房屋	文化、体育和娱乐用房屋	厂房及建筑物	仓　库	其他未列明的房屋建筑物
全　　省	**2227326**	**1515721**	**107352**	**167906**	**101648**	**14788**	**186256**	**56700**	**76956**
哈 尔 滨	882320	578910	31732	57242	56056	4074	110587	9869	33849
齐齐哈尔	106629	87145	1611	4499	5464	55	2842	950	4063
鸡　　西	80554	61689	1254	985	1465	307	12936		1921
鹤　　岗	47008	29525	3303	62	8747	2500	1128	1695	48
双 鸭 山	22950	13189	756	3722	1349		3935		
大　　庆	76123	40573	2890	1224	1423		8111		21904
伊　　春	65774	30624	15437	1713	500		16718		782
佳 木 斯	440118	299402	21351	73902	172	307	8108	36412	463
七 台 河	18769	15049	359	350			2646	25	340
牡 丹 江	111406	82041	16906	153	8547		2422	80	1257
黑　　河	122760	88999	4824	7016	3000		5617	4876	8431
绥　　化	237120	180702	6931	11395	13648	7546	10606	2743	3551
大兴安岭	15795	7875		5644	1278		600	50	348

4-C-7 各地区总承包建筑业企业施工机械设备情况

地　区	年末自有施工机械设备总台数(台)	年末自有施工机械设备总功率(千瓦)	年末自有施工机械设备净值(万元)	技术装备率(元/人)	动力装备率(千瓦/人)
全　省	**102610**	**2428434**	**649837.8**	**26994.0**	**10.1**
哈尔滨	34691	822946	226259.4	21613.0	7.9
齐齐哈尔	4398	100364	35218.3	35846.0	10.2
鸡　西	3361	74433	19762.0	18762.0	7.1
鹤　岗	3192	64902	13486.2	21282.0	10.2
双鸭山	4072	72425	9183.3	15313.0	12.1
大　庆	33293	684048	182800.3	43539.0	16.3
伊　春	938	35988	11737.7	20680.0	6.3
佳木斯	5640	123810	21760.8	9464.0	5.4
七台河	634	23883	12620.9	49846.0	9.4
牡丹江	3092	123622	24329.3	23660.0	12.0
黑　河	2864	55609	12821.3	25730.0	11.2
绥　化	5081	163927	69081.3	56091.0	13.3
大兴安岭	1354	82477	10777.0	41626.0	31.9

4-C-8 各地区总承包建筑业企业主要生产效益指标

地　区	建筑业企业个数(个)	从事建筑业活动的平均人数(人)	按总产值计算的劳动生产率(元/人)	人均竣工产值(元/人)	人均施工面积(平方米/人)	人均竣工面积(平方米/人)
全　省	**1221**	**370866**	**295684.0**	**169825.0**	**100.0**	**39.3**
哈尔滨	439	199892	320838.0	164706.0	111.2	28.3
齐齐哈尔	69	15654	240539.0	146416.0	97.3	39.5
鸡　西	64	11858	252076.0	119533.0	58.5	35.3
鹤　岗	48	7866	312251.0	154814.0	174.0	42.3
双鸭山	71	7663	204141.0	129341.0	84.0	17.8
大　庆	150	43696	255946.0	178371.0	18.5	10.7
伊　春	46	6242	217907.0	188548.0	146.3	92.3
佳木斯	58	31494	291748.0	188556.0	129.6	101.8
七台河	29	2980	304234.0	213653.0	67.9	42.0
牡丹江	96	15585	298533.0	169112.0	122.0	50.2
黑　河	46	7197	266762.0	243921.0	132.4	103.8
绥　化	80	17077	259849.0	208894.0	93.6	80.7
大兴安岭	25	3662	300996.0	173649.0	45.9	28.4

4-C-9　各地区总承包建筑业企业营业收入

单位：万元

地　区	营业收入	#在境外完成的营业收入	企业总产值	#建筑业总产值
全　省	**11799589**	**194623**	**12052062**	**10965913**
哈 尔 滨	6810619	105924	6825833	6413299
齐齐哈尔	369025		379419	376541
鸡　西	290880		337467	298912
鹤　岗	226309		246482	245617
双 鸭 山	158278		160251	156433
大　庆	1615511	64805	1692251	1118381
伊　春	143965		137197	136017
佳 木 斯	853343		919454	918830
七 台 河	93270		96956	90662
牡 丹 江	482195		500110	465264
黑　河	195387		192190	191988
绥　化	458257	23894	452227	443744
大兴安岭	102550		112226	110225

4-C-10　各地区总承包建筑业企业资产构成

单位：万元

地　区	资产总计	#流动资产合计	#存货
全　省	**18178301**	**15076571**	**2351239**
哈 尔 滨	10604272	8936776	1418208
齐齐哈尔	549608	420820	40620
鸡　西	383558	286771	32473
鹤　岗	313912	244742	35562
双 鸭 山	316098	259666	30178
大　庆	3091945	2744261	450972
伊　春	290005	240891	28992
佳 木 斯	703385	536965	36883
七 台 河	203633	144580	30026
牡 丹 江	780298	619554	116610
黑　河	189129	134651	18040
绥　化	593252	393772	100925
大兴安岭	159206	113123	11750

4-C-11 各地区总承包建筑业企业固定资产情况

单位：万元

地区	固定资产原价	固定资产折旧	#本年折旧	在建工程
全省	**2579387**	**1243101**	**132346**	**116726**
哈尔滨	954625	450924	51295	78256
齐齐哈尔	118012	38279	4959	2157
鸡西	121370	47667	3303	172
鹤岗	59516	26062	1574	3357
双鸭山	57847	27108	1914	5557
大庆	615832	396493	34782	15292
伊春	45179	14304	1864	3556
佳木斯	137279	57545	6466	837
七台河	61830	27041	5145	618
牡丹江	142564	55550	8022	3091
黑河	36056	12968	1330	64
绥化	171254	66699	7800	2451
大兴安岭	58024	22461	3892	1319

4-C-12 各地区总承包建筑业企业负债及所有者权益

单位：万元

地区	负债合计	#流动负债	#应付账款	所有者权益	#实收资本
全省	**12917791**	**12031333**	**4536053**	**5260510**	**4353729**
哈尔滨	7850371	7271990	2781936	2753901	2124349
齐齐哈尔	282086	277006	101370	267522	231953
鸡西	230454	215215	61770	153104	132795
鹤岗	182102	167783	80593	131810	86165
双鸭山	179792	149265	38824	136306	117767
大庆	2590038	2564131	1024823	501907	675117
伊春	186253	178840	51114	103752	88627
佳木斯	431728	268714	80530	271658	209062
七台河	114794	112383	27576	88839	65972
牡丹江	447834	424126	132365	332464	241006
黑河	75476	70642	19586	113653	94388
绥化	278617	266868	105813	314635	206242
大兴安岭	68246	64371	29755	90961	80286

4-C-13　各地区总承包建筑业企业实收资本

单位：万元

地　区	合计	国家资本	集体资本	法人资本	个人资本	港澳台资本	外商资本
全　省	**4353729**	**1214923**	**225936**	**1295778**	**1616455**	**2**	**636**
哈尔滨	2124349	856377	75537	549273	642526		636
齐齐哈尔	231953	71445	11709	73736	75062	2	
鸡　西	132795	24538	10533	39357	58367		
鹤　岗	86165	9823	8458	30493	37392		
双鸭山	117767	16291	10033	27835	63607		
大　庆	675117	162381	27171	266609	218956		
伊　春	88627	7057	3852	48646	29072		
佳木斯	209062	29933	19305	41440	118385		
七台河	65972	608	6242	18046	41077		
牡丹江	241006	11181	32160	74839	122827		
黑　河	94388	9790	11138	28179	45282		
绥　化	206242	14425	6259	68048	117509		
大兴安岭	80286	1075	3539	29278	46394		

4-C-14　各地区总承包建筑业企业收入情况

单位：万元

地　区	主营业务收入	#主营业务成本	#主营业务税金及附加	其他业务收入	#其他业务利润
全　省	**11721723**	**10866690**	**122491**	**77866**	**3877**
哈尔滨	6754853	6291746	45295	55766	6248
齐齐哈尔	368622	337116	5024	403	164
鸡　西	289835	268737	6461	1045	-113
鹤　岗	226265	207566	2903	44	37
双鸭山	156283	136728	2087	1995	-58
大　庆	1613116	1552693	6384	2395	-4452
伊　春	142612	142500	2992	1353	
佳木斯	853241	746601	28082	102	70
七台河	87731	76984	816	5538	872
牡丹江	474946	432769	4576	7249	975
黑　河	195201	182330	6104	186	28
绥　化	456624	397680	8815	1633	22
大兴安岭	102393	93242	2953	157	84

4-C-15 各地区总承包建筑业企业费用情况

单位：万元

地区	管理费用	销售费用	财务费用	#利息收入	#利息支出
全省	**414469**	**23866**	**56267**	**17271**	**42980**
哈尔滨	212508	8915	39624	16550	37114
齐齐哈尔	17541	23	761	90	401
鸡西	12558	259	765	12	711
鹤岗	10279	35	162	5	78
双鸭山	9977	7	608	11	515
大庆	58436	818	1694	371	643
伊春	4554	15	38	0	0
佳木斯	28594	10150	8550	86	561
七台河	6996	76	709	-10	549
牡丹江	22579	323	1177	80	797
黑河	6697	555	182	37	64
绥化	19436	2673	1914	25	1543
大兴安岭	4316	17	82	13	4

4-C-16 各地区总承包建筑业企业利润及税金情况

单位：万元

地区	利润总额	#应交所得税	税金总额	主营业务税金及附加	应交增值税
全省	**132892**	**96817**	**492509**	**122491**	**370018**
哈尔滨	154641	51480	252539	45295	207244
齐齐哈尔	12406	2846	17237	5024	12213
鸡西	787	3003	18246	6461	11785
鹤岗	5174	3114	9297	2903	6393
双鸭山	5434	2528	7873	2087	5787
大庆	-108268	5854	30458	6384	24074
伊春	-7362	1762	10286	2992	7294
佳木斯	28120	5724	56292	28082	28211
七台河	2941	1105	5107	816	4290
牡丹江	12017	8942	22062	4576	17486
黑河	-124	2303	16192	6104	10088
绥化	25237	6925	36668	8815	27853
大兴安岭	1891	1232	10253	2953	7300

4-C-17　各地区总承包建筑业企业应收工程款及企业亏损情况

地　区	应收工程款(万元)	企业个数(个)	#亏损企业个数	亏损企业的比重(%)
全　省	**5648208**	**1221**	**283**	**23.2**
哈尔滨	3110955	439	103	23.5
齐齐哈尔	178539	69	16	23.2
鸡　西	114307	64	14	21.9
鹤　岗	113233	48	13	27.1
双鸭山	93375	71	21	29.6
大　庆	1350089	150	41	27.3
伊　春	55877	46	11	23.9
佳木斯	167090	58	10	17.2
七台河	56179	29	9	31.0
牡丹江	200041	96	21	21.9
黑　河	48860	46	8	17.4
绥　化	101564	80	11	13.8
大兴安岭	58100	25	5	20.0

4-C-18　各地区总承包建筑业企业主要经济效益指标

地　区	产值利润率(%)	产值利税率(%)	资本利润率(%)	资本利税率(%)	人均利润(元/人)	人均利税(元/人)	资产负债率(%)
全　省	**1.2**	**5.7**	**3.1**	**14.4**	**3583.0**	**16863.0**	**71.1**
哈尔滨	2.4	6.3	7.3	19.2	7736.0	20370.0	74.0
齐齐哈尔	3.3	7.9	5.3	12.8	7925.0	18936.0	51.3
鸡　西	0.3	6.4	0.6	14.3	664.0	16051.0	60.1
鹤　岗	2.1	5.9	6.0	16.8	6578.0	18397.0	58.0
双鸭山	3.5	8.5	4.6	11.3	7092.0	17366.0	56.9
大　庆	-9.7	-7.0	-16.0	-11.5	-24777.0	-17807.0	83.8
伊　春	-5.4	2.1	-8.3	3.3	-11795.0	4684.0	64.2
佳木斯	3.1	9.2	13.5	40.4	8929.0	26803.0	61.4
七台河	3.2	8.9	4.5	12.2	9868.0	27004.0	56.4
牡丹江	2.6	7.3	5.0	14.1	7710.0	21866.0	57.4
黑　河	-0.1	8.4	-0.1	17.0	-173.0	22325.0	39.9
绥　化	5.7	14.0	12.2	30.0	14778.0	36250.0	47.0
大兴安岭	1.7	11.0	2.4	15.1	5162.0	33159.0	42.9

4-C-19 各地区按资质等级划分的总承包建筑业企业单位数

单位：个

地区	合计	特级	一级	二级	三级及以下
全省	**1221**	**4**	**121**	**509**	**587**
哈尔滨	439	3	76	240	120
齐齐哈尔	69		5	24	40
鸡西	64		4	23	37
鹤岗	48		1	21	26
双鸭山	71		5	20	46
大庆	150	1	6	61	82
伊春	46			7	39
佳木斯	58		10	13	35
七台河	29		1	6	22
牡丹江	96		7	37	52
黑河	46			16	30
绥化	80		5	36	39
大兴安岭	25		1	5	19

4-C-20 各地区按资质等级划分的总承包建筑业企业期末人数

单位：人

地区	合计	特级	一级	二级	三级及以下
全省	**240738**	**39455**	**74909**	**73648**	**52726**
哈尔滨	104688	17226	44947	34099	8416
齐齐哈尔	9825		2767	4229	2829
鸡西	10533		5260	2560	2713
鹤岗	6337		2156	2594	1587
双鸭山	5997		1783	1596	2618
大庆	41985	22229	7224	6931	5601
伊春	5676			1762	3914
佳木斯	22994		4700	4291	14003
七台河	2532		536	1085	911
牡丹江	10283		2213	5457	2613
黑河	4983			1694	3289
绥化	12316		2834	6719	2763
大兴安岭	2589		489	631	1469

4-C-21　各地区按资质等级划分的总承包企业建筑业总产值

单位：万元

地　区	合计	特级	一级	二级	三级及以下
全　省	**10965913**	**1692168**	**4532333**	**2947771**	**1793642**
哈尔滨	6413299	1220643	3303321	1593609	295727
齐齐哈尔	376541		154427	140623	81491
鸡　西	298912		131194	74666	93052
鹤　岗	245617		38215	153388	54014
双鸭山	156433		45907	42874	67652
大　庆	1118381	471525	301711	169962	175183
伊　春	136017			22198	113820
佳木斯	918830		156303	207843	554685
七台河	90662		18420	45315	26927
牡丹江	465264		231043	158429	75793
黑　河	191988			104351	87637
绥　化	443744		119654	218214	105877
大兴安岭	110225		32140	16300	61784

4-C-22　各地区按资质等级划分的总承包建筑业企业签订合同额

单位：万元

地　区	合计	特级	一级	二级	三级及以下
全　省	**22499649**	**4947566**	**10484976**	**4896163**	**2170944**
哈尔滨	15402352	3680050	8248643	3023685	449974
齐齐哈尔	601310		291984	210213	99113
鸡　西	332858		139847	79705	113306
鹤　岗	345244		38215	230366	76663
双鸭山	218644		52093	73693	92858
大　庆	2125213	1267516	418008	210403	229286
伊　春	148865			22283	126582
佳木斯	1424575		632315	228783	563477
七台河	139964		23436	85382	31146
牡丹江	722627		311592	294019	117016
黑　河	273641			184412	89229
绥　化	639191		287702	232747	118742
大兴安岭	125167		41140	20473	63554

4-C-23 各地区按资质等级划分的总承包建筑业企业竣工产值

单位：万元

地 区	合计	特级	一级	二级	三级及以下
全 省	**6298220**	**1283469**	**1647867**	**1996715**	**1370169**
哈 尔 滨	3292350	934210	1109276	1067027	181837
齐齐哈尔	229200		74213	82626	72361
鸡 西	141742		25199	55464	61080
鹤 岗	121776		22542	62868	36367
双 鸭 山	99114		19072	29164	50878
大 庆	779411	349259	177256	139873	113023
伊 春	117692			21545	96146
佳 木 斯	593837		29491	104537	459809
七 台 河	63669		8536	31320	23812
牡 丹 江	263562		105753	104889	52920
黑 河	175550			97616	77934
绥 化	356728		63998	193785	98945
大兴安岭	63590		12531	6001	45058

4-C-24 各地区按资质等级划分的总承包建筑业企业房屋施工面积

单位：平方米

地 区	合计	特级	一级	二级	三级及以下
全 省	**37087573**	**5399691**	**15374399**	**9038854**	**7274629**
哈 尔 滨	22233152	5319335	12343470	3876207	694140
齐齐哈尔	1523574		571537	730103	221934
鸡 西	694273		104143	189320	400810
鹤 岗	1368801		41083	1002540	325178
双 鸭 山	643802		307249	162452	174101
大 庆	807135	80356	160750	197676	368353
伊 春	913340			325879	587461
佳 木 斯	4080510		213500	583569	3283441
七 台 河	202452		108861	42600	50991
牡 丹 江	1901831		1096206	642882	162743
黑 河	952805			589302	363503
绥 化	1597905		325272	680257	592376
大兴安岭	167993		102328	16067	49598

4-C-25 各地区按资质等级划分的总承包建筑业企业房屋竣工面积

单位：平方米

地区	合计	特级	一级	二级	三级及以下
全省	**14560061**	**443419**	**4319021**	**4730875**	**5066746**
哈尔滨	5662986	368651	3133471	1840841	320023
齐齐哈尔	618798		203738	269157	145903
鸡西	418856		79730	185300	153826
鹤岗	332675			190568	142107
双鸭山	136096		58676	22494	54926
大庆	469712	74768	44999	171854	178091
伊春	576221			27878	548343
佳木斯	3207360		105000	504377	2597983
七台河	125052		51462	42000	31590
牡丹江	782374		349859	376235	56280
黑河	747241			451409	295832
绥化	1378837		239853	635578	503406
大兴安岭	103853		52233	13184	38436

4-C-26 各地区按资质等级划分的总承包企业自有施工机械设备台数

单位：台

地区	合计	特级	一级	二级	三级及以下
全省	**102610**	**24047**	**34600**	**25766**	**18197**
哈尔滨	34691	1792	19661	9553	3685
齐齐哈尔	4398		1114	1162	2122
鸡西	3361		1575	1064	722
鹤岗	3192		1346	1380	466
双鸭山	4072		1090	1512	1470
大庆	33293	22255	6582	3138	1318
伊春	938			449	489
佳木斯	5640		1145	1084	3411
七台河	634		118	204	312
牡丹江	3092		783	1662	647
黑河	2864			1099	1765
绥化	5081		1053	3009	1019
大兴安岭	1354		133	450	771

4-C-27 各地区按资质等级划分的总承包企业自有施工机械设备总功率

单位：千瓦

地区	合计	特级	一级	二级	三级及以下
全省	**2428434**	**515509**	**887288**	**720961**	**304676**
哈尔滨	822946	146389	407980	221400	47177
齐齐哈尔	100364		49759	23568	27037
鸡西	74433		43743	16605	14085
鹤岗	64902		12825	40911	11166
双鸭山	72425		40589	19241	12595
大庆	684048	369120	170609	109874	34445
伊春	35988			15399	20589
佳木斯	123810		74529	9090	40191
七台河	23883		11700	7861	4322
牡丹江	123622		23397	90108	10117
黑河	55609			27330	28279
绥化	163927		45982	92951	24994
大兴安岭	82477		6175	46623	29679

4-C-28 各地区按资质等级划分的总承包建筑业企业实收资本

单位：万元

地区	合计	特级	一级	二级	三级及以下
全省	**4353729**	**497217**	**1443926**	**1618976**	**793611**
哈尔滨	2124349	316417	871803	771175	164955
齐齐哈尔	231953		65413	98470	68070
鸡西	132795		38912	51060	42824
鹤岗	86165		5215	55252	25699
双鸭山	117767		24189	52002	41576
大庆	675117	180800	196368	168467	129481
伊春	88627			40726	47901
佳木斯	209062		115885	40393	52785
七台河	65972		7046	32421	26506
牡丹江	241006		55828	138102	47077
黑河	94388			45988	48400
绥化	206242		51268	108029	46945
大兴安岭	80286		12000	16893	51393

4-C-29　各地区按资质等级划分的总承包建筑业企业资产

单位：万元

地　区	合计	特级	一级	二级	三级及以下
全　省	**18178301**	**4210559**	**7160213**	**4668825**	**2138704**
哈尔滨	10604272	2641655	5300221	2262358	400037
齐齐哈尔	549608		181237	203736	164635
鸡　西	383558		169665	114505	99388
鹤　岗	313912		36156	193443	84313
双鸭山	316098		92078	117044	106976
大　庆	3091945	1568904	462710	636899	423432
伊　春	290005			106666	183340
佳木斯	703385		403875	117594	181917
七台河	203633		42875	107919	52840
牡丹江	780298		260739	414705	104854
黑　河	189129			97129	92000
绥　化	593252		194088	253035	146129
大兴安岭	159206		16569	43793	98844

4-C-30　各地区按资质等级划分的总承包建筑业企业所有者权益

单位：万元

地　区	合计	特级	一级	二级	三级及以下
全　省	**5260510**	**445627**	**1663339**	**2139732**	**1011812**
哈尔滨	2753901	431442	1131836	988339	202285
齐齐哈尔	267522		80991	112020	74511
鸡　西	153104		42360	58489	52254
鹤　岗	131810		5514	84654	41643
双鸭山	136306		22478	65079	48749
大　庆	501907	14185	79738	231247	176737
伊　春	103752			46517	57235
佳木斯	271658		127594	53860	90204
七台河	88839		12059	43824	32955
牡丹江	332464		69784	194405	68275
黑　河	113653			59463	54190
绥　化	314635		78181	179222	57233
大兴安岭	90961		12806	22612	55543

4-C-31 各地区按资质等级划分的总承包建筑业企业负债

单位：万元

地　区	合计	特级	一级	二级	三级及以下
全　省	**12917791**	**3764933**	**5496874**	**2529093**	**1126892**
哈尔滨	7850371	2210214	4168386	1274019	197753
齐齐哈尔	282086		100246	91717	90124
鸡　西	230454		127305	56015	47134
鹤　岗	182102		30642	108789	42671
双鸭山	179792		69600	51965	58227
大　庆	2590038	1554719	382973	405652	246695
伊　春	186253			60149	126105
佳木斯	431728		276281	63734	91713
七台河	114794		30816	64095	19884
牡丹江	447834		190955	220299	36580
黑　河	75476			37666	37810
绥　化	278617		115907	73813	88896
大兴安岭	68246		3763	21181	43302

4-C-32 各地区按资质等级划分的总承包建筑业企业营业收入

单位：万元

地　区	合计	特级	一级	二级	三级及以下
全　省	**11799589**	**2259293**	**4558660**	**3186777**	**1794859**
哈尔滨	6810619	1394445	3274091	1747833	394249
齐齐哈尔	369025		150535	136492	81997
鸡　西	290880		121630	85267	83983
鹤　岗	226309		38215	141447	46647
双鸭山	158278		41265	48688	68326
大　庆	1615511	864848	342269	185990	222405
伊　春	143965			71968	71998
佳木斯	853343		171762	203784	477798
七台河	93270		21804	46792	24674
牡丹江	482195		231040	167460	83694
黑　河	195387			110908	84478
绥　化	458257		136345	224234	97678
大兴安岭	102550		29704	15913	56932

4-C-33　各地区按资质等级划分的总承包建筑业企业利税总额

单位：万元

地　区	合计	特级	一级	二级	三级及以下
全　省	**625401**	**-42891**	**244354**	**244315**	**179623**
哈尔滨	407180	73442	185109	112727	35901
齐齐哈尔	29643		8398	12390	8855
鸡　西	19034		2214	9151	7668
鹤　岗	14471		-2895	11588	5778
双鸭山	13308		2952	3804	6552
大　庆	-77810	-116333	6331	16362	15830
伊　春	2924			-4751	7674
佳木斯	84412		-356	29642	55127
七台河	8047		875	4705	2467
牡丹江	34078		15305	12734	6039
黑　河	16068			10372	5696
绥　化	61905		23936	23227	14742
大兴安岭	12143		2485	2366	7293

4-C-34　各地区按资质等级划分的总承包建筑业企业利润总额

单位：万元

地　区	合计	特级	一级	二级	三级及以下
全　省	**132892**	**-91731**	**72295**	**80656**	**71672**
哈尔滨	154641	26462	72670	41074	14435
齐齐哈尔	12406		2049	7690	2667
鸡　西	787		-3962	2697	2052
鹤　岗	5174		-3096	5858	2413
双鸭山	5434		435	1709	3290
大　庆	-108268	-118193	-1337	3663	7599
伊　春	-7362			-8343	981
佳木斯	28120		-8040	7439	28722
七台河	2941		847	1652	442
牡丹江	12017		5001	5470	1545
黑　河	-124			1104	-1229
绥　化	25237		7036	10800	7401
大兴安岭	1891		693	-156	1354

4-C-35 各地区按资质等级划分的总承包建筑业企业税金总额

单位：万元

地区	合计	特级	一级	二级	三级及以下
全省	**492509**	**48840**	**172059**	**163659**	**107951**
哈尔滨	252539	46981	112439	71653	21466
齐齐哈尔	17237		6349	4700	6188
鸡西	18246		6176	6454	5616
鹤岗	9297		201	5730	3365
双鸭山	7873		2517	2094	3262
大庆	30458	1860	7667	12699	8231
伊春	10286			3592	6694
佳木斯	56292		7684	22203	26405
七台河	5107		29	3053	2025
牡丹江	22062		10304	7264	4494
黑河	16192			9267	6925
绥化	36668		16901	12427	7341
大兴安岭	10253		1792	2522	5939

4-C-36 各地区按资质等级划分的总承包建筑业企业主营业务收入

单位：万元

地区	合计	特级	一级	二级	三级及以下
全省	**11721723**	**2257405**	**4503643**	**3168632**	**1792043**
哈尔滨	6754853	1393842	3227541	1739440	394031
齐齐哈尔	368622		150406	136252	81963
鸡西	289835		120707	85146	83982
鹤岗	226265		38215	141444	46606
双鸭山	156283		39518	48439	68326
大庆	1613116	863563	342028	185362	222164
伊春	142612			71968	70645
佳木斯	853241		171730	203784	477728
七台河	87731		16799	46657	24275
牡丹江	474946		231025	160609	83313
黑河	195201			110794	84407
绥化	456624		135972	222975	97678
大兴安岭	102393		29704	15762	56926

4-C-37 各地区按资质等级划分的总承包建筑业企业管理费用

单位：万元

地区	合计	特级	一级	二级	三级及以下
全省	**414469**	**43492**	**170030**	**133690**	**67257**
哈尔滨	212508	16548	117410	65832	12718
齐齐哈尔	17541		6168	6723	4649
鸡西	12558		5836	2954	3768
鹤岗	10279		1909	6034	2336
双鸭山	9977		4338	2688	2950
大庆	58436	26944	10030	11274	10188
伊春	4554			1971	2584
佳木斯	28594		8211	5956	14426
七台河	6996		1827	3133	2036
牡丹江	22579		7268	12257	3054
黑河	6697			3458	3239
绥化	19436		6455	9906	3076
大兴安岭	4316		579	1505	2233

4-C-38 各地区按资质等级划分的总承包建筑业企业财务费用

单位：万元

地区	合计	特级	一级	二级	三级及以下
全省	**56267**	**17960**	**31512**	**4898**	**1898**
哈尔滨	39624	17825	19925	1493	380
齐齐哈尔	761		266	311	184
鸡西	765		451	194	121
鹤岗	162		606	-476	32
双鸭山	608		47	544	17
大庆	1694	135	727	574	258
伊春	38			-108	147
佳木斯	8550		7817	431	302
七台河	709		3	653	53
牡丹江	1177		368	775	34
黑河	182			84	98
绥化	1914		1306	338	270
大兴安岭	82		-4	84	2

4-C-39 各地区按资质等级划分的总承包建筑业企业应收工程款

单位：万元

地区	合计	特级	一级	二级	三级及以下
全省	**5648208**	**1481422**	**2345907**	**1324143**	**496737**
哈尔滨	3110955	593917	1748341	689521	79176
齐齐哈尔	178539		58948	66425	53167
鸡西	114307		59175	25813	29319
鹤岗	113233		6521	96166	10546
双鸭山	93375		32325	33140	27910
大庆	1350089	887504	166359	144272	151954
伊春	55877			26847	29030
佳木斯	167090		118972	29132	18986
七台河	56179		23146	22736	10298
牡丹江	200041		105480	69832	24730
黑河	48860			27520	21340
绥化	101564		17263	69635	14667
大兴安岭	58100		9378	23107	25615

D. 专业承包建筑业企业

4-D-1 各地区专业承包建筑业企业签订合同情况

单位：万元

地区	签订合同额	上年结转合同额	本年新签合同额
全省	**1544487**	**372339**	**1172149**
哈尔滨	1189878	323546	866332
齐齐哈尔	39052	5060	33992
鸡西	18531	645	17886
鹤岗	8714		8714
双鸭山	6614	530	6083
大庆	93134	9874	83260
伊春	28752	1860	26892
佳木斯	24629	1095	23535
七台河	3497	1377	2120
牡丹江	91974	27653	64322
黑河	23214	165	23049
绥化	16328	534	15794
大兴安岭	170		170

4-D-2　各地区专业承包建筑业企业承包工程完成情况

单位：万元

地　区	直接从建设单位承揽工程完成的产值	自行完成施工产值	分包出去工程的产值	从建设单位以外承揽工程完成的产值
全　省	**1188450**	**1178474**	**9978**	**26285**
哈尔滨	881338	876398	4941	23918
齐齐哈尔	32797	32797		
鸡　西	16388	14066	2322	471
鹤　岗	8714	8714		
双鸭山	6079	4628	1452	
大　庆	71295	71277	18	232
伊　春	21706	21706		
佳木斯	21383	21159	224	92
七台河	3247	3247		
牡丹江	82822	82822		
黑　河	26734	26734		
绥　化	15777	14756	1021	1572
大兴安岭	170	170		

4-D-3　各地区专业承包企业建筑业总产值和竣工产值

单位：万元

地　区	建筑业总产值	#装饰装修产值	#在外省完成的产值	按构成分组			竣工产值
				建筑工程产值	安装工程产值	其他产值	
全　省	**1204758**	**226882**	**406865**	**464613**	**415382**	**324763**	**761656**
哈尔滨	900316	143198	337014	310856	297772	291688	514699
齐齐哈尔	32797	8323	11999	14842	17445	511	27110
鸡　西	14537	582		5	13902	629	13289
鹤　岗	8714	7599		7835	716	163	8694
双鸭山	4628	517		1558	2916	153	5925
大　庆	71509	12091	9194	36376	13071	22062	60351
伊　春	21706	858		15105		6601	7652
佳木斯	21250	389		5765	14946	540	19436
七台河	3247	1734		320	1193	1734	3122
牡丹江	82822	50211	48302	59728	23011	83	73144
黑　河	26734	668		4353	21881	500	13793
绥　化	16328	712	356	7700	8529	99	14271
大兴安岭	170			170			170

4-D-4 各地区专业承包建筑业企业房屋建筑面积

地　区	房屋施工面积（万平方米）	#本年新开工	房屋竣工面积（万平方米）	房屋竣工率（%）
全　省	**733259**	**242746**	**141026**	**19.2**
哈尔滨	537051	63938	88388	16.5
齐齐哈尔	5900	5900	5900	100.0
鸡　西				
鹤　岗				
双鸭山	7050	7050	7050	100.0
大　庆	69402	69402	300	0.4
伊　春	4600	4600	4500	97.8
佳木斯	35000	17600		
七台河				
牡丹江	39368	39368		
黑　河				
绥　化	34888	34888	34888	100.0
大兴安岭				

4-D-5 各地区按主要用途分的专业承包建筑业企业房屋竣工面积

单位：平方米

地　区	合计	住宅房屋	商业及服务用房屋	办公用房　屋	科研、教育和医疗用房屋	文化、体育和娱乐用房屋	厂房及建筑物	仓　库	其他未列明的房屋建筑物
全　省	**141026**	**30682**	**7200**	**19081**	**185**		**78990**	**2703**	**2185**
哈尔滨	88388	26182	1650	14681	185		42602	2703	385
齐齐哈尔	5900			4400			1500		
鸡　西									
鹤　岗									
双鸭山	7050		5550						1500
大　庆	300								300
伊　春	4500	4500							
佳木斯									
七台河									
牡丹江									
黑　河									
绥　化	34888						34888		
大兴安岭									

4-D-6　各地区按主要用途分的专业承包建筑业企业房屋竣工价值

单位：万元

地　区	合计	住宅房屋	商业及服务用房屋	办公用房　屋	科研、教育和医疗用房屋	文化、体育和娱乐用房屋	厂房及建筑物	仓　库	其他未列明的房屋建筑物
全　省	**14382**	**4928**	**1441**	**1795**	**6**		**5057**	**778**	**377**
哈尔滨	9632	4368	462	725	6		3183	778	110
齐齐哈尔	1200			1070			130		
鸡　西									
鹤　岗									
双鸭山	1184		979						205
大　庆	62								62
伊　春	560	560							
佳木斯									
七台河									
牡丹江									
黑　河									
绥　化	1744						1744		
大兴安岭									

4-D-7　各地区专业承包建筑业企业施工机械设备情况

地　区	年末自有施工机械设备总台数(台)	年末自有施工机械设备总功率(千瓦)	年末自有施工机械设备净值(万元)	技术装备率(元/人)	动力装备率(千瓦/人)
全　省	**4368**	**95498**	**29054**	**8496**	**2.8**
哈尔滨	3149	67706	16946	6970	2.8
齐齐哈尔	93	1122	1709	14969	1.0
鸡　西	55	118	94	1555	0.2
鹤　岗	54	601	642	20304	1.9
双鸭山	38	1173	2742	111020	4.7
大　庆	283	7838	2994	16680	4.4
伊　春	136	3206	1297	28695	7.1
佳木斯	31	260	40	457	0.3
七台河	15	131	210	14761	0.9
牡丹江	216	4224	323	1080	1.4
黑　河	160	3499	134	1808	4.7
绥　化	129	4783	892	15682	8.4
大兴安岭	9	837	1031	1030800	83.7

4-D-8 各地区专业承包建筑业企业主要生产效益指标

地区	建筑业企业个数(个)	从事建筑业活动的平均人数(人)	按总产值计算的劳动生产率(元/人)	人均竣工产值(元/人)	人均施工面积(平方米/人)	人均竣工面积(平方米/人)
全省	**492**	**39086**	**308232.1**	**194866.9**	**18.8**	**3.6**
哈尔滨	341	28006	321472.4	183781.8	19.2	3.2
齐齐哈尔	19	1203	272629.3	225350.8	4.9	4.9
鸡西	11	584	248919.5	227549.7		
鹤岗	5	294	296381.0	295707.5		
双鸭山	8	256	180761.7	231453.1	27.5	27.5
大庆	37	2189	326672.9	275702.6	31.7	0.1
伊春	5	538	403455.4	142236.1	8.6	8.4
佳木斯	10	926	229483.8	209893.1	37.8	
七台河	6	164	197957.3	190335.4		
牡丹江	27	3275	252890.7	223341.7	12.0	
黑河	7	833	320932.8	165582.2		
绥化	15	808	202082.9	176622.5	43.2	43.2
大兴安岭	1	10	170100.0	170100.0		

4-D-9 各地区专业承包建筑业企业营业收入

单位：万元

地区	营业收入	#在境外完成的营业收入	企业总产值	#建筑业总产值
全省	**1461727**		**1368690**	**1204758**
哈尔滨	1148814		1054266	900316
齐齐哈尔	32343		33204	32797
鸡西	20377		20215	14537
鹤岗	9684		8750	8714
双鸭山	6059		6602	4628
大庆	75700		71539	71509
伊春	17247		21706	21706
佳木斯	26019		22953	21250
七台河	3820		3247	3247
牡丹江	77652		82902	82822
黑河	26664		26800	26734
绥化	17180		16336	16328
大兴安岭	168		170	170

4-D-10　各地区专业承包建筑业企业资产构成

单位：万元

地　区	资产总计	#流动资产合计	#存货
全　省	**2437158**	**2012778**	**234406**
哈尔滨	1717011	1461697	175845
齐齐哈尔	78004	63877	7336
鸡　西	31581	27900	559
鹤　岗	4744	3656	31
双鸭山	18007	12317	472
大　庆	99652	85493	12075
伊　春	33828	30290	14707
佳木斯	31868	28719	2484
七台河	6418	3269	124
牡丹江	352236	255195	9462
黑　河	27180	12469	733
绥　化	33116	25441	8609
大兴安岭	3513	2455	1969

4-D-11　各地区专业承包建筑业企业固定资产情况

单位：万元

地　区	固定资产原价	固定资产折旧	#本年折旧	在建工程
全　省	**260695**	**118918**	**15321**	**11685**
哈尔滨	189384	87190	11094	7729
齐齐哈尔	9884	5274	478	
鸡　西	5618	2485	707	
鹤　岗	304	126	2	
双鸭山	6537	3282	553	
大　庆	19340	8506	1024	5
伊　春	5611	2621	412	997
佳木斯	3337	496	26	2468
七台河	1210	576	65	
牡丹江	5584	2544	250	452
黑　河	9944	4305	540	
绥　化	2834	1436	170	34
大兴安岭	1108	77		

4-D-12 各地区专业承包建筑业企业负债及所有者权益

单位：万元

地区	负债合计	#流动负债	#应付账款	所有者权益	#实收资本
全 省	**1479972**	**1128454**	**323056**	**957189**	**635140**
哈尔滨	1018895	732341	211190	698120	468433
齐齐哈尔	41299	41262	20289	36704	27076
鸡 西	25271	25225	4054	6310	7414
鹤 岗	2281	2188	1738	2463	2045
双鸭山	11035	8707	5483	6972	6130
大 庆	53042	50879	27540	46610	34622
伊 春	27542	27542	1700	6286	5615
佳木斯	15007	13565	6009	16861	14093
七台河	1019	1019	130	5399	4266
牡丹江	246243	200451	40016	105993	45596
黑 河	15525	8343	1111	11655	7665
绥 化	22536	16932	3796	10580	8949
大兴安岭	277			3236	3236

4-D-13 各地区专业承包建筑业企业实收资本

单位：万元

地区	合计	国家资本	集体资本	法人资本	个人资本	港澳台资本	外商资本
全 省	**635140**	**44519**	**36986**	**185572**	**366167**	**996**	**904**
哈尔滨	468433	40187	23568	124133	278646	996	904
齐齐哈尔	27076	2473	52	16529	8022		
鸡 西	7414		5400	1554	460		
鹤 岗	2045			1361	684		
双鸭山	6130			1780	4350		
大 庆	34622	117		14876	19630		
伊 春	5615	42	1789	1000	2784		
佳木斯	14093	1600	121	913	11460		
七台河	4266		1225	1503	1538		
牡丹江	45596		1035	9000	35562		
黑 河	7665		2576	4605	484		
绥 化	8949	100	1220	5082	2547		
大兴安岭	3236			3236			

4-D-14 各地区专业承包建筑业企业收入情况

单位：万元

地区	主营业务收入	#主营业务成本	#主营业务税金及附加	其他业务收入	#其他业务利润
全省	**1453487**	**1163577**	**11937**	**8240**	**1291**
哈尔滨	1141817	921226	7901	6997	523
齐齐哈尔	32306	30421	277	37	
鸡西	19787	18162	154	590	590
鹤岗	9676	8793	288	8	
双鸭山	6059	5870	104		
大庆	75550	66444	387	150	150
伊春	17247	14589	845		
佳木斯	26019	21447	1218		
七台河	3819	3509	20	1	
牡丹江	77413	35331	430	239	28
黑河	26491	23668	193	173	
绥化	17135	14017	119	45	
大兴安岭	168	100	1		

4-D-15 各地区专业承包建筑业企业费用情况

单位：万元

地区	管理费用	销售费用	财务费用	#利息收入	#利息支出
全省	**121942**	**16205**	**15670**	**386**	**1423**
哈尔滨	101531	14943	12550	278	285
齐齐哈尔	2268	57	34	-4	27
鸡西	2539	2	-21	24	
鹤岗	401	1	2		
双鸭山	408		35	-1	
大庆	4365	56	1057	-7	1031
伊春	977	47	-4	70	
佳木斯	1050	770	61		47
七台河	173		-2		
牡丹江	3065	144	1900	11	7
黑河	2711	36	3	3	25
绥化	2447	152	55	12	
大兴安岭	8				

4-D-16 各地区专业承包建筑业企业利润及税金情况

单位：万元

地　区	利润总额	#应交所得税	税金总额	主营业务税金及附加	应交增值税
全　省	**101078**	**15697**	**47146**	**11937**	**35209**
哈尔滨	90215	12020	33207	7901	25306
齐齐哈尔	-475	302	1151	277	874
鸡　西	-2370	12	702	154	548
鹤　岗	206	14	708	288	420
双鸭山	-370	48	268	104	164
大　庆	3414	1172	1460	387	1073
伊　春	812	108	1724	845	879
佳木斯	1271	99	1987	1218	769
七台河	133	22	77	20	57
牡丹江	8624	1774	5059	430	4629
黑　河	47	101	452	193	259
绥　化	-488	23	350	119	231
大兴安岭	59	2	1	1	

4-D-17 各地区专业承包建筑业企业应收工程款及企业亏损情况

地　区	应收工程款(万元)	企业个数(个)	#亏损企业个数	亏损企业的比重(%)
全　省	**678532**	**492**	**153**	**31.1**
哈尔滨	473016	341	100	29.3
齐齐哈尔	37412	19	10	52.6
鸡　西	11053	11	5	45.5
鹤　岗	2298	5	1	20.0
双鸭山	6595	8	2	25.0
大　庆	32704	37	13	35.1
伊　春	6609	5	1	20.0
佳木斯	7151	10	3	30.0
七台河	1654	6	2	33.3
牡丹江	86542	27	6	22.2
黑　河	5947	7	3	42.9
绥　化	7551	15	7	46.7
大兴安岭		1		

4-D-18　各地区专业承包建筑业企业主要经济效益指标

地　区	产值利润率(%)	产值利税率(%)	资本利润率(%)	资本利税率(%)	人均利润(元/人)	人均利税(元/人)	资产负债率(%)
全　省	**8.4**	**12.3**	**15.9**	**23.3**	**25861.0**	**37922.0**	**60.7**
哈尔滨	10.0	13.7	19.3	26.3	32213.0	44070.0	59.3
齐齐哈尔	-1.4	2.1	-1.8	2.5	-3945.0	5622.0	52.9
鸡　西	-16.3	-11.5	-32.0	-22.5	-40575.0	-28560.0	80.0
鹤　岗	2.4	10.5	10.1	44.7	7020.0	31088.0	48.1
双鸭山	-8.0	-2.2	-6.0	-1.7	-14453.0	-3984.0	61.3
大　庆	4.8	6.8	9.9	14.1	15596.0	22265.0	53.2
伊　春	3.7	11.7	14.5	45.2	15095.0	47123.0	81.4
佳木斯	6.0	15.3	9.0	23.1	13722.0	35175.0	47.1
七台河	4.1	6.5	3.1	4.9	8110.0	12848.0	15.9
牡丹江	10.4	16.5	18.9	30.0	26333.0	41781.0	69.9
黑　河	0.2	1.9	0.6	6.5	569.0	6001.0	57.1
绥　化	-3.0	-0.8	-5.4	-1.5	-6035.0	-1709.0	68.1
大兴安岭	34.9		1.8		59400.0		7.9

4-D-19　各地区按资质等级划分的专业承包建筑业企业单位数

单位：个

地　区	合计	一级	二级	三级及以下
全　省	**492**	**80**	**245**	**167**
哈尔滨	341	72	188	81
齐齐哈尔	19	1	7	11
鸡　西	11		1	10
鹤　岗	5	1	1	3
双鸭山	8		3	5
大　庆	37	4	14	19
伊　春	5		1	4
佳木斯	10		6	4
七台河	6		3	3
牡丹江	27	1	12	14
黑　河	7		5	2
绥　化	15	1	4	10
大兴安岭	1			1

4-D-20 各地区按资质等级划分的专业承包建筑业企业期末人数

单位：人

地　区	合计	一级	二级	三级及以下
全　省	**34198**	**9591**	**17752**	**6855**
哈尔滨	24312	9032	12314	2966
齐齐哈尔	1142	96	402	644
鸡　西	602		546	56
鹤　岗	316	120	15	181
双鸭山	247		53	194
大　庆	1795	162	964	669
伊　春	452		36	416
佳木斯	876		168	708
七台河	142		68	74
牡丹江	2995	147	2518	330
黑　河	740		590	150
绥　化	569	34	78	457
大兴安岭	10			10

4-D-21 各地区按资质等级划分的专业承包企业建筑业总产值

单位：万元

地　区	合计	一级	二级	三级及以下
全　省	**1204756**	**478431**	**502268**	**224057**
哈尔滨	900316	461293	338356	100667
齐齐哈尔	32797	550	22081	10166
鸡　西	14537		13850	687
鹤　岗	8714	7470	260	983
双鸭山	4628		377	4251
大　庆	71509	3213	34982	33314
伊　春	21706		209	21497
佳木斯	21250		2968	18282
七台河	3247		1944	1302
牡丹江	82822	4074	63641	15107
黑　河	26734		23031	3703
绥　化	16328	1832	568	13928
大兴安岭	170			170

4-D-22　各地区按资质等级划分的专业承包建筑业企业签订合同额

单位：万元

地　区	合计	一级	二级	三级及以下
全　省	**1544487**	**609669**	**648125**	**286694**
哈尔滨	1189878	589673	457020	143184
齐齐哈尔	39052	550	27028	11474
鸡　西	18531		17839	692
鹤　岗	8714	7470	260	983
双鸭山	6614		391	6223
大　庆	93134	5270	50053	37811
伊　春	28752		209	28543
佳木斯	24629		6123	18506
七台河	3497		2195	1302
牡丹江	91974	4874	66993	20108
黑　河	23214		19445	3769
绥　化	16328	1832	568	13928
大兴安岭	170			170

4-D-23　各地区按资质等级划分的专业承包建筑业企业竣工产值

单位：万元

地　区	合计	一级	二级	三级及以下
全　省	**761657**	**202928**	**381942**	**176787**
哈尔滨	514699	190350	250258	74092
齐齐哈尔	27110	348	18772	7990
鸡　西	13289		12737	552
鹤　岗	8694	7470	260	964
双鸭山	5925		391	5535
大　庆	60351	2321	27948	30082
伊　春	7652		200	7452
佳木斯	19436		1156	18280
七台河	3122		1835	1286
牡丹江	73144	607	57794	14744
黑　河	13793		10024	3769
绥　化	14271	1832	568	11871
大兴安岭	170			170

4-D-24 各地区按资质等级划分的专业承包建筑业企业房屋施工面积

单位：平方米

地区	合计	一级	二级	三级及以下
全省	**733259**	**55869**	**577563**	**99827**
哈尔滨	537051	20981	449793	66277
齐齐哈尔	5900			5900
鸡西				
鹤岗				
双鸭山	7050			7050
大庆	69402		69402	
伊春	4600			4600
佳木斯	35000		19000	16000
七台河				
牡丹江	39368		39368	
黑河				
绥化	34888	34888		
大兴安岭				

4-D-25 各地区按资质等级划分的专业承包建筑业企业房屋竣工面积

单位：平方米

地区	合计	一级	二级	三级及以下
全省	**141026**	**55858**	**20480**	**64688**
哈尔滨	88388	20970	20180	47238
齐齐哈尔	5900			5900
鸡西				
鹤岗				
双鸭山	7050			7050
大庆	300		300	
伊春	4500			4500
佳木斯				
七台河				
牡丹江				
黑河				
绥化	34888	34888		
大兴安岭				

4-D-26　各地区按资质等级划分的专业承包企业自有施工机械设备台数

单位：台

地　区	合计	一级	二级	三级及以下
全　省	**4368**	**1280**	**1863**	**1225**
哈尔滨	3149	1137	1428	584
齐齐哈尔	93	30	11	52
鸡　西	55		39	16
鹤　岗	54	16	2	36
双鸭山	38		11	27
大　庆	283	92	87	104
伊　春	136		5	131
佳木斯	31		10	21
七台河	15		4	11
牡丹江	216		106	110
黑　河	160		132	28
绥　化	129	5	28	96
大兴安岭	9			9

4-D-27　各地区按资质等级划分的专业承包企业自有施工机械设备总功率

单位：千瓦

地　区	合计	一级	二级	三级及以下
全　省	**95498**	**39944**	**27367**	**28187**
哈尔滨	67706	39234	19591	8881
齐齐哈尔	1122	2	96	1024
鸡　西	118		56	62
鹤　岗	601	360	40	201
双鸭山	1173		1000	173
大　庆	7838	253	1607	5978
伊　春	3206		20	3186
佳木斯	260		50	210
七台河	131		6	125
牡丹江	4224		1348	2876
黑　河	3499		3373	126
绥　化	4783	95	180	4508
大兴安岭	837			837

4-D-28　各地区按资质等级划分的专业承包建筑业企业实收资本

单位：万元

地　　区	合计	一级	二级	三级及以下
全　　省	**635140**	**145160**	**310918**	**179063**
哈 尔 滨	468433	134583	214539	119311
齐齐哈尔	27076	1527	16371	9178
鸡　　西	7414		5400	2014
鹤　　岗	2045	500	646	899
双 鸭 山	6130		950	5180
大　　庆	34622	4550	18677	11395
伊　　春	5615		200	5415
佳 木 斯	14093		11460	2633
七 台 河	4266		2521	1745
牡 丹 江	45596	2000	30425	13172
黑　　河	7665		7512	153
绥　　化	8949	2000	2218	4731
大兴安岭	3236			3236

4-D-29　各地区按资质等级划分的专业承包建筑业企业资产

单位：万元

地　　区	合计	一级	二级	三级及以下
全　　省	**2437157**	**575791**	**1099929**	**761437**
哈 尔 滨	1717011	549250	592035	575725
齐齐哈尔	78004	2303	56778	18923
鸡　　西	31581		28949	2632
鹤　　岗	4744	2104	1073	1567
双 鸭 山	18007		1142	16865
大　　庆	99652	8738	43785	47128
伊　　春	33828		241	33587
佳 木 斯	31868		19787	12082
七 台 河	6418		2982	3436
牡 丹 江	352236	4656	325439	22142
黑　　河	27180		24993	2187
绥　　化	33116	8740	2726	21650
大兴安岭	3513			3513

4-D-30　各地区按资质等级划分的专业承包建筑业企业所有者权益

单位：万元

地　区	合计			
		一级	二级	三级及以下
全　省	**957190**	**207798**	**494872**	**254520**
哈尔滨	698120	196435	324431	177255
齐齐哈尔	36704	1527	24219	10958
鸡　西	6310		3923	2387
鹤　岗	2463	653	749	1061
双鸭山	6972		1110	5861
大　庆	46610	4909	24983	16719
伊　春	6286		200	6086
佳木斯	16861		12260	4602
七台河	5399		2657	2742
牡丹江	105993	2274	86660	17059
黑　河	11655		11295	361
绥　化	10580	2000	2386	6194
大兴安岭	3236			3236

4-D-31　各地区按资质等级划分的专业承包建筑业企业负债

单位：万元

地　区	合计			
		一级	二级	三级及以下
全　省	**1479972**	**367993**	**605062**	**506917**
哈尔滨	1018895	352815	267609	398471
齐齐哈尔	41299	776	32559	7965
鸡　西	25271		25026	245
鹤　岗	2281	1451	324	506
双鸭山	11035		31	11004
大　庆	53042	3830	18803	30409
伊　春	27542		41	27501
佳木斯	15007		7527	7480
七台河	1019		325	694
牡丹江	246243	2382	238779	5083
黑　河	15525		13698	1827
绥　化	22536	6740	340	15456
大兴安岭	277			277

4-D-32 各地区按资质等级划分的专业承包建筑业企业营业收入

单位：万元

地区	合计	一级	二级	三级及以下
全省	**1461723**	**563441**	**584925**	**313358**
哈尔滨	1148813	546606	413416	188792
齐齐哈尔	32343	348	21947	10048
鸡西	20376		19528	848
鹤岗	9683	7470	260	1953
双鸭山	6059		559	5500
大庆	75700	3485	37857	34358
伊春	17247		209	17038
佳木斯	26019		7968	18051
七台河	3820		1944	1875
牡丹江	77651	3698	57102	16851
黑河	26664		22886	3778
绥化	17180	1833	1250	14097
大兴安岭	168			168

4-D-33 各地区按资质等级划分的专业承包建筑业企业利税总额

单位：万元

地区	合计	一级	二级	三级及以下
全省	**148224**	**174577**	**44874**	**-71228**
哈尔滨	123421	173126	30364	-80069
齐齐哈尔	676	1	710	-35
鸡西	-1668		-1739	72
鹤岗	914	541	17	356
双鸭山	-102		39	-141
大庆	4874	270	4161	443
伊春	2535		6	2530
佳木斯	3257		484	2774
七台河	211		69	142
牡丹江	13683	638	10256	2789
黑河	500		417	83
绥化	-138	2	92	-231
大兴安岭	60			60

4-D-34　各地区按资质等级划分的专业承包建筑业企业利润总额

单位：万元

地　区	合计	一级	二级	三级及以下
全　省	**101080**	**159170**	**23845**	**-81935**
哈尔滨	90215	158593	16440	-84817
齐齐哈尔	-475		-109	-365
鸡　西	-2370		-2412	42
鹤　岗	206	62	-1	145
双鸭山	-370		16	-386
大　庆	3414	230	3532	-348
伊　春	812		0	812
佳木斯	1271		29	1242
七台河	133		9	124
牡丹江	8624	295	6099	2230
黑　河	47		171	-123
绥　化	-488	-9	72	-550
大兴安岭	59			59

4-D-35　各地区按资质等级划分的专业承包建筑业企业税金总额

单位：万元

地　区	合计	一级	二级	三级及以下
全　省	**47144**	**15407**	**21029**	**10707**
哈尔滨	33206	14534	13924	4749
齐齐哈尔	1151	1	820	331
鸡　西	702		673	29
鹤　岗	708	479	18	211
双鸭山	268		23	245
大　庆	1460	40	629	791
伊　春	1723		6	1718
佳木斯	1987		455	1532
七台河	78		60	18
牡丹江	5059	343	4157	559
黑　河	453		246	206
绥　化	350	11	20	319
大兴安岭	1			1

4-D-36 各地区按资质等级划分的专业承包建筑业企业主营业务收入

单位：万元

地区	合计	一级	二级	三级及以下
全省	**1453486**	**562773**	**578895**	**311818**
哈尔滨	1141817	545938	408209	187670
齐齐哈尔	32306	348	21947	10011
鸡西	19787		18938	848
鹤岗	9676	7470	260	1946
双鸭山	6059		559	5500
大庆	75550	3485	37796	34268
伊春	17247		209	17038
佳木斯	26019		7968	18051
七台河	3819		1944	1875
牡丹江	77413	3698	57102	16613
黑河	26491		22714	3778
绥化	17135	1833	1250	14052
大兴安岭	168			168

4-D-37 各地区按资质等级划分的专业承包建筑业企业管理费用

单位：万元

地区	合计	一级	二级	三级及以下
全省	**121942**	**32263**	**51280**	**38399**
哈尔滨	101531	31623	40963	28945
齐齐哈尔	2268	7	852	1409
鸡西	2539		2421	118
鹤岗	401	36	54	311
双鸭山	408		62	346
大庆	4365	496	2010	1858
伊春	977			977
佳木斯	1050		402	649
七台河	173		101	72
牡丹江	3065	14	2230	821
黑河	2711		2121	589
绥化	2447	87	65	2295
大兴安岭	8			8

4-D-38　各地区按资质等级划分的专业承包建筑业企业财务费用

单位：万元

地　区	合计	一级	二级	三级及以下
全　省	**15670**	**12537**	**3102**	**31**
哈尔滨	12550	12440	263	-152
齐齐哈尔	34	7	1	26
鸡　西	-21		-21	0
鹤　岗	2	0	1	1
双鸭山	35		0	35
大　庆	1057	91	894	73
伊　春	-4		0	-4
佳木斯	61		16	46
七台河	-2			-2
牡丹江	1900	-1	1932	-31
黑　河	3		12	-10
绥　化	55	0	5	50
大兴安岭				

4-D-39　各地区按资质等级划分的专业承包建筑业企业应收工程款

单位：万元

地　区	合计	一级	二级	三级及以下
全　省	**678530**	**229833**	**324321**	**124377**
哈尔滨	473016	220196	174697	78123
齐齐哈尔	37412	987	29299	7127
鸡　西	11053		10659	394
鹤　岗	2298	1817		481
双鸭山	6595		478	6117
大　庆	32704	4067	13394	15243
伊　春	6609			6609
佳木斯	7151		5395	1756
七台河	1654		1612	43
牡丹江	86542	311	82570	3661
黑　河	5947		5712	235
绥　化	7551	2454	505	4592
大兴安岭				

E. 劳务分包建筑业企业

4-E-1 各地区劳务分包建筑业企业生产经营情况

单位：万元

地　区	建筑业总产值	营业收入	主营业务税金及附加	利润总额	应付职工薪酬
全　省	**40102**	**43601**	**550**	**865**	**14918**
哈尔滨	23158	26689	432	593	13198
齐齐哈尔	4359	4359	16	5	9
鸡　西	6224	6192	67	154	1487
鹤　岗					
双鸭山					
大　庆					
伊　春					
佳木斯	463	463	8	2	67
七台河					
牡丹江	5898	5898	27	111	157
黑　河					
绥　化					
大兴安岭					

4-E-2 各地区劳务分包建筑业企业个数和人员情况

地　区	企业个数(个)	从事主营业务活动的从业人员平均人数(人)	从业人员期末人数(人)		
				#工程技术人员	#现场施工工人
全　省	**35**	**5442**	**1110**	**160**	**637**
哈尔滨	20	4384	699	63	551
齐齐哈尔	4	260	8	3	2
鸡　西	4	459	302	73	28
鹤　岗					
双鸭山					
大　庆					
伊　春					
佳木斯	2	33	17	4	5
七台河					
牡丹江	5	306	84	17	51
黑　河					
绥　化					
大兴安岭					

附　录

主要指标解释

主要指标解释

资产总计 指企业过去的交易或者事项形成的、由企业拥有或者控制的、预期会给企业带来经济利益的资源。资产一般按流动性（资产的变现或耗用时间长短）分为流动资产和非流动资产。其中流动资产可分为货币资金、交易性金融资产、应收票据、应收账款、预付款项、其他应收款、存货等；非流动资产可分为长期股权投资、固定资产、无形资产及其他非流动资产等。根据会计"资产负债表"中"资产总计"项目的期末余额数填报。包括企业拥有的土地、办公楼、厂房、机器、运输工具、存货等实物资产和现金、存款、应收账款和预付账款等金融资产。

流动资产合计 资产满足以下条件之一应归为流动资产：（1）预计在一个正常营业周期中变现、出售或耗用，主要包括存货、应收账款等；（2）主要为交易目的而持有；（3）预计在资产负债表日起一年内（含一年）变现；（4）自资产负债日起一年内，交换其他资产或清偿负债的能力不受限制的现金或现金等价物。包括货币资金、应收票据、应收账款、存货等项目。根据会计"资产负债表"中"流动资产合计"项目的期末余额数填报。

应收账款 指企业因销售商品、提供劳务等经营活动所形成的债权，包括应向客户收取的货款、增值税款和为客户代垫的运杂费等。根据会计"资产负债表"中"应收账款"项目的期末余额数填报。

存货 指企业在日常活动中持有以备出售的产成品或商品、处在生产过程中的在产品、在生产过程或提供劳务过程中耗用的材料或物料等，通常包括原材料、在产品、半成品、产成品、商品以及周转材料等。根据会计"资产负债表"中"存货"项目的期末余额数填报。其中："年初存货"根据会计"资产负债表"中"存货"项目的年初余额数填报。注意："存货"具有实物形态，不属于无形资产，由于企业持有存货的最终目的是为了出售，所以房地产开发企业（单位）购置的土地、尚未销售的商品房等均计入"存货"。

产成品 指企业已经完成全部生产过程并验收入库，可以按照合同规定的条件送交订货单位，或者可以作为商品对外销售的产品。根据会计"产成品"科目的借方余额填报。

固定资产原价 指固定资产的成本，包括企业在购置、自行建造、安装、改建、扩建、技术改造某项固定资产时所发生的全部支出总额。根据会计"固定资产"科目的期末借方余额填报。

累计折旧 指企业在报告期末提取的历年固定资产折旧累计数。根据会计"累计折旧"科目的期末贷方余额填报。

固定资产净额 指固定资产原价减去累计折旧、固定资产减值准备后的金额。当会计"资产负债表"列示"固定资产净额"项目时，根据"固定资产净额"项目的期末余额数填报；当会计"资产负债表"列示"固定资产"项目，且含义及核算范围与本指标解释一致时，根据"固定资产"项目的期末余额数填报；其他情况，根据会计"固定资产"科目的期末余额，减去"累计折旧"和"固定资产减值准备"科目的期末余额后的金额填报。

负债合计 指企业过去的交易或者事项形成的，预期会导致经济利益流出企业的现时义务。负债一般按偿还期长短分为流动负债和非流动负债。根据会计资产负债表中"负债合计"项目的期末余额数填报。包括银行贷款、借款、应付账款、应付职工工资、应付职工福利费、应交税金等企业负有偿还责任的债务。

执行企业会计准则或《小企业会计准则》的企业：负债合计=流动负债合计+非流动负债合计；执行其他企业会计制度的企业负债包括流动负债和长期负债。

流动负债合计 负债满足下列条件之一的应归为流动负债：（1）预计在一个正常营业周期中清偿；（2）主要为交易目的而持有；（3）自资产负债表日起一年内到期应予清偿；（4）企业无权自主地将清偿推迟至资产负债表日后一年以上。包括短期借款、应付票据、应付账款、应付职工薪酬、应交税费等项目。根据会计资产负债表中"流动负债合计"项目的期末余额数填报。

应付账款 指企业因购买材料、商品和接受劳务供应等经营活动应支付的款项。根据会计资产负债表中"应付账款"项目的期末余额数填报。

所有者权益合计 指企业资产扣除负债后由所有者享有的剩余权益。公司的所有者权益又称股东权益。包括实收资本、资本公积、盈余公积、未分配利润等。根据会计资产负债表中"所有者权益合计"项目的期末余额数填报。

实收资本 指企业各投资者实际投入的资本（或股本）总额，包括货币、实物、无形资产等各种形式的投入。实收资本按投资主体可分为国家资本、集体资本、法人资本、个人资本、港澳台资本和外商资本。根据会计资产负债表中"所有者权益"项下"实收资本"的期末余额数填报。

国家资本 指有权代表国家投资的政府部门或机构、直属事业单位对企业形成的资本金。根据会计"实收资本"科目计算填报。

集体资本 指由本企业职工等自然人集体投资或各种机构对企业进行扶持形成的集体性质的资本金。根据会计"实收资本"科目计算填报。

法人资本 指其他法人单位以其依法可支配的资产投入企业形成的资本金。根据会计"实收资本"科目计算填报。

个人资本 指自然人实际投入企业的资本金。根据会计“实收资本”科目计算填报。

港澳台资本 指我国香港、澳门和台湾地区投资者实际投入企业的资本金。根据会计“实收资本”科目计算填报。

外商资本 指外国投资者实际投入企业的资本金。根据会计“实收资本”科目计算填报。

营业收入 指企业经营主要业务和其他业务所确认的收入总额。营业收入包括“主营业务收入”和“其他业务收入”。根据会计“利润表”中“营业收入”项目的本年累计数填报。

营业成本 指企业经营主要业务和其他业务所发生的成本总额。包括企业（单位）在报告期内从事销售商品、提供劳务等日常活动发生的各种耗费。包括“主营业务成本”和“其他业务成本”。根据会计“利润表”中“营业成本”项目的本年累计数填报。

销售费用 指企业在销售商品和材料、提供劳务的过程中发生的各种费用，包括保险费、包装费、展览费和广告费、商品维修费、预计产品质量保证损失、运输费、装卸费等以及为销售本企业商品而专设的销售机构（含销售网点、售后服务网点等）的职工薪酬、业务费、折旧费等经营费用。建筑业企业销售费用指企业从事施工生产活动过程中发生的各项费用，包括应由企业负担的运输费、装卸费、包装费、保险费、维修费、展览费、差旅费、广告费和其他经费。房地产企业销售费用指企业在从事主要经营业务过程中所发生的各项销售费用，包括转让、销售、结算和出租开发产品等。执行企业会计准则或《小企业会计准则》的企业,根据会计“利润表”中“销售费用”项目的本年累计数填报。执行其他企业会计制度的企业，根据会计“利润表”中“营业费用（或经营费用）”项目的本年累计数填报。

管理费用 指企业为组织和管理企业生产经营所发生的费用，包括企业在筹建期间内发生的开办费、董事会和行政管理部门在企业经营管理中发生的，或者应当由企业统一负担的公司经费等。根据会计“利润表”中“管理费用”项目的本年累计数填报。执行财政部《关于修订印发 2018 年度一般企业财务报表格式的通知》（财会〔2018〕15 号）的企业，应把研发费用项目的本年累计数归并到管理费用项目中填报。

财务费用 指企业为筹集生产经营所需资金等而发生的筹资费用，包括企业生产经营期间发生的利息支出（减利息收入）、汇兑损失（减汇兑收益）以及相关的手续费等。根据会计“利润表”中“财务费用”项目的本年累计数填报。

利息收入 指非金融企业存款业务所确认的利息金额。根据企业“财务费用明细账”中“财务费用——利息收入”科目的本期发生额填报。如果未设置该科目，填“0”。

利息支出 指企业短期借款利息、长期借款利息、应付票据利息、票据贴现利息、应付债券利息、长期应付引进国外设备款利息等利息支出。根据企业“财务费用明细账”中“财务费用——利息支出”科目的本期发生额填报。如果企业没有单独设立“利息收入”科目，应填报利息支出减去银行存款等的利息收入后的净额。

投资收益 指企业确认的投资收益或投资损失，反映企业以各种方式对外投资所取得的收益。根据会计“利润表”中“投资收益”项目的本年累计数填报。如为投资损失以“-”号记。

营业利润 指企业从事生产经营活动所取得的利润。执行企业会计准则或《小企业会计准则》的企业，营业利润为营业收入减去营业成本、税金及附加、销售费用、管理费用、财务费用、资产减值损失，再加上公允价值变动收益、投资收益和其他收益后的金额，根据会计“利润表”中“营业利润”项目的本年累计数填报；执行其他企业会计制度的企业，营业利润为营业收入减去营业成本、税金及附加、销售费用、管理费用、财务费用，再加上投资收益后的金额，根据会计“损益表”中“营业利润”项目、“投资收益”项目的本年累计数之和填报。

利润总额 指企业在一定会计期间的经营成果，是生产经营过程中各种收入扣除各种耗费后的盈余，反映企业在报告期内实现的盈亏总额。利润总额为营业利润加上营业外收入，减去营业外支出后的金额，根据会计“利润表”中“利润总额”项目的本年累计数填报。

平均用工人数 指报告期企业平均实际拥有的、参与本企业生产经营活动的人员数。

原煤 指煤矿生产的、经过验收符合质量标准的原煤。即：从毛煤中选出规定粒度的矸石（包括黄铁矿等杂物）并且绝对干燥灰分在 40%以下的原煤。绝对干燥灰分虽在 40%以上，但经有关部门批准开采，并有消费需求的劣质煤，亦应计入原煤产量。原煤分为无烟煤、烟煤、褐煤，在烟煤中又分为炼焦烟煤和一般烟煤两种。原煤不包括石煤、泥煤(泥炭）和伴随原煤生产过程而采出的煤矸石。

原油 指各种碳氢化合物的复杂混合物，通常呈暗褐色或者黑色液态，少数呈黄色、淡红色、淡褐色。包括自油井开采的原油；因事故、自然灾害以及探井、未交采油单位或未具备生产条件的井中产生的落地油（产量按已销售、利用、回收的量计算)；油（气）井井口直接回收和经处理装置回收的凝析油等。

天然气 指以气态碳氢化合物为主的各种气体的混合物，由有机物质经生物化学作用分解而成，或与石油共存于岩石的裂缝和空洞中，或以溶解状态存在于地下水中；主要成分为甲烷（约占 85%-95%），还有乙烷、丙烷、丁烷等，是一种优质燃料和化工原料。天然气分为常规天然气和非常规天然气，常规天然气包括气田天然气、油田天然气（分为油田气层气、油田伴生溶解气），非常规天然气包括煤层气、页岩气、致密砂岩气等。天然气产量是指进入集输管网和就地利用的全部气量。

液化天然气 指液体状态的天然气，由气态天然气在一定温度和压力条件下液化而成，无毒、无色、无味，在-161℃下的密度约为 425 千克/立方米。天然气在常温、常压状态为气态，占有的体积大，不利于储存，液化后体积只有气态的 1/600 左右。天然气的主要成分——甲烷的临界温度为